PRÉCIS DE PSYCHOLOGIE

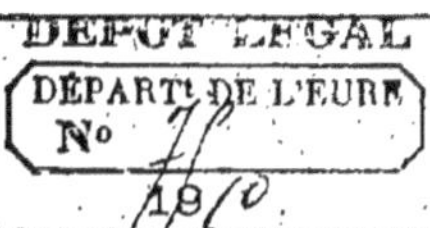

BIBLIOTHÈQUE
DE PHILOSOPHIE CONTEMPORAINE

PRÉCIS

DE

PSYCHOLOGIE

PAR

HERMANN EBBINGHAUS

Professeur de philosophie à l'Université de Halle.

TRADUIT SUR LA DEUXIÈME ÉDITION ALLEMANDE

Par G. RAPHAEL, professeur agrégé d'allemand.

Avec 16 figures dans le texte.

PARIS

FÉLIX ALCAN, ÉDITEUR

LIBRAIRIES FÉLIX ALCAN ET GUILLAUMIN RÉUNIES

108, BOULEVARD SAINT-GERMAIN, 108

1910

PRÉCIS

DE

PSYCHOLOGIE

PAR

HERMANN EBBINGHAUS

Professeur de philosophie à l'Université de Halle.

TRADUIT SUR LA DEUXIÈME ÉDITION ALLEMANDE

Par G. RAPHAEL, professeur agrégé d'allemand.

Avec 16 figures dans le texte.

PARIS

FÉLIX ALCAN, ÉDITEUR

LIBRAIRIES FÉLIX ALCAN ET GUILLAUMIN RÉUNIES

108, BOULEVARD SAINT-GERMAIN, 108

1910

PRÉCIS DE PSYCHOLOGIE

INTRODUCTION

APERÇU DE L'HISTOIRE DE LA PSYCHOLOGIE

La psychologie a un long passé mais une histoire brève. Elle a existé et grandi depuis des milliers d'années ; mais elle n'a, pour ainsi dire, pas connu dans les temps passés de progrès continus et constants qui lui eussent donné plus de maturité et plus de richesse. Au IVe siècle avant notre ère, Aristote, avec sa puissance merveilleuse, l'a construite comme un édifice susceptible de supporter avantageusement la comparaison avec n'importe quelle autre science de notre époque. Mais cet édifice a subsisté sans modifications ni agrandissements appréciables jusqu'au XVIIIe et même au XIXe siècle. C'est seulement dans ces toutes dernières décades que nous rencontrons un développement tout d'abord lent, puis, récemment, plus rapide de la psychologie. Nous pouvons bien donner les causes les plus générales de cet arrêt, et, partant, de cette infériorité de notre science.

« Tu ne peux découvrir les limites de l'âme, même si tu suivais n'importe quelle route jusqu'au bout, tant elle est profonde », disait Héraclite. Et cet axiome est peut-être encore plus vrai que son auteur ne pouvait le soupçonner. Les formations et les faits de notre vie psychique offrent à la recherche scientifique les plus grosses difficultés, plus grosses même que celles qu'offrent les phénomènes vitaux, en une certaine mesure analogues, dans les organismes supérieurs. Leurs changements incessants, leur rapidité, leur complication inouïe, l'inconnu de certains moments qui sans aucun doute interviennent cependant, font qu'il est difficile même de les saisir et d'en décrire le véritable contenu, plus difficile encore de démêler leur enchaînement originel et de comprendre leur valeur. C'est maintenant seulement que nous commençons à connaître toute l'étendue de ces difficultés. Partout où dans ces dernières années les recherches intensives dans un domaine psychologique spécial ont pénétré un peu avant et ont abouti à des connaissances partielles sûres, comme dans les domaines de la vision, de l'audition, de la mémoire, de la formation des jugements, le premier résultat fut partout d'un commun accord, que les choses dépassent infiniment en délicatesse, richesse et profondeur, tout ce qu'aurait pu se représenter l'imagination la plus hardie.

Un second obstacle se présente. Les choses de l'âme, dont il est si difficile d'approfondir la nature et les rapports, nous sont, pour ainsi dire, tout à fait connues et courantes dans leur forme superficielle. Bien avant toute étude scientifique, la nécessité pratique du maniement des hommes et de l'entente entre eux a amené la langue à donner des noms aux grandes fonctions de l'âme les plus importantes pour la vie quotidienne, telles que l'intelligence, l'attention, l'imagination, la passion, la conscience, etc., et nous usons constamment de ces mots comme de grandeurs connues. Ce qui est habituel et quotidien nous devient quelque chose de compréhensible par soi-même et que nous acceptons ainsi ; sa nature propre ne nous cause point d'étonnement et n'éveille pas en nous la curiosité de l'examiner de plus près. Le fait que de telles manifestations de la vie psychique, comme celles qui viennent d'être nommées, sont remplies de merveilles et d'énigmes, reste caché à toute la psychologie populaire. La simplicité des termes lui dissimule les complications qu'ils renferment. Et lorsque, dans certains cas particuliers, elle a rangé les faits psychologiques dans ces dénominations courantes ; lorsqu'elle a dit, par exemple, que quelqu'un a fixé son attention ou laissé libre carrière à son imagination, elle estime avoir expliqué ces faits et épuisé tout ce qu'on pouvait en dire.

Une troisième circonstance enfin a retardé les progrès de la psychologie, et les retardera vraisemblablement encore longtemps. En face d'un certain nombre de ses problèmes les plus importants, nous ne sommes pas assez désintéressés ; nous avons trop intérêt à obtenir plutôt une certaine réponse que tout autre. L'idée d'une conformité rigoureuse de tous les faits psychologiques à des lois, et par conséquent du déterminisme complet de nos actions, est au fond le postulat fondamental de toute recherche psychologique sérieuse. Or, on pouvait déjà présenter au roi Frédéric-Guillaume Ier cette idée comme destructrice de toutes les bases de l'ordre dans l'État et l'armée, parce qu'il n'aurait plus le droit de punir les désertions de ses grands grenadiers. Et il n'est pas seul. Aujourd'hui encore cette idée semble « dangereuse » à de nombreux philosophes. Elle détruit, disent-ils, toute possibilité de punition et de récompense, ôte à l'éducation, aux avertissements, aux conseils toute signification, paralyse l'énergie de notre activité et doit être rejetée en raison de ces conséquences. De même, un examen rassis d'autres questions fondamentales est compromis et troublé par suite de leur connexion avec les besoins les plus profonds de notre être et les aspirations les plus ardentes des hommes : telles sont les questions de la nature propre de l'âme, de ses rapports avec le corps, sa vie et sa mort, et, depuis quelques années, la question du développement de la vie psychique depuis les formes animales inférieures jusqu'aux formes humaines supérieures. Ce qui devrait être enregistré et considéré comme l'interprétation la plus vraisemblable des faits accessibles par l'expérience, comme une théorie scientifique uniquement réduite à ce caractère, devient une affaire de religion et de bonnes opinions, ou inversement un signe de courageuse indépendance d'esprit et d'élévation au-dessus de la superstition et des préjugés traditionnels. Assurément tout cela est fort compréhensible, étant donnée l'importance de ces questions. Mais tout cela est peu favorable à la découverte de réponses purement objectives et les plus exactes possible, et en même temps tout cela détourne des recherches ardues et allant toujours plus loin sur un point spécial.

Et cependant, comme nous le disions au début, la psychologie a commencé à faire des progrès. Quelles sont les circonstances favorables qui lui ont permis de surmonter, partiellement tout au moins, les difficultés particulières qu'elle rencontrait ?

Il y en a beaucoup. Mais, au fond, elles se ramènent à une seule : l'essor et le progrès des sciences naturelles depuis le xvie siècle, dont les effets se sont fait sentir de deux manières. L'action d'une première vague n'atteignit toute son ampleur que grâce à une seconde vague qui la poussait. Tout d'abord les sciences naturelles — si nous faisons abstraction de l'assimilation peu claire entre les choses spirituelles et matérielles, qui fut aussi une de leurs conséquences — agirent comme un exemple lumineux et fécondant sur la psychologie. Elles causèrent l'apparition de conceptions *analogues* à celles qui faisaient foi pour les choses d'ordre matériel et provoquèrent des tentatives pour obtenir, *par des méthodes semblables*, des résultats semblables à ceux auxquels ces sciences avaient abouti. C'est ce qui eut lieu surtout pendant le xviie et le xviiie siècle, et même encore pendant le xixe. Puis, une action plus directe vint s'ajouter : une *pénétration immédiate*, une intrusion des sciences naturelles dans certains domaines de la psychologie. Au cours de leur développement naturel, celles-ci furent amenées à faire des recherches sur plus d'un point situé à la fois et sur le terrain qui leur était assigné et dans la sphère d'intérêts de la psychologie. Lorsqu'elles les eurent entreprises et acquis de beaux résultats, les psychologues reçurent eux aussi une vigoureuse impulsion. Ils ne voulurent plus rester en dehors, mais s'occupèrent également de ces problèmes, et en cherchèrent, indépendamment, la solution de leur point de vue spécial. C'est ce qui eut lieu au xix⁰ siècle, surtout pendant la seconde moitié.

Indiquons ici, d'une manière un peu détaillée, quelques-unes des formes et des résultats de cette double influence des sciences naturelles.

Le premier fruit de cette influence *indirecte*, agissant par analogie, fut le retour à la conception citée plus haut de la conformité absolue, inviolable, de tous les faits psychologiques à des lois, conception dont je disais qu'elle forme la base de toute étude sérieuse de la psychologie. Elle était déjà familière à toute l'antiquité, mais avait été refoulée par les théologiens philosophes ou psychologues du moyen âge. A vrai dire, ceux-ci se sentaient toujours ramenés à elle par la considération de la toute-puissance et de l'omniscience de Dieu. Car, si Dieu est tout-puissant, il ne se produit point de fait dans l'avenir, ni dans la nature extérieure, ni dans le cœur humain, qui ne dépende pas de Dieu seul; et si, en même temps, il est omniscient, ou même si, dans la divinité extra-temporelle, la différence humaine entre le présent et le futur disparaît tout à fait, il faut que Dieu connaisse dès maintenant l'avenir et que celui-ci soit par conséquent établi d'une façon définitive. Mais plus forte fut l'action qui de tout temps les a toujours détournés de ces idées déterministes et poussés à l'affirmation d'une liberté du spirituel (c'est-à-dire d'une détermination qui ne serait pas complète), action provenant tant de la psychologie et la morale populaires que de la méditation sur la sainteté et la justice de Dieu. Car, comment Dieu aurait-il pu vouloir et provoquer, même indirectement, les péchés des hommes? Ou bien, comment pourrait-il punir des hommes pour des actes qu'ils seraient obligés de commettre d'après des lois immuables et données par lui? On tirait de là cette conclusion : les hommes, bien qu'ils descendent directement de Dieu, ne sont évidemment pas liés par le divin qui réside en eux; ils peuvent s'en détourner à leur gré et sans raison.

L'étude plus moderne des faits de la nature amena une autre opinion. Hobbes et Spinoza la représentent avec une clarté et une netteté qui en imposent aujourd'hui encore. Leibniz la soutient aussi, tout en s'efforçant d'y apporter quelques ménagements. Depuis lors, la psychologie ne l'a plus abandonnée. Les faits psychologiques, nous disent ces philosophes, sont en un certain sens absolument semblables à ceux de la nature extérieure, auxquels ils sont, d'ailleurs, étroitement unis : ils sont de tout temps déterminés tout à fait clairement par leurs causes et ne peuvent jamais être autres que ce que nous les voyons être. La liberté au sens d'absence de cause est une idée sans contenu. La seule liberté dont on puisse parler avec raison est la liberté au sens d'absence de contrainte, de détermination d'une chose ou d'un être uniquement par sa propre nature, par les qualités existant en lui. De même qu'on dit que l'eau coule librement lorsqu'elle n'est pas arrêtée par des rochers ou des barrages, ou d'un cheval, qu'il court en liberté lorsqu'il n'est pas attaché ou enfermé à l'écurie; de même on peut appeler la bonne conduite d'un homme, ou sa vie en commun avec d'autres, un acte de sa liberté, lorsqu'elles résultent de sa propre réflexion et de ses instincts, et ne se sont pas obtenues par les violences ou les

menaces. Mais, il n'en est pas moins vrai que tous ces phénomènes, l'écoulement de l'eau, la course du cheval comme
la bonne conduite, sont les effets réguliers et nécessaires
de causes déterminées. C'est l'ignorance seule qui entraîne
les hommes à nier cette ressemblance et à croire à cette
liberté faussement comprise. Dans la masse des motifs
enchevêtrés les uns dans les autres d'une action, ils n'en
aperçoivent en général que quelques-uns ; pour leur conscience immédiate, il s'ensuit que la décision se produit en
effet sans motif. « Une toupie de bois, dit Hobbes, que les
gamins font voyager à coups de fouet d'un mur à l'autre,
si elle ressentait son propre mouvement, penserait qu'il
est produit par sa propre volonté, à moins qu'elle ne sentît
ce qui la fouette. » Il en est de même d'un homme qui
court ici en vue d'une place, là en vue d'une affaire, et
pense qu'il ne fait cela qu'en vertu de sa volonté : il ne
voit pas les fouets qui déterminent cette volonté. Pour comprendre vraiment les idées et les instincts des hommes, il
faut donc les traiter comme des corps naturels ou encore
comme des surfaces ou les lignes de la géométrie. Les
prétendus dangers d'une telle conception des choses disparaissent, dès qu'on les aborde sans prévention et cherche
à les comprendre. On peut faire un mauvais usage, surtout
des esprits peu mûrs, mais « quelque usage que l'on
puisse faire de la vérité, le vrai reste le vrai », et il ne
s'agit pas de ce qui « is fit to be preached, but what is
true ».

Partant de cette notion que la vie psychologique est
soumise à des lois, on en vient à considérer une autre et
importante soumission à des lois, toujours par analogie avec
les sciences naturelles. On se représente communément
l'apparition et la disparition de nos idées comme un jeu
sans aucune règle et défiant tout calcul. Pourtant Platon
et Aristote ont reconnu clairement déjà, et proclamé que

là aussi l'ordre régnait, et que le cours des idées est dominé par des rapports d'analogie avec les impressions actuellement présentes ou de leur concomitance dans le passé avec ces impressions. Mais leur savoir sur ce point n'était guère demeuré que la connaissance d'une curiosité; jamais on ne l'avait utilisé théoriquement. Depuis on rapprocha ce fait de vues nouvellement acquises en physique. Cette soumission de la suite des idées à des lois, pense Hobbes, repose sur ce fait que nos représentations sont étroitement liées à des mouvements matériels des nerfs et autres organes, et que ces mouvements, une fois mis en branle, ne peuvent se calmer de sitôt, mais doivent être au contraire usés par des résistances. Les lois de reproduction dans le domaine spirituel sont pour lui quelque chose d'analogue à la loi d'inertie dans le domaine matériel. Pour Hume, cent ans plus tard, ces lois reposent sur une sorte d'*attraction*, opinion bien compréhensible après les travaux de Newton. Et, après que l'on eut reconnu dans l'inertie et l'attraction les phénomènes fondamentaux les plus importants de l'activité matérielle, on n'était pas éloigné de considérer la reproduction, soumise à des lois, qu'on rapprochait d'elles, comme le phénomène fondamental de la vie spirituelle, et d'en tirer pour celle-ci des conséquences aussi variées et importantes que celles que l'on avait tiré de l'inertie et l'attraction pour la vie physique. C'est ainsi que se forma, en Angleterre, la *psychologie associationniste*, tentative d'interpréter comme des résultats naturels, et pour ainsi dire mécaniques, de l'activité représentative soumise aux lois d'association, toutes les diverses facultés de l'âme à demi hypostasiées de toute antiquité et mises les unes à côté des autres, sans aucun lien entre elles, comme la mémoire, l'imagination, l'intelligence, et aussi tous les grands résultats intelligibles de leur activité, comme, en particulier, la conscience du moi et du monde extérieur.

Il est hors de doute que cet effort, qui sous une forme un peu différente reparaît dans la *psychologie sensualiste française*, représente au total malgré de graves défauts et de l'exclusivisme un immense progrès sur le passé.

De même qu'à la science explicative de la nature des Galilée et des Newton correspond la psychologie de l'association, de même à la science descriptive de la nature des Linné et des Buffon correspond la *psychologie expérimentale* de l'époque des lumières (*Aufklärung*) en Allemagne. Toutefois on peut dire que sa valeur — à quelques exceptions près, comme Tetens par exemple — est surtout négative. Son intention est bien aussi d'expliquer les phénomènes psychologiques, de les saisir d'abord par une soigneuse observation de soi-même et ensuite, en les décomposant, de découvrir les forces élémentaires dont ils résultent. Mais son œuvre réelle s'en tient à la seule description des faits s'offrant à la première observation, et les résultats obtenus prouvent abondamment que la description, à moins qu'elle ne soit comprise, comme quelquefois récemment, *en même temps* au sens d'explication, demeure stérile. Les nombreuses et diverses manifestations de l'âme, que distingue déjà la psychologie populaire, sont simplement groupées et placées au-dessus ou au-dessous les unes des autres, et l'explication consiste en ceci que chacune apparaît comme l'effet d'un « pouvoir » spécial. On nous montre ainsi une grande quantité d'actes psychologiques compliqués, et intimement apparentés de mainte manière, comme des pouvoirs absolument indépendants et étrangers les uns aux autres, tels que la perception, l'intelligence, la raison, l'imagination, mais aussi la faculté d'abstraire, l'esprit, la faculté de désigner par des mots. Et tous ces pouvoirs, tels de petits *homunculi* dans un seul grand *homo*, opèrent tantôt les uns avec les autres, tantôt les uns contre les autres. Le pouvoir poétique, par exemple, « est une manifestation de l'imagination combinée avec l'intelligence ». Combinée au contraire avec la raison, l'imagination fournit « le pouvoir de prédire ». « L'esprit fait souvent tort à la faculté du jugement et l'entraîne à prononcer des jugements faux... La faculté du jugement doit donc se tenir bien sur ses gardes vis-à-vis de l'esprit. » Le progrès eut lieu ici, non en poussant plus loin, mais en faisant opposition. Cette opposition se tourna aussi contre la psychologie associationniste.

Parmi les défauts de la psychologie associationniste il faut surtout signaler le suivant : elle ne rend pas compte du phénomène de l'attention. Ce fait remarquable, que dans une grande quantité d'impressions ou de représentations sensibles, qui, pour ainsi dire, sont présentées simultanément à l'âme, toujours quelques-unes seulement et en petit nombre réussissent à percer pour elle, et à devenir actives en elle, ne peut être expliqué par un enchaînement associatif des représentations. Aussi les psychologues associationnistes passent ce fait extrêmement important entièrement sous silence, ou ne s'en occupent que d'une façon très insuffisante et prêtent ainsi le flanc aux adversaires de leurs efforts pour expliquer scientifiquement les phénomènes psychologiques. L'âme semble, en effet, dans le phénomène de l'attention, se moquer de tels efforts, et se présenter d'une façon immédiate, tout comme le veut la conception populaire, sous l'aspect d'une réalité séparable de ses propres contenus, existant indépendamment en face d'eux et les traitant selon son caprice tantôt d'une manière, tantôt d'une autre.

C'est le mérite essentiel de Herbart, d'avoir reconnu là un point faible et d'avoir cherché à y remédier. « La vie de l'âme, dit-il avec conviction, est soumise à des lois absolument comme les étoiles célestes » ; il s'agit seulement de découvrir les présuppositions nécessaires pour les comprendre. Et ce sont de nouveau des analogies avec la physique qui le guident, quoiqu'il ne l'exprime pas. Il se figure les représentations comme des objets se repoussant les uns les autres, ou comme des corps élastiques, qui sont situés dans un espace de capacité limitée et qui s'y compriment et s'y rapetissent par une pression réciproque, mais ne peuvent jamais s'anéantir. Si plusieurs représentations apparaissent simultanément, elles deviennent, en raison de l'unité de l'âme dans laquelle elles sont contraintes de coexister, et en raison des oppositions existant entre elles, des forces résistant les unes aux autres. Elles *s'entravent* mutuellement, c'est-à-dire elles se nuisent dans la clarté avec lesquelles elles apparaissent, et dans l'énergie avec laquelle elles prennent place dans la conscience. Toutefois elles ne périssent pas, mais sont transformées en *virtualités* de représentations, dans la mesure où elles souffrent, et, dès que les résistances disparaissent, elles sortent de l'obscurité qui leur a été imposée pour revenir à la conscience claire. Herbart émet ensuite certaines hypothèses simples sur la force de ces entraves et trouve que déjà deux représentations suffisent pour bannir tout à fait une troisième de la conscience, et arrive ainsi avec une joyeuse satisfaction, en étudiant un mécanisme simple, « à un éclaircissement sur la plus générale de toutes les merveilles psychologiques », à savoir sur ce point que de toutes nos connaissances, nos pensées, et nos désirs, il y en a infiniment moins qui nous occupent à un moment donné qu'ils ne pourraient le faire à la suite d'une excitation suffisante, sans que pourtant ce qui est momentanément absent nous ait complètement échappé et soit perdu pour nous ; c'est-à-dire un éclaircissement sur l'attention. En même temps, Herbart n'oublie pas d'adopter le principe de l'association dans ses hypothèses de manière appropriée, et disposant ainsi de deux moyens d'explication, l'entrave et l'association, il peut entreprendre en même temps contre la psychologie des pouvoirs, qui se contente de classer, et d'hypostasier, une lutte vigoureuse et particulièrement heureuse. Toutes les fonctions de l'âme, que la tradition place les unes à côté des autres, même la sensation et le désir, il pense pouvoir les appliquer uniquement comme les résultats différents du mécanisme de la représentation.

Mais Herbart cherche par un autre moyen encore « à introduire une science de l'âme, qui ressemble aux sciences de la nature : « par la mesure des grandeurs, partout où cela est possible, et par le calcul ». Nous voyons apparaître déjà ici et là cette idée de traiter ainsi la psychologie; les merveilleux résultats que les sciences naturelles ont obtenus par la mesure et le calcul, firent naturellement que l'on en vint à se demander si l'on ne pouvait faire quelque chose d'analogue en psychologie. Mais on ne trouve pas les moyens de réaliser cette idée et on se contente d'affirmer ce qui justifiait cette impuissance — qu'une telle entreprise était impossible. La réponse de Kant est la plus connue. Il niait que les mathématiques fussent applicables aux phénomènes de la vie intérieure, parce que le temps, dans lequel il faut construire ces phénomènes psychologiques, n'a qu'une dimension. Herbart n'a pas été ici le véritable initiateur : il a montré, par de petits exemples, comment il fallait s'y prendre pour toute mesure relative à l'âme. Cependant, il a du moins reconnu que l'âme donne prise à la mesure, non seulement sous le rapport du temps, mais encore par d'autres côtés. Et tandis qu'en établissant certaines hypothèses numériquement déterminées et en les développant jusque dans leurs dernières conséquences, il s'efforçait de saisir mathématiquement les choses, il mit avec tant d'insistance en valeur un côté de la question entièrement négligé jusqu'à ce jour, que l'on ne tarda pas à trouver des moyens plus sûrs pour arriver à l'éclaircir.

Herbart a donné des impulsions fortes et durables. Néanmoins les progrès postérieurs de la psychologie n'ont pas été faits en poursuivant la route qu'il avait prise. Plus d'une de ses hypothèses et surtout ses bases de calcul étaient encore trop peu solides pour trouver créance à la suite de la conformité fortuite de certaines déductions avec l'expérience. En outre, une forte opposition s'était fait jour depuis longtemps contre tout l'intellectualisme représenté par lui comme par les psychologues associationnistes, et contre l'étude presque exclusive de l'activité pensante et connaissante de l'âme. Si la vie psychique n'est réellement pas autre chose qu'un mouvement de représentations, une lutte ou un accord de séries de représentations et de masses de représentations, que devient alors, par exemple, un phénomène comme la religion? Un petit complexus de représentations vraies et susceptibles d'être expliquées par l'intelligence, augmenté d'un grand complexus d'inventions superstitieuses, trouvées ou cultivées par les princes et les rois, pour maintenir les hommes sous leur autorité. On ne pouvait vraiment avoir prise sur elle en l'estimant aussi bas. Ou bien, qu'est-ce que l'art? Est-il, vraiment, le lyrisme de Gœthe par exemple, ou la musique symphonique de Beethoven, une organisation destinée à procurer des connaissances uniquement par le sens, comme le nom d'esthétique l'indique, ou à introduire subrepticement des représentations, qui doivent rendre les hommes plus vertueux ou plus patriotes? Et une chose surtout, qui pourtant est au centre de toute l'existence psychologique, semble presque incompréhensible comme résultat d'une simple mécanique des représentations : c'est l'essence de toute individualité une, cette nature spéciale de la personnalité et du caractère, qui à travers toute la diversité et toutes les variations de l'activité forme son noyau toujours constant, et qui, dans le cas d'une richesse de représentations à peu près égale, se manifeste dans des différences aussi profondes que celles qui existent entre des natures autoritaires et serviles, bonnes et mauvaises, distinguées et vulgaires. Aussi les hommes comme Rousseau, Kant, Fichte, Schopenhauer ont élevé la voix avec toujours plus de force, pour montrer l'importance de la vie sentimentale et volontaire de l'âme à côté de sa vie représentative, ou plutôt pour lui attribuer la première place en tant que manifestation de l'essence intime et particulière de l'âme. À l'intellectualisme s'opposa ce qu'on appelle aujourd'hui le *volontarisme*.

L'application des notions des sciences naturelles à la science de l'âme eut, en effet, malgré la vive impulsion qui en résulta, aussi des effets nuisibles. Les premières grandes conquêtes modernes des sciences naturelles se firent surtout dans le domaine de la physique et en particulier de la mécanique. Rien d'étonnant que, pour arriver à de semblables résultats en psychologie, on se tournât d'abord du côté des faits mécano-physiques. Constance, attraction et répulsion, comme nous l'avons vu, agrégation et combinaison chimique, telles furent les catégories avec lesquelles on opéra. Rien d'étonnant non plus si par là on fit souvent violence aux choses et si leur étude fut engagée sur une fausse voie. Si l'âme est un mécanisme, elle ne l'est cependant pas au sens d'une horloge, si parfaite soit-elle, ou d'une batterie galvanique. Elle est liée au corps organique, au système nerveux en première ligne, et la structure et les fonctions de celui-ci déterminent en quelque manière son existence et son activité. Donc, si l'on veut se servir avec fruit d'analogies matérielles pour comprendre les formations spirituelles, il faut les chercher dans la vie organique, déterminée assurément d'une manière physico-chimique, mais déterminée ainsi au degré le plus élevé de la complexité. C'est là qu'on trouve des phénomènes analogues à l'individualité et au caractère, à la vie sentimentale et volontaire de l'âme dans l'unité d'être de tout organisme végétal et animal, dans le caractère spécial de son instinct vital le plus intime et les instincts particuliers, dans lesquels cet organisme se déploie sans cesse et trouve, pour ainsi dire, sa satisfaction. Au cours du xix⁰ siècle, les catégories mécaniques, au sens le plus étroit, ont donc disparu peu à peu de la psychologie et ont fait place à des catégories biologiques telles que réflexes, arrêt des réflexes, habitude, assimilation, adaptation, etc. La grande découverte de la biologie moderne en particulier, l'idée de l'évolution, a été adoptée aussitôt par la science psychologique et utilisée avec fruit pour l'intelligence des faits psychiques aussi bien dans les âmes individuelles que dans les communautés humaines.

Mais, outre ces impulsions reçues par la psychologie des transpositions et des analogies tirées des sciences naturelles, elle en reçut, au xix⁰ siècle, une autre plus directe, que nous avons déjà brièvement signalée. Au cours de leurs progrès naturels, les sciences naturelles furent elles-mêmes amenées sur plusieurs points à s'occuper de questions psychologiques, et en s'en emparant et en les étudiant en vue de leurs propres fins, elles ouvrirent de façon immédiate les voies à la psychologie.

Les premières et en même temps les plus fortes de ces impulsions vinrent des progrès de la physiologie des sens. Vers 1830 on entreprend dans ce domaine un travail intense et productif. De nombreux physiologues et physiciens rivalisent d'ardeur dans l'étude exacte de la structure et des fonctions des organes des sens, et naturellement ils ne peuvent s'en tenir aux fonctions naturelles qu'ils étudient d'abord ; ils doivent faire entrer dans le cercle de leurs recherches les fonctions spirituelles occasionnées par ces premières et pouvant seules les rendre intelligibles, c'est-à-dire les effets produits sur l'âme par les sensations. C'est surtout l'œil qui attire les observateurs en foule par ses appareils auxiliaires dioptriques et mécaniques d'une organisation particulièrement riche, et par la finesse ainsi que par la variété de ses fonctions. Mais les organes de la peau et l'oreille trouvent aussi des observateurs. Johannes Müller, E.-H. Weber, Brewster, et surtout Helmholtz, un peu plus jeune qu'eux, mais esprit universel, aux vues larges et particulièrement inventif, sont les représentants les plus marquants de ces recherches parmi une foule d'autres. Ils fournissent à la connaissance psychologique des travaux comme elle n'en avait pas vus jusqu'à présent : des travaux qui reposent sur des questions mûrement réfléchies et indépendantes posées à la nature, et sur la production ingénieuse de circonstances propres à faire découvrir la réponse, c'est-à-dire sur l'*expérimentation*, et, si possible, sur la *mensuration* exacte des résultats et de leurs causes. — Lorsque E.-H. Weber, eut, en 1829, la curiosité, mesquine en apparence, de vouloir savoir avec quelle finesse deux contacts pouvaient être reconnus comme tels à divers endroits de la peau, puis avec quelle exactitude nous pouvons distinguer l'un de l'autre deux poids placés sur notre main ; ou bien, lorsqu'il réfléchissait au moyen d'étudier séparément les perceptions que nous devons, en soulevant des poids, à nos muscles et celles que nous devons à la peau, il faisait plus pour le véritable progrès de la psychologie que n'avaient fait toutes les distinctions, définitions et classifications depuis Aristote jusqu'à et y compris Hobbes. Même la découverte surprenante — qui ne devint d'ailleurs définitive que plus tard — de nouveaux organes des sens, c'est-à-dire d'organes négligés jusqu'alors, des muscles et des canaux semi-circulaires de l'oreille, fut faite à cette époque. Cela n'était pas seulement une augmentation des connaissances, mais encore un élargissement de l'horizon, car ce qui frappe dans ces organes, c'est qu'ils ne portent pas à notre connaissance des excitations extérieures comme les autres, mais des phénomènes qui se passent à l'intérieur du corps.

Un résultat isolé des recherches physiologiques sur les sens devint d'une façon bizarre le point de départ d'un nouveau et fort mouvement. Dans le second quart du xixᵉ siècle, la biologie ne s'est pas contentée de recherches méthodiques et exactes sur les données empiriques ; elle partit aussi de spéculations philosophiques sur la nature. Pendant un certain temps, le passé récent et l'avenir prochain vécurent avec une force égale côte à côte dans certains esprits. L'un des plus marquants fut G.-Th. Fechner. Il est, d'une part, un philosophe plein d'imagination, nourri de la philosophie de la nature de Schelling, et inspiré par l'idée herbartienne d'une application des mathématiques à la psychologie. Il spécule sur les rapports exacts possibles entre le corps et l'âme, cherche à donner une forme mathématique à la dépendance du spirituel vis-à-vis des phénomènes nerveux d'où il dérive. Et un beau matin, en octobre 1850, il découvre dans son lit une formule plausible en apparence. En même temps il est habitué, en sa qualité d'exact physicien, à chercher dans l'expérience une confirmation de ce qui est plausible en apparence, et affranchi aussi de la peur qu'ont habituellement les natures pensantes à saisir les choses, non seulement par la pensée, mais encore avec les mains. En poursuivant ses spéculations, il rencontre sur son chemin quelques résultats de E.-H. Weber, continue les recherches de celui-ci avec des méthodes plus rigoureuses dans de longues séries d'essais pénibles et désintéressés, met à jour des observations faites par d'autres, mais auxquelles on n'avait pas prêté attention, et arrive ainsi à énoncer la première loi de la vie psychique sous forme mathématique, la loi de

Weber : l'intensité de la sensation croît, non pas proportionnellement à l'intensité de l'excitation qui la provoque, mais plus lentement qu'elle (voir p. 68). Il réunit l'ensemble de ses spéculations, recherches, formules, conséquences, en une nouvelle branche de la science, la *psychophysique*, « science exacte des rapports de l'âme et du corps ».

Cette création suscita une nuée d'écrits où elle était confirmée, contredite, discutée, poussée plus loin. La question qui en était le point central : la loi établie par Fechner est-elle valable ? a perdu depuis beaucoup d'importance, et a fait place à d'autres. Mais l'œuvre de Fechner, indépendamment de ce premier effet, est demeurée importante pour la psychologie à un triple point de vue. Il a remplacé les fictions mathématiques dénuées de tout fondement de Herbart, que Lotze déclarait encore en 1852 — chose incompréhensible — préférables à la recherche de formules empiriques, par une mensuration effective des faits psychologiques et par la mise en formules chiffrées reposant sur la réalité d'un ensemble de lois psychologiques. En outre, il coordonna les choses en un tout, rapprocha ce qui semblait insignifiant et lointain des plus hautes questions psychologiques et obligea même les psychologues venus de la philosophie et restés étrangers aux recherches physiologiques sur les sens, à prendre connaissance de l'activité nouvelle de ces sciences. Enfin il établit pour toutes les recherches psychophysiques des méthodes soigneuses, supérieures aux premiers procédés souvent insuffisants des physiologues, et qui sont restées très importantes pour la connaissance plus approfondie des processus de la sensation et de la perception.

A peu près à la même époque où la psychophysique fit sentir ses premiers effets, vers 1860, la psychologie reçut une troisième impulsion. Quoique plus faible que les deux précédentes, elle ne contribua pas pour peu à élargir les vues sur les questions psychologiques susceptibles d'être traitées expérimentalement. Elle provenait d'une observation faite deux générations plus tôt, mais qui longtemps ne fut ni remarquée ni comprise.

En 1796, le directeur de l'observatoire de Greenwich, le révérend *Maskelyne* remarqua que les heures du passage des étoiles au méridien, enregistrées par son assistant *Kinnebrook*, différaient des siennes propres d'un laps de temps toujours plus considérable et atteignant jusqu'à une seconde. Il supposa que son assistant avait dérogé à la méthode « excellente » de l'époque, dite méthode de l'œil et de l'oreille, pour employer quelque douteux procédé de son invention et pria le jeune homme de se corriger et de revenir à la bonne méthode. Mais rien n'y fit et il se vit obligé à son grand regret de remercier son assistant qui n'était cependant pas mauvais. Kinnebrook a été victime du manque de connaissances psychologiques de son époque. C'est seulement vingt ans plus tard que Bessel reconnut que de telles différences entre les résultats des observations de plusieurs individus sont tout à fait générales et normales et que, dans le cas Kinnebrook, elles avaient atteint simplement une importance toute particulière. Elles proviennent de la manière différente dont on s'y prend pour fixer son attention sur une impression visuelle et des impressions auditives revenant périodiquement, comme le tic-tac d'une pendule à secondes. Et de nouveau, bien des années plus tard, sortirent de l'étude de ce phénomène de l'équation personnelle, restreinte d'abord à des questions pratiques d'astronomie, deux séries de recherches psychologiques importantes, où intervenaient à nouveau l'expérimentation et la mesure. La première série s'attaque à des questions relativement simples, c'est-à-dire celles de la durée des processus psychiques les plus simples, tels que

la simple perception d'impressions, la distinction d'une pluralité d'impressions, des actions simples que nous exécutons pour y répondre, ou encore de la reproduction d'une
représentation quelconque, du souvenir de représentations
déterminées, etc. Et tout cela est étudié en fonction de la
diversité des impressions, des circonstances concomitantes,
des individus, de la direction de leurs pensées. L'autre
série introduit dans l'étude des activités psychiques supérieures, de l'attention et du vouloir. S'y rattachent, par
exemple, les recherches sur l'attitude de l'attention en
face d'une pluralité d'impressions, sur la succession de
leur perception, le nombre de celles que nous pouvons
encore percevoir en un seul acte sur la transformation de
perceptions en mouvements, etc.

L'impulsion la plus récente donnée à la psychologie par
les sciences naturelles, lui est venue, depuis 1870, de la
physiologie et de la pathologie du cerveau, depuis la découverte du siège du langage par Broca et des circonvolutions
motrices par Fritsch et Hitzig. On a fait parfois bien peu
de cas de cette impulsion, et tiré des fautes et théories prématurées d'observateurs isolés cette conclusion, que la
psychologie n'avait rien de sérieux à tirer de leurs travaux.
A grand tort, selon moi. Sans parler de nombreux détails,
la psychologie doit aux études sur le cerveau deux vues
générales de la plus grande importance. Tout d'abord elles
ont montré que les efforts ardents de plusieurs siècles pour
découvrir un soi-disant siège de l'âme dans le cerveau,
c'est-à-dire un endroit aussi voisin d'un point que possible,
où l'âme entrerait en contact avec l'organe matériel, sont
sans objet. Il n'existe point de siège de l'âme en ce sens ; le
cerveau est l'incarnation d'une décentralisation absolue.
L'âme reçoit pour ainsi dire les excitations du monde extérieur à des endroits situés dans l'espace loin les uns des
autres et différents selon les organes périphériques d'où

elles proviennent. Et elle s'immisce dans le fonctionnement matériel d'endroits du cerveau très éloignés dans l'espace les uns des autres, selon les groupes de muscles auxquels elle en a. Tous ces endroits différents sont en communication entre eux, mais jamais par l'intermédiaire d'un centre commun étroitement circonscrit. La connaissance de cet état de choses a, il va de soi, une grande portée pour l'idée que nous devons nous faire de l'essence de l'âme.

Puis, c'est aux travaux sur la pathologie du cerveau que la psychologie doit d'avoir bien compris l'immense complexité réelle de faits psychologiques simples en apparence. On peut bien reconnaître, et on a reconnu, par la seule réflexion immédiate, que dans les mots du langage il faut distinguer des éléments acoustiques et moteurs, parfois même optiques et graphiques. On peut encore reconnaître ainsi que nos représentations des choses ne sont d'abord que des images laissées par les diverses impressions des sens, que nous recevons de ces choses par les organes de la vue, de l'ouïe, de l'odorat, etc., ou bien que notre maniement des choses repose sur les expériences que nous avons acquises en les tâtant avec les mains et les doigts. Mais le fait que toutes ces composantes diverses ne sont pas de simples constructions distinctes en abstraction seulement, mais ont une existence et une importance réelle, et manifestent cette existence réelle, *même lorsque la conscience immédiate n'a aucune notion d'elles* et croit avoir affaire à des faits tout à fait simples ; ce fait par exemple que la reconnaissance ou la dénomination d'un objet conserve toujours des relations indépendantes avec toutes les sortes d'impressions sensibles qui en proviennent (p. 99), que de même l'action de saisir un objet conserve des relations constamment distinctes avec la main droite et la gauche — tout cela, nous ne l'avons appris que par l'étude de cas, où, par suite de lésions spéciales au cerveau, il s'est produit une division de ces facteurs qui d'habitude opèrent avec ensemble, et une disparition de certains d'entre eux. C'est de cette manière que la psychologie a découvert souvent la véritable position à prendre à l'égard des questions soulevées par elle. Elle a reconnu qu'en face de la complication réelle des choses, les questions posées à l'aide de simplifications populaires telles que volonté, intelligence, mémoire, ou en raison de la simplicité apparente de certaines représentations ou d'actes moteurs, perdent à proprement parler toute espèce de sens. Et c'est maintenant seulement qu'en posant des questions justes et répondant à la réalité, elle peut espérer arriver à une compréhension des phénomènes.

Il faut encore ajouter que l'étude du cerveau est, d'une façon indirecte aussi, devenue importante pour la psychologie : à savoir par la forte impulsion qu'elle a donnée à une science voisine, la psychiâtrie. Car l'étude des maladies de la vie psychologique, renouvelée par l'étude du cerveau, porta naturellement des fruits pour l'étude et la connaissance des faits normaux. Et comme le psychiâtre se trouve toujours en face des manifestations les plus complexes de l'âme, telles que la vie affective, l'intelligence, la conscience de soi-même, les impulsions venues de ce côté complétèrent heureusement les précédentes, qui avaient surtout profité à l'étude des sensations et des perceptions.

Dans les dernières années du XIXe siècle, toutes ces boutures d'une nouvelle psychologie furent — par Wundt le premier — greffées sur le vieux tronc, et réunies et unifiées en un tout. Elles ont rajeuni l'arbre dont certaines parties semblaient mortes et provoqué une vigoureuse croissance ; il s'est mis à pousser des branches de tous les côtés. La psychologie est devenue tout autre, dans les traités et dans les chaires ; dans les laboratoires de psychologie, elle a trouvé de nouveaux asiles, qui expriment le plus clairement la transformation totale opérée dans la méthode de travail.

En même temps elle a commencé à devenir une science indépendante, pratiquée pour elle-même. Autrefois, elle était toujours au service d'autres intérêts. La connaissance de la vie psychologique n'était pas un but en soi, mais une préparation utile ou nécessaire pour atteindre d'autres buts qu'on estimait plus élevés. Pour la plupart des penseurs, elle était une branche ou une servante de la philosophie. On s'occupe d'elle pour arriver avant tout à savoir comment nos connaissances ont été acquises, ou comment les représentations des choses du monde extérieur se forment; et cela pour pouvoir tout aussitôt en tirer des déductions métaphysiques ou éthiques sur la spiritualité ou la matérialité de l'univers, sur l'essence de l'âme, sur une manière raisonnable de vivre, etc.; ou bien encore pour trou ver là la confirmation d'opinions déjà acquises sur ces questions et provenant d'ailleurs. Pour d'autres, ce sont des fins pratiques qui sont au premier plan. Ils font de la psychologie parce que ses enseignements touchent de près la vie pratique et sont importants pour beaucoup d'autres sciences, parce que, par exemple, elle « donne des notions aussi claires que possible de la vraie morale », ou parce qu'elle apprend aux hommes ce qu'ils peuvent faire d'eux-mêmes, ce qu'ils doivent faire pour étendre ou assouplir leur mémoire, etc. Assurément, il faut souhaiter de tout cœur que jamais la psychologie ne perde entièrement contact avec la philosophie, comme cela se produit souvent, au grand dommage des deux parties, pour les sciences naturelles. De plus, la valeur pratique de la psychologie, sa grande importance pour l'éducation, la médecine aliéniste, le droit et la morale, le langage, la religion, l'art, n'ont jamais été ressenties plus vivement ni servi plus souvent de thèmes à des travaux que de nos jours. Mais nous avons en même temps appris à comprendre qu'ici, comme ailleurs, dans l'intérêt même de progrès véritables et durables, soit pour la philosophie, soit pour la pratique, il était plus avantageux de ne pas toujours songer immédiatement à l'une ou à l'autre, et de vouloir toujours faire quelque gain pour elles, mais de se plonger tout d'abord, en s'y consacrant à fond, dans l'examen des questions elles- mêmes, d'où découleront peut-être un jour d'importantes conséquences, comme si pour l'instant il ne s'agissait que de les tirer, *elles seules*, au clair. C'est ainsi que nous avons commencé à considérer et à travailler la psychologie comme une science spéciale se suffisant à elle-même et nécessitant bien toutes les forces d'un seul homme.

Quelques renseignements matériels vont montrer l'étendue de ce mouvement. Jusque dans les dernières années du siècle passé, la psychologie n'avait pas été capable de faire vivre une seule revue spéciale. Les premières tentatives apparaissent déjà vers la fin du xviiie siècle, sous les aspects d'un « Magazin de la science psychologique tirée de l'expérience » et d'un « Magazin psychologique ». Mais ni l'un ni l'autre ne dépassèrent quelques volumes. Aussi bien les publications psychologiques de peu d'étendue étaient encore assez rares, même de 1850 à 1870, et paraissaient dans des revues philosophiques, physiologiques ou même physiques. Depuis 1880, un changement radical s'est produit qui n'a peut-être pas son pareil dans aucun autre domaine. A de longs intervalles d'abord, puis à des dates toujours plus rapprochées, sont nées dans les principaux pays civilisés des revues purement psychologiques, dont pas une n'a dû disparaître par suite de défaut de matière et d'intérêt dans le public. Actuellement, il en existe quinze, dont six allemandes, quatre anglaises, trois françaises, une italienne, une dans les pays scandinaves. Et cela, sans compter aussi de nombreux travaux importants pour la psychologie, parus dans des revues philosophiques, physiologiques, psychiâtriques, pédagogiques, criminalistes et autres.

CHAPITRE PREMIER

NOTIONS GÉNÉRALES

De quelque manière que l'on s'y prenne, un exposé de
la psychologie a à lutter contre une grosse difficulté : elle
rencontre toujours ici ou là une vive contradiction. Pour
ne pas abandonner le lecteur à lui-même, pour lui montrer
au contraire chaque détail relié judicieusement à l'ensemble,
il faut qu'elle parte de notions générales, qui elles-mêmes
n'ont pu naturellement sortir que de l'étude, faite auparavant, de certains faits isolés. Mais précisément, en matière
psychologique, les notions générales les plus importantes
au point de vue objectif ne le sont pas en même temps au
point de vue personnel. Elles ne jouissent en aucune façon
d'une approbation universelle, comme cela se produit en
règle générale — quoiqu'à l'occasion les opinions évo-
luent — dans les autres domaines; tout récemment encore,
le combat, qui se livre à son sujet et n'a jamais été terminé,
a repris avec une nouvelle ardeur. Que le lecteur veuille
donc se souvenir de cette situation et ne pas tenir rigueur
aux idées générales exposées ici de ce fait qu'elles ne sont
pas défendues par *tous* ; personne ne pourrait lui en présenter de telles. Cela ne veut point dire qu'elles sont les
opinions particulières, et sans grande valeur, de l'auteur
de cet exposé ; elles sont en tout cas le bien commun d'un
grand nombre de savants estimés. Avant tout elles passent pour les notions fondamentales les plus vraisemblables
dans l'étude de la vie psychologique aux yeux de ceux qui

tiennent à mettre les idées générales qu'ils ont sur le monde spirituel en harmonie avec les idée reconnues vraies à l'heure actuelle pour le monde matériel. Car les faits particuliers qui ont conduit aux notions fondamentales en question se trouvent précisément dans le domaine des rapports entre l'existence spirituelle et corporelle; en les utilisant, il faut donc tenir à la fois compte des deux.

§ 1. — CERVEAU ET AME

Comme chacun sait, toute notre vie spirituelle est étroitement liée aux fonctions du système nerveux, et, en particulier, de son organe principal, le cerveau. L'absence de sang au cerveau provoque l'évanouissement, c'est-à-dire une suspension de la pensée ; inversement une activité de l'esprit attire plus de sang au cerveau et accroît l'activité des échanges de substances. Des narcotiques ou des poisons comme l'alcool, le café, la morphine, qui influent sur les manifestations psychiques, le font grâce à leur action sur le système nerveux. A côté de ces expériences, il y a deux groupes de faits sur lesquels se fonde la connaissance que nous avons de cette relation.

La grosseur croissante et le développement du cerveau, en s'élevant dans la série animale — c'est là le premier groupe —. marchent *en général* de pair avec une grande élévation et une grande richesse de la vie spirituelle. Si l'on compare, en particulier, l'homme aux animaux, ce rapport saute aux yeux. Il est un peu obscurci par cette circonstance que le cerveau, comme tout autre organe, est proportionné à la taille du corps, si bien qu'on ne peut pas comparer l'homme à n'importe quel animal, mais uniquement à ceux de taille à peu près équivalente. Mais parmi ceux-ci, la position toute spéciale qu'il occupe au point de vue intellectuel et même matériel apparaît de la façon la plus évidente. Le poids de son cerveau est à peu près le triple, relativement et absolument, de celui des singes anthropoïdes, les animaux qui se rapprochent le plus de lui ; le poids de son cerveau est de huit à dix fois plus grand que celui des animaux les plus intelligents, parmi ceux qui sont plus distants, comme les grands chiens. Et ce rapport existe même dans l'ensemble des races humaines. Assurément les choses sont si compliquées qu'il n'est pas valable pour une comparaison quelconque, en particulier pas dans le cas où l'on se limite à des individus isolés ; il ne vaut que pour la moyenne de groupes assez étendus. On ne s'attend pas à trouver que la force physique d'un homme soit toujours exactement proportionnelle à la masse de ses muscles, alors que personne ne doute que toutes deux ne soient en relation étroite. Si donc, pour annihiler l'effet des circonstances accidentelles, on prend la moyenne de nombreuses observations isolées, on trouve toujours chez les individus de mentalité plus développée, de même que chez les races de mentalité plus développée, des cerveaux plus gros ou plus richement développés que pour les individus ou les races inférieures.

L'autre fait, où se révèle la relation étroite entre la vie spirituelle et le cerveau, consiste en l'attitude pareille de tous deux lorsque leur constitution normale vient à être altérée. Des maladies ou des lésions du cerveau sont *en général* accompagnées de troubles de la vie psychique, et inversement des troubles de l'esprit sont accompagnés en général de modifications dans la structure du cerveau. *En général*, faut-il encore dire ici et non dans tous les cas isolés. Pourtant il n'est pas trop malaisé de voir pourquoi, si sûre que cette relation objective puisse être, on ne peut même pas espérer toujours la saisir. Établir de façon certaine l'existence de troubles mentaux est souvent chose difficile. Des psychiâtres entraînés reçoivent des tribunaux, à fin d'examen, des individus que l'on croit malades ; ils les observent pendant des semaines, et hésitent cependant parfois avant de juger s'il s'agit d'une simple bizarrerie, qui ne sort pas des limites de la normale, ou d'une maladie mentale. De même, c'est chose difficile souvent que de reconnaître des modifications matérielles du cerveau. Malgré des progrès extraordinaires dans ces derniers temps, cet art n'en est qu'à ses débuts ; on n'apprend que peu à peu à rendre visibles les suites plus délicates de processus morbides et à distinguer en elles l'essentiel de ce qui ne l'est pas. En outre, il ne faut pas oublier que certaines défectuosités du cerveau, ne *pourront* peut-être jamais être rendues accessibles à notre examen direct, à savoir les troubles de la fonction de l'organe vivant, qui n'ont pas encore provoqué des modifications durables dans les parties qui le composent. Personne ne doute, par exemple, que des troubles dans la nutrition des éléments du cerveau, ou des changements dans leur excitabilité ne soient de la plus grande importance pour l'activité de l'âme, mais la substance cérébrale morte, qui tombe seule sous notre observation n'en révèle rien. Ainsi pour un grand nombre de troubles mentaux, comme la nervosité, l'hystérie, les maladies mentales proprement dites, les lésions matérielles correspondantes ne sont pas encore connues. Néanmoins le principe général, établi plus haut, reste, grâce aux cas innombrables où on peut démontrer son exactitude, suffisamment valable pour les autres, où, pour des raisons compréhensibles, il est impossible de le vérifier directement.

Mais, pour nos notions générales, ce qui est de grande importance dans cette relation étroite entre le cerveau et la vie psychique, c'est la nature même de cette relation. La conception populaire penche à se la représenter comme s'étendant sur un certain espace, de telle sorte que les activités les plus importantes de l'âme, que la conscience populaire a coutume de distinguer, seraient liées aussi à certaines parties du cerveau. Derrière un front élevé de penseur trône, selon l'opinion répandue, l'intelligence; c'est dans le derrière de la tête qu'on localisait au moyen âge la mémoire. C'est pourquoi la phrénologie de Gall, qui indique des parties déterminées du cerveau comme organe spécial du don des mathématiques ou de la musique, de la religiosité, du sentiment de sa propre personne, de l'amour de l'ordre, a trouvé bon accueil auprès du grand public, sinon auprès des anatomistes et physiologistes de profession.

Toutefois cela soulève une grande difficulté. Selon la conception populaire, l'âme est en même temps un être simple, une unité indivisible qui se conçoit elle-même immédiatement comme telle, qui contraste absolument avec les corps matériels étendus dans l'espace. Comment peut-elle alors être supposée comme rattachée à toute la masse d'un organe matériel étendu et composé de plusieurs parties? On pourrait alors la découper au couteau en découpant cet organe? Évidemment, concluait-on, elle ne peut être rattachée au cerveau qu'en un seul point, ou tout au plus à l'intérieur d'un espace étroitement circonscrit. Il faut que toutes les excitations matérielles, qui doivent avoir de la valeur pour l'âme immatérielle, aboutissent à ce point, et elle-même, depuis ce point, agit par réaction sur tout l'organisme; elle ne communique avec le cerveau qu'en ce point central qui commande tout. Et c'est ainsi que pendant des siècles on a cherché assidûment un tel point « siège de l'âme » et qu'on l'a placé au cours des siècles dans toutes les parties du cerveau susceptibles de le devenir.

Depuis quarante ans environ, nous savons de manière certaine que ces deux conceptions sont erronées et comment les choses se passent en réalité. Avant de les exposer, il est utile de remonter un peu plus haut et de jeter un regard sur la structure du système nerveux.

§ 2. — Structure du système nerveux

1° *Les éléments*. — Le système nerveux est composé, dans ses derniers éléments figurés, de plusieurs milliers de corps

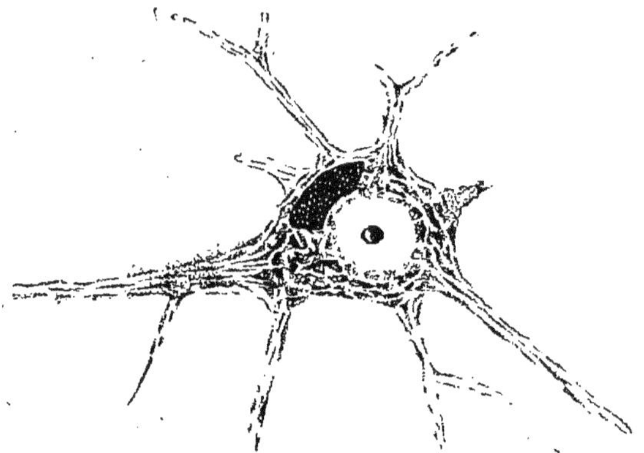

Fig. 1. — Cellule ganglionnaire multipolaire
(coloration de Nissl ; d'après Edinger).

microscopiques, allongés, appelés *neurones*, composés eux-mêmes de deux parties différentes. La partie essentielle et la plus importante du tout est formée par un corpuscule arrondi ou rayonnant avec un noyau relativement gros (*cellule nerveuse*) à laquelle se rattache une fibre fixe, souvent très longue et diversement ramifiée (*fibre nerveuse*) qui possède la propriété de transmettre avec une certaine vitesse une excitation particulière.

En grande majorité, ces cellules nerveuses sont situées chacune à l'extrémité d'une fibre nerveuse. Elles affectent alors des formes étoilées, pyramidales ou ovoïdes (fig. 2, 3 et 4) et envoient de nombreux prolongements qui se terminent dans leur voisinage tout proche (*les dendrites*), qui se ramifient parfois en une arborescence d'une richesse étonnante (fig. 3). A des endroits déterminés de l'organisme, ces cellules sont insérées dans le cours des filaments ou placées tout contre ceux-ci. Alors elles ont la forme de fuseaux ou de sphères et n'ont pas de dendrites. La structure intérieure des cellules montre, suivant les réactifs chimiques employés, un aspect différent. En les colorant d'une certaine manière, on les trouve remplies de granulations très fines (granulations de Nissl; fig. 1); d'autres colorations montrent que les fentes et les interstices entre les granulations sont remplis d'un réseau de fibrilles extrêmement fines (fig. 4).

Les fibres nerveuses aussi ont malgré leur ténuité (environ 1/40 à 1/50 de millimètre de diamètre) une structure encore plus fine. Leurs parties essentielles ont un filament arrondi, continu dans toute sa longueur (*cylindre-axe*) qui est formé d'un faisceau de fibrilles extrêmement fines, parallèles, d'une substance fondamentale à demi liquide (fig. 5).

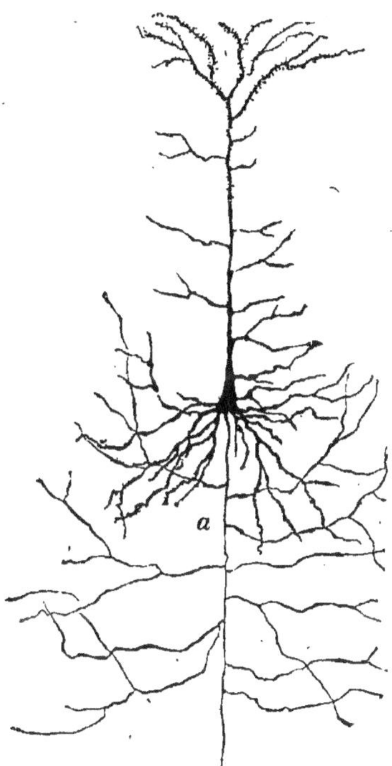

Fig. 2. — Cellule pyramidale (coloration de Golgi; à prolongement nerveux avec coloration).

Ce filament est, en règle générale, enveloppé dans une substance grasse (*gaine de myéline*), de composition différente, qui, dans les parties périphériques, est elle-même protégée par une fine membrane. Parfois les fibres nerveuses atteignent une très grande longueur. Les fibres qui aboutissent, par exemple, à la pointe des doigts, proviennent du haut de la moelle dorsale, celles qui aboutissent aux doigts de pied, de la moelle lombaire. Mais jamais elles ne restent ininterrompues jusqu'à la fin, mais envoient en cours de route des ramifications nombreuses (collatérales, fig. 2), qui mettent la cellule d'origine en communication avec d'autres régions du système nerveux.

A l'extrémité de la fibre nerveuse opposée à la cellule et

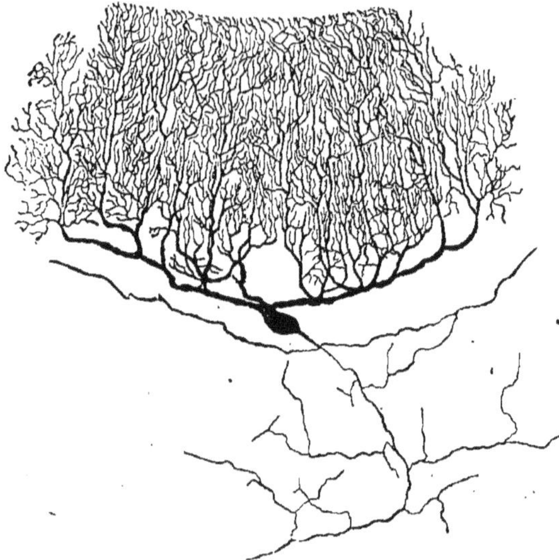

Fig. 3. — Cellule de Purkinje dans l'écorce du cervelet (coloration de Golgi).

à toutes ses collatérales, la gaine de myéline disparaît, les cylindres-axes s'épanouissent et se terminent en une sorte de touffe, souvent très fournie, de leurs fibrilles (*arborescence terminale*, fig. 6). Par cette arborescence, les neurones sont en communication entre eux (comme aussi avec d'autres organes du corps, comme les fibres musculaires par exemple). L'arborescence terminale d'un neurone enveloppe, par exemple, la cellule nerveuse d'un autre, ou s'enchevêtre dans ses dendrites. On ne sait pas au juste s'il s'agit d'un simple voisinage très étroit des neurones qui demeurent anatomiquement séparés ou bien d'une fusion complète. En tous cas, le rapport est si étroit que l'excitation transmise par les filaments nerveux d'un élément peut gagner un autre, et pourtant pas assez étroit pour que l'individualité des neurones isolés soit entièrement perdue. Car si, par suite d'une blessure, on les détruit, le trouble produit ainsi dans leur structure reste limité aux éléments atteints tout d'abord ; il ne se propage pas aux neurones rattachés à eux en vue de la transmission des excitations.

Si l'on veut une comparaison, le neurone ressemble, en une certaine mesure avec ses ramifications à un petit organisme végétal. La cellule nerveuse, avec ses dendrites, correspond aux racines avec ses radicelles, la fibre nerveuse avec ses collatérales à la tige et ses ramifications, les arborescences terminales aux feuilles. Des neurones dont les cellules nerveuses sont sans terminaison propre ; mais placées sur la fibre, seraient alors de petites plantes avec des racines aériennes.

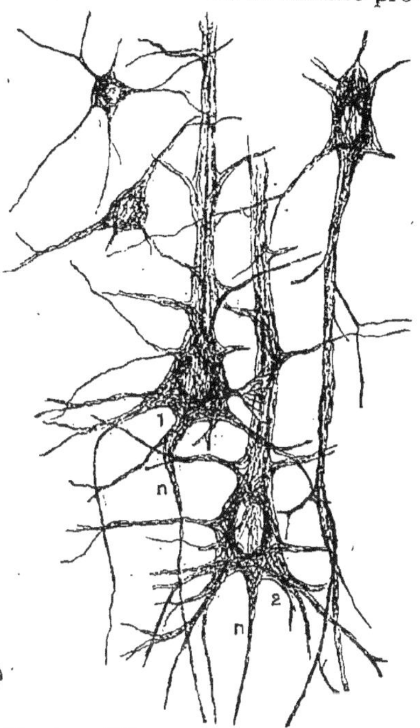

Fig. 4. — Différents types de cellules dans l'écorce de la circonvolution frontale ascendante. Coloration des fibrilles de Bielschowsky (d'après Bielschowsky et Brodmann).

1 et 2, pyramides géantes.
n, prolongements nerveux.

Lorsque de grandes quantités de neurones sont rassemblées on peut distinguer à l'œil nu des autres parties qui ne renferment que des fibres nerveuses, les emplacements des cellules nerveuses. En effet, les fibres sont incolores et transparentes. Donc, lorsqu'elles sont réunies en grande quantité, toute la masse paraît blanche, comme toujours dans un amas de petites parties transparentes (écume, neige). Les cellules, au contraire, renferment un pigment foncé (voy. fig. 1), et en grande quantité elles acquièrent une teinte rouge-grisâtre. Aussi distingue-t-on les deux tissus sous le nom de substance *grise* et de substance *blanche*.

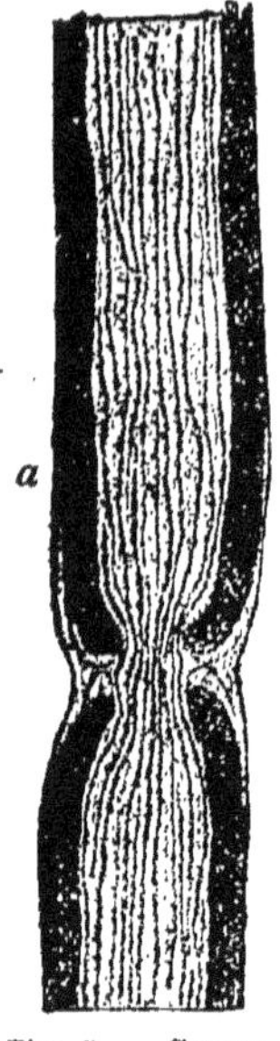

Fig. 5. — Coupe longitudinale d'une fibre nerveuse à moelle avec fibrilles colorées (d'après Bethe).

a, gaine de myéline (très grossi).

On ne sait pas encore exactement en quoi consiste l'excitation dont nous avons souvent parlé, et qui semble être le véritable but des éléments nerveux. On peut dire seulement avec certitude en quoi elle ne consiste pas, par exemple en un courant électrique. Elle est accompagnée de phénomènes électriques, comme beaucoup d'autres phénomènes dans l'univers, et ces phénomènes accessoires fournissent un moyen commode pour reconnaître et mesurer l'excitation ; mais sa véritable nature est autre. Il faut vraisemblablement se la représenter comme une décomposition ou une transformation chimique, qui, provoquée par un excitant extérieur, dégage assez d'énergie pour que celle-ci se transmette spontanément, comme une explosion par exemple ; mais qui immédiatement après est suivie d'une reconstitution par les forces de l'organisme, si bien qu'elle peut être provoquée à nouveau par un nouvel excitant extérieur. Deux particularités de ce phénomène sont surtout remarquables. Premièrement, la vitesse avec laquelle il est transmis. Chez l'homme elle s'élève parfois jusqu'à 60 mètres à la seconde, chez les animaux inférieurs beaucoup moins, et tombe à quelques centimètres. Elle est donc d'un tout autre ordre de grandeurs que la vitesse de transmission de l'électricité ou même du son. Deuxièmement, le fait que, dans une série d'excitations successives à intervalles rapprochés, il se produit une sorte de liaison secrète entre elles, c'est-à-dire que les effets des dernières excitations sont influencés par les précédentes, sans que nos moyens d'enquête puissent nous révéler une modification quelconque des éléments nerveux. Si les excitations sont faibles, leurs effets deviennent peu à peu plus forts ; les excitations s'additionnent. Une série d'excitations peut même provoquer un mouvement, alors que chacune d'elles, prise isolément, est inefficace. Si au contraire les

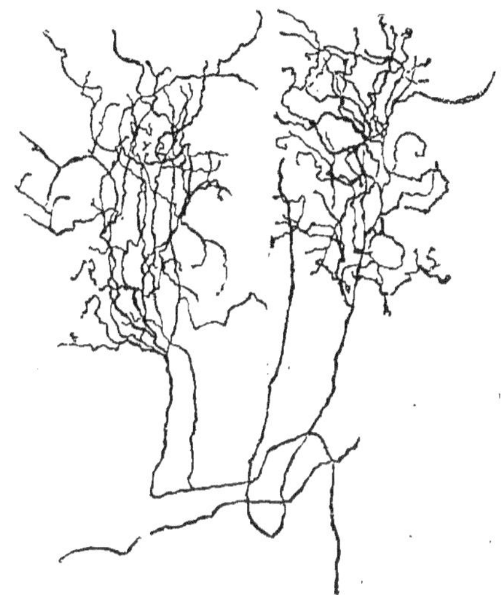

Fig. 6. — Arborescences terminales de fibres optiques chez le poulet (d'après Kölliker).

excitations sont fortes et se suivent à longs intervalles, les effets deviennent peu à peu plus faibles ; les neurones se fatiguent, comme on dit métaphoriquement, et ont besoin d'un certain temps pour recouvrer leur excitabilité normale.

2° *Le système*. — Ces éléments nerveux que nous venons de décrire sont groupés dans leur ensemble en une construction traversant le corps entier, le système nerveux, qui dans ses grandes lignes est d'une simplicité surprenante, mais d'une extrême complication dans ses détails. On peut dire que le but général atteint par cette construction savante est le suivant : *la faculté conductrice du réseau nerveux est employée à mettre tous les organes du corps, excitables par les actions extérieures, en communication aussi étroite et variée que possible avec tous ses organes moteurs, et à faire ainsi de l'ensemble de l'organisme avec toute la richesse de ses parties qui servent aux fins les plus diverses, un tout un et puissant grâce à cette unité.* Lorsqu'en marchant je me heurte à un obstacle, il faut que je sois en état de regarder tout autour de moi, pour trouver le moyen de l'écarter ou de le tourner, et il faut aussi que je puisse exécuter réellement ces actions. Pour cela il faut que mes yeux soient reliés d'une manière quelconque aux muscles de la tête, et aussi des bras, des mains et des jambes. Peut-être avais-je été inattentif, ou il faisait sombre, si bien que j'ai donné du pied ou du haut du corps contre l'obstacle. Si je veux sortir d'embarras, il faut que toutes les régions de la peau soient en communication de la même manière avec ces nombreux muscles. Sur un appel, il faut que je puisse tourner la tête, pour mieux entendre ce que je dois apprendre ; mais il faut aussi que je puisse remuer la bouche et la langue pour pouvoir répondre, ou encore les bras et les jambes, pour me défendre peut-être contre une attaque. De même que l'œil, il faut donc que l'oreille soit en rapports étroits avec tous les organes moteurs, et ainsi de suite.

Sous sa forme la plus simple, tout système nerveux comprend trois parties, c'est-à-dire trois groupes de neurones remplissant des tâches différentes : les uns *centripètes (sensitifs)*, pour recevoir les excitations extérieures à la périphérie de l'organisme et les transmettre pour être réparties plus loin ; les autres *centrifuges (moteurs)*, pour conduire les excitations diversement transformée, ou encore renforcées, dans les organes moteurs ; les troisièmes enfin, qui *dirigent d'un centre à l'autre (associatifs)* pour établir les nombreuses communications nécessaires entre ces deux premiers groupes. La figure 7 montre sous la forme la plus rudimentaire un schéma de cette répartition en neurones *centripètes* (z), *centrifuges* (a), et *associatifs* (ou répartitifs, r). Les autres complications et perfectionnements du système consistent dans l'insertion d'intermédiaires dans les parcours centripètes et surtout associatifs, de sorte que les fonctions de chaque groupe ne sont pas remplies par une seule assise, mais par des chaînes pluriannulaires de neurones juxtaposés. Évidemment, les possibilités de fructueuses communications transversales entre les différentes parties en sont beaucoup augmentées. Mais le plus haut degré de perfectionnement n'est atteint que par un second moyen : *la superposition d'un second système tout à fait organisé comme le premier au-dessus de celui-ci*, grâce auquel se trouvent produites les connexions les plus variées et les possibilités presque inépuisables d'adaptation aux circonstances les plus diverses et les plus compliquées. Tel est le type du système nerveux chez l'homme et les animaux supérieurs. Le degré primaire et inférieur est formé par les *nerfs périphériques* et les *centres subcorticaux*, et le degré supérieur, résultat d'une évolution millénaire, par le *cerveau* et le *cervelet*.

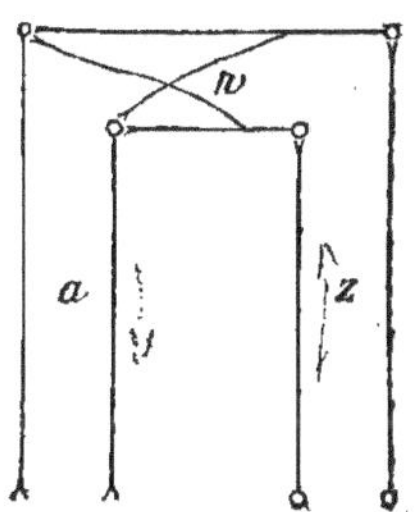

Fig. 7.

1° *Nerfs périphériques et centres subcorticaux*. — A travers le corps s'étend une masse de neurones, qui par leurs fonctions vont ensemble et sont étroitement reliés par de nombreux liens. A l'intérieur du tronc elle se compose d'une sorte de long cordon, à peine gros comme le petit doigt, la *moelle épinière*. Dans la boîte crânienne ce cordon devient d'abord un peu plus épais (*bulbe, Medulla prolongata*) et se divise en plusieurs parties de formes différentes : un petit plateau à quatre élévations, *les tubercules quadrijumeaux* (*corpora quadrigemina*), deux corps à forme allongée, les couches optiques (*thalami optici*), deux petites sphères à longue tige, les *centres*

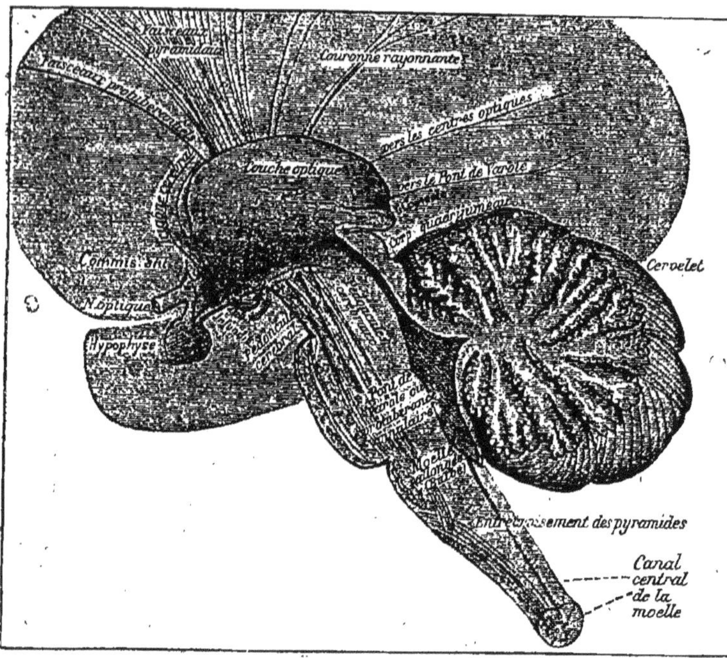

Fig. 8. — Vue latérale des centres subcorticaux à l'intérieur du cerveau ainsi que du cervelet moins les lobes olfactifs et l'œil (d'après Edinger).

olfactifs, etc. Ces diverses parties, qui d'un mot sont appelés centres subcorticaux (fig. 8), forment la liaison entre la partie inférieure du système nerveux de l'homme et la supérieure ; elles réunissent des fibres centripètes, qui se terminent là, à des fibres centrifuges qui prennent là leur origine et en sortent ensuite.

De presque tous les points de la périphérie interne et externe du corps, ces fibres centripètes rayonnent jusque dans ces diverses parties ; elles viennent des yeux et des oreilles, du nez et de la peau qui recouvre tout le corps ; elles viennent aussi des muscles et articulations, et (indirectement tout au moins) des organes intérieurs du corps, tels que le cœur, les poumons, le tube digestif, etc. Les cellules d'origine de ces fibres se trouvent en partie dans les organes périphériques accessibles aux excitations extérieures, comme les yeux, les oreilles et le nez ; et en partie aussi dans des endroits situés plus profondément, sans doute en vue d'une meilleure protection. Ainsi les cellules nerveuses des fibres nerveuses de la peau ne se trouvent pas dans celle-ci, mais, par exemple, pour la peau du tronc et des extrémités, dans des agrégats de cellules (*ganglions spinaux*) situés immédiatement à droite et à gauche de la moelle épinière. Conformément à cette diversité de situation quant à leur origine, les points où ces fibres centripètes débouchent en s'épanouissant dans les centres subcorticaux sont répartis sur toute la longueur de ceux-ci, depuis l'extrémité inférieure de la moelle épinière jusqu'aux bulbes olfactifs. Les fibres conduisent à ces centres par le chemin au total le plus court les excitations reçues par elles à la périphérie. Elles se terminent en général, elles aussi, non loin de ces points d'épanouissement. Certaines poursuivent encore pendant un certain temps en envoyant des collatérales, mais s'épanouissent bientôt aussi pour former les arborescences terminales et transmettent à d'autres neurones l'excitation conduite par elles.

La contre-partie de ces fibres est formée par les fibres centrifuges. Leurs cellules d'origine (*cellules nerveuses motrices*) se trouvent dans les centres subcorticaux mêmes, et, presque sans exception, sur leur face antérieure et ventrale, tandis que les fibres centripètes aboutissent toutes dans la moelle épinière, et quelques-unes dans la tête sur la face postérieure et dorsale. Conformément à la destination diverse des fibres, c'est-à-dire à leur distribution dans divers organes du corps, leurs points d'origine se trouvent de nouveau répartis sur toute la longueur des centres subcorticaux, mais de telle sorte que, par places, ils sont plus groupés et forment les noyaux gris, et par places plus clairsemés. Après leur départ des cellules, les fibres se réunissent en petits faisceaux et se rendent ensuite dans les différents organes moteurs du corps : muscles, glandes, vaisseaux et intestins.

Il ne semble exister qu'un petit nombre de communications immédiates entre les arborescences terminales des fibres centripètes et les cellules d'origine des fibres centrifuges. Peut-être est-ce le cas pour des organes qui par leur nature sont en dépendance étroite comme, par exemple, la peau des doigts et des mains, et les muscles de ces membres. Mais la plupart du temps les communications nombreuses, qui, suivant les circonstances, sont nécessaires pour répondre aux excitations extérieures, ont lieu par l'intermédiaire de neurones intercalés, qui dans tout leur cours appartiennent exclusivement aux centres subcorticaux et qui dans leur totalité sont précisément ce qui accomplit vraiment la tâche de ceux-ci. En même temps il a été paré à tous les besoins particuliers. Certaines cellules aux fibres très courtes semblent destinées à rendre plus intime l'entre-croisement des diverses parties dans un petit espace donné. D'autres réunissent les deux moitiés symétriques de la masse subcorticale ; leurs fibres vont donc, tout en envoyant des collatérales, du côté droit au côté gauche ou inversement. D'autres encore établissent une communication entre des parties d'un même côté, distantes les unes des autres. Leurs fibres traversent les centres dans leur longueur et, en envoyant à plusieurs reprises des collatérales qui s'épanouissent dans d'autres cellules, elles relient différents plans transversaux de cette masse.

2° *Cerveau et cervelet.* — La structure du système nerveux que nous venons de décrire se renouvelle, ainsi que nous l'avons dit, à un étage supérieur. Toutefois l'exécution est ici en un sens un peu différente, précisément à cause de l'étage inférieur déjà existant et afin d'atteindre parfaitement le but auquel tend l'ensemble. La masse des cellules des centres subcorticaux forme en gros une longue masse qui s'épaissit à l'extrémité supérieure. Il en est ainsi, comme on peut l'affirmer, parce que les organes périphériques non reliés entre eux sont répartis sur tout le corps, mais sont plus groupés vers la tête, et parce que l'organe qui les relie, précisément les centres subcorticaux, s'adapte dans l'ensemble à leur emplacement. Pour parler très en gros, la moelle épinière est consacrée à la peau et aux muscles du tronc et des extrémités, la moelle allongée et ce qui l'environne à l'oreille, les centres optiques avec les nerfs optiques qui y sont attachés à l'œil, les centres olfactifs au nez. S'il existe en outre un centre reliant les différents organes entre eux et dont les parties sont elles-mêmes reliées entre elles, et si l'unité et la diversité des communications ont encore besoin d'un enchérissement, une nouvelle adaptation à l'emplacement des organes dans le corps n'est plus nécessaire; il s'agit seulement de faciliter le plus possible de nombreuses communications. Tel est, pour ainsi dire, le principe réalisé dans la structure du cerveau et du cervelet.

Les cellules nerveuses des éléments nerveux de ces deux organes ne sont pas entassées en un tout compact, mais étendues sur deux grandes surfaces, appelées les *écorces* du cerveau et du cervelet. Sans suivre du tout la forme du corps, l'une d'elles, l'écorce du cerveau, recouvre comme par une voûte les parties supérieures des centres subcorticaux et les englobe presque de toutes parts, tandis que l'autre s'attache par derrière comme une sorte d'excroissance. L'épaisseur de la couche cellulaire est en moyenne,

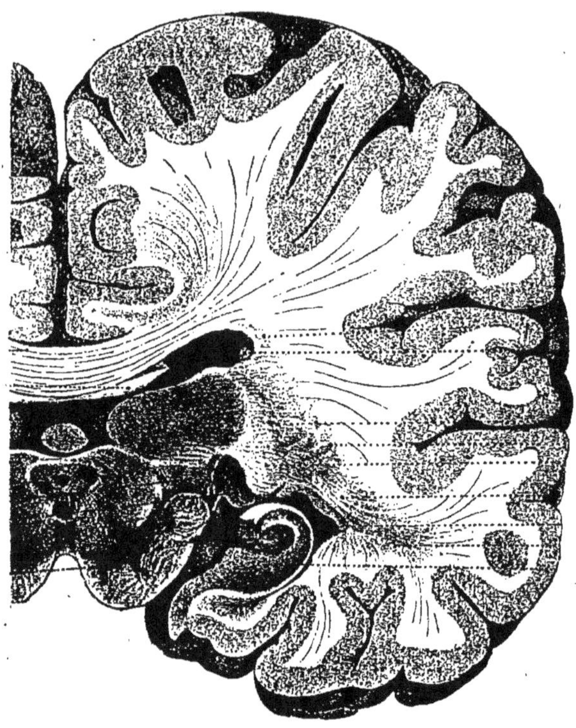

Fig. 9. — Corps calleux ; centres optiques ; corps quadrijumeaux. Vue frontale à travers une moitié droite du cerveau (d'après Edinger).

pour le cerveau seulement, de 3 millimètres de diamètre, et de 1 seulement pour le cervelet. L'étendue en est d'autant plus grande. La superficie de l'enveloppe du cerveau est estimée en chiffres ronds à 2 000 centimètres carrés ; celle de l'enveloppe du cervelet à plus de 800 centimètres carrés. Si toutes deux atteignent cette superficie à l'inté-

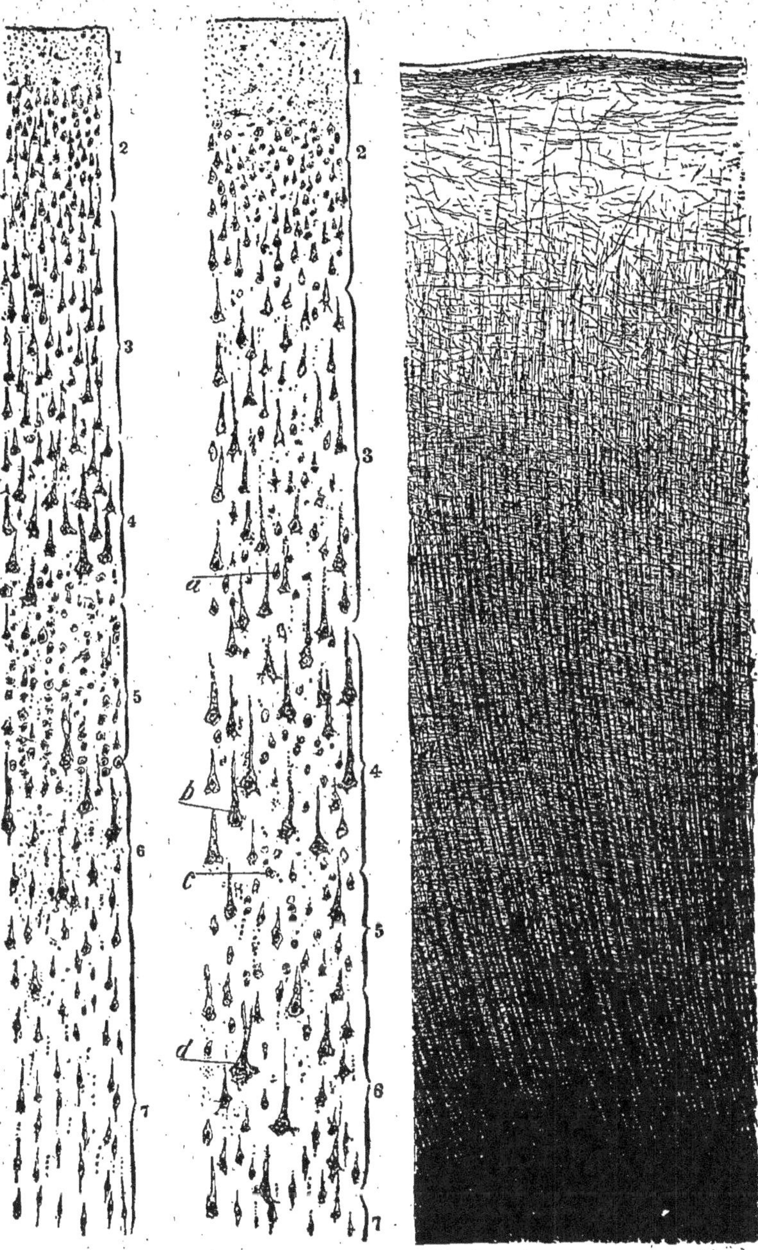

Fig. 10. — Coupe à travers l'écorce du cerveau ; circonvolution centrale antérieure et postérieure. Les cellules seules sont colorées (d'après van Gehuchten).

Fig. 11. — Coupe à travers l'écorce du cerveau. Les fibres seules sont colorées (d'après Kölliker).

rieur de l'espace relativement restreint de la boîte crânienne, cela vient de ce qu'elles ne sont pas unies, mais
forment des sillons et des plis innombrables et souvent
très profonds. Dans le cervelet, ce plissage est d'une
extraordinaire finesse.

L'importance de cette structure des organes des écorces
apparaît clairement. Il est évident que cette extension sur
une couche mince rend les cellules nerveuses plus facilement et plus diversement accessibles, que si elles étaient
disposées en un amas compact. Les fibres allant vers des
cellules différentes s'embrouillent moins en n'étant pas
obligées de pénétrer dans la profondeur d'une couche
épaisse de cellules ; elles peuvent également parvenir aux
cellules par le dessus et le dessous de la couche. Ainsi les
deux organes des écorces sont particulièrement propres à
atteindre de la façon la plus parfaite le but, déjà clairement
entrevu dans l'étude des centres subcorticaux, à savoir
établir des communications aussi variées que possible entre
chaque région du système nerveux et les autres, et par là
même entre tous les organes du corps.

Les figures 10 et 11, qui se complètent, pourront donner
un aperçu de la richesse étonnante de l'écorce du cerveau
— dont nous traiterons spécialement plus loin — en éléments cellulaires et de l'abondance troublante de fibres
qui la traversent. Mais les traînées de fibres ne circulent
pas seulement à l'intérieur de la couche cellulaire elle-
même. Elles remplissent aussi (de concert avec les fibres
projectives qu'il faudra encore nommer) les interstices
situés entre les sillons à l'intérieur des circonvolutions, en
particulier les interstices souvent très larges entre l'écorce
du cerveau et les centres subcorticaux et forment là les
amas les plus importants de substance blanche, c'est-à-dire
uniquement composée de fibres, que l'on rencontre dans
tout le système nerveux. La nature générale de ces com-

munications est de nouveau la même que dans les centres subcorticaux : elles font face à tous les besoins possibles. Certaines fibres servent à réunir les éléments dans leur voisinage immédiat. Par exemple, un groupe de fibres situé au plus extérieur de l'écorce (fig. 11, en haut), directement à fleur du cerveau. Un second système de fibres (*fibres des commissures*) réunit entre elles les deux moitiés symétriques du cerveau. Elles sont en grande partie réunies dans une masse de moelle épaisse et allongée, qui va d'un hémisphère à l'autre par le milieu et s'appelle le *corps calleux* (fig. 9). Enfin, les fibres d'un troisième système (*fibres d'association*), peut-être les plus nombreuses de toutes, mettent en communication les différentes parties de l'écorce de chaque moitié du cerveau. Et cela de nouveau de toutes les manières possibles : des circonvolutions très proches et d'autres plus éloignées, peut-être jusqu'aux distances les plus grandes qui puissent exister dans le cerveau.

Ce système, qui est ainsi ramené de tant de manières à l'unité, est en outre en communication avec toutes les parties des centres subcorticaux de la même façon que ceux-ci avec les organes périphériques : par des fibres centripètes et par des fibres centrifuges qui dans leur ensemble sont désignées sous le nom de *fibres de projection*. Abstraction faite des complications provenant de neurones intercalés, les rapports entre ces voies de communication de l'étage supérieur et de l'étage inférieur sont très simples. Les voies centripètes de l'écorce du cerveau sont en même temps les prolongements des voies centripètes, qui vont de la périphérie aux centres subcorticaux, et inversement les voies centrifuges des centres subcorticaux sont en même temps les prolongements des voies centrifuges de l'écorce du cerveau. Là où les fibres venant de la périphérie pénètrent dans les centres subcorticaux et s'épanouissent dans les arborescences terminales, l'excitation qu'elles transmettent est reçue en partie par des neurones, qui les transmettent à l'intérieur des centres subcorticaux et les font finalement parvenir aux cellules nerveuses de ces derniers. En même temps d'autres neurones se trouvent là, qui étendent leurs fibres dans l'écorce du cerveau, et l'excitation est transmise aussi en partie à celles-ci, et amenée ainsi jusqu'à l'écorce. Puis les cellules motrices des centres subcorticaux reçoivent les impulsions qui doivent provoquer les contractions musculaires en partie des neurones d'association situés dans les centres subcorticaux, où leurs fibres se terminent par un épanouissement. Mais en même temps d'autres fibres se terminent là aussi, dont les cellules d'origine se trouvent dans l'écorce, et elles peuvent ainsi être atteintes aussi depuis l'écorce. Évidemment, l'existence de ces deux circuits de communication, superposés pour ainsi dire l'un à l'autre (abstraction faite encore de toute la diversité des communications à l'intérieur de chacun d'eux), permet de mettre en mouvement les organes moteurs du corps depuis ses organes sensitifs en passant par l'écorce, de toute autre manière et suivant des combinaisons tout autres que par le chemin direct des centres subcorticaux.

Une chose est encore intéressante et non sans importance. Les voies centripètes de l'écorce du cerveau, qui se raccordent aux voies venant de la périphérie et débouchent en prolongeant celles-ci dans les centres subcorticaux, *continuent en général dans la même direction que celle suivie par les voies dont elles sont les prolongements.* Toutefois, elles ne sont pas aussi groupées, ni sous forme de cordon, mais s'étendent en éventail ou en forme de cône. Elles se terminent par suite en général dans l'écorce du cerveau, dans la région qui est exactement à l'opposé de l'organe périphérique d'origine, d'où vient la voie à plusieurs tronçons. Et quoique les organes périphériques par l'intermédiaire des nombreux systèmes de fibres du cerveau soient en rapport *d'une manière ou d'une autre* avec toutes les parties de son écorce, chacun des organes est tout d'abord relié par le chemin le plus court à une partie relativement restreinte, située à l'opposé de son propre emplacement, alors même qu'il n'est pas possible de la délimiter exactement. Cette relation est très visible pour les yeux. Les nerfs optiques proprement dits, microscopiques, sont prolongés par deux faisceaux nerveux, qui pénètrent par l'avant dans le cerveau et dont les fibres se terminent à l'extrémité postérieure des centres optiques. Là de nouveaux neurones reprennent la voie optique, et leurs fibres, rayonnant dans la direction de ces faisceaux, arrivent finalement dans l'écorce du lobe occipital. C'est donc là, surtout sur les côtés intérieurs des hémisphères, que se trouvent les parties de l'écorce réservées aux yeux. Il en va de même pour l'oreille. Les fibres nerveuses qui en émanent pénètrent par côté et presque à angle droit par le plan médian du corps dans les centres subcorticaux ; les voies qui s'y rattachent et poursuivent dans la même direction rencontrent donc dans la région opposée des tempes l'écorce du cerveau. Il en va encore de même pour les nerfs sensitifs de la peau dans le tronc et les extrémités. Toutefois, leurs centres dans l'écorce ne se trouvent pas dans le prolongement de la direction horizontale, qu'ils suivent d'abord avant de pénétrer dans les centres subcorticaux, mais dans le prolongement de la direction verticale qu'ils prennent aussitôt après leur entrée dans la moelle. Les épanouissements terminaux des derniers neurones, qui les mettent directement en communication avec le cerveau, se trouvent à la voûte de la masse cérébrale, au sommet du cerveau. De cette région extrême partent inversement des fibres qui descendent, avec une direction centrifuge, du cerveau vers les cellules motrices de la moelle épinière.

Leurs points de départ, les centres moteurs de l'écorce,
sont même localisés avec certitude. Pour les bras et les
jambes, les mains et les pieds, même pour chacun des
doigts des mains et des pieds, on connaît exactement les
places de l'écorce qui leur sont réservées et d'où on peut,

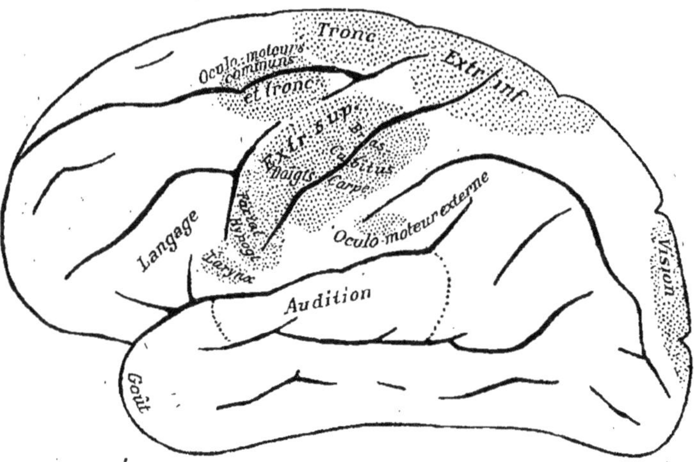

Fig. 12. — Localisation des organes périphériques du cerveau
(d'après Edinger).

par excitation électrique, par exemple, les mettre en mouvement (fig. 12).

3° *Rapport avec la vie psychique.* — En décrivant ces
relations, nous avons répondu à la question posée déjà
(p. 32), de savoir quel rapport existe entre l'âme et les
diverses parties du cerveau étendu dans l'espace. On voit
qu'il ne peut en aucune manière être question d'un point
siège de l'âme. On voit que ni les voies nerveuses qui
débouchent dans le cerveau ou dans le système nerveux ne
se dirigent vers un centre commun où une âme étendue
pourrait entrer en contact avec eux tous ; ni que les voies

qui en sortent ne partent d'un tel centre. Toute la structure du système nerveux incarne bien plutôt une décentralisation idéale : toutes les voies se côtoient et aboutissent à des points séparés dans l'espace ; avec cette particularité que toutes celles qui sont en relation plus étroite aboutissent plus près les unes des autres, et celles qui ont des rapports moins étroits à des points les plus éloignés les uns des autres. Et si cependant l'ensemble forme une unité étroite, et semble dans toutes ses parties commandé souvent par *une* seule idée, et dirigé vers *un* seul but, cela ne se produit que par des relations innombrables et variées de toutes les régions entre elles. Des régions étendues de l'écorce du cerveau, appelées *centres associatifs* (par exemple les parties laissées vides à l'extrémité antérieure et postérieure de l'hémisphère) servent surtout non pas au va-et-vient direct entre le cerveau et la périphérie, mais précisément à établir des communications les plus fructueuses et les plus étroites entre les parties qui contiennent surtout des fibres de projection.

L'âme demeure donc en réalité dans la matière étendue du cerveau à plusieurs endroits à la fois ; ses relations avec celui-ci remplissent tout l'espace d'une manière ou de l'autre. Toutefois, les diverses manifestations de son activité ne sont pas liées aux diverses parties du cerveau ainsi que le peuple se le représente, de telle sorte, par exemple, que l'intelligence, la mémoire, la volonté aient leur siège à des endroits différents, ni comme la phrénologie le soutient. A y réfléchir de plus près, comment, en effet, de telles localisations seraient-elles possibles ? On ne peut se les figurer. Est-ce que ce qu'on appelle intelligence est absolument indépendant de la mémoire ou de l'attention ? Est-ce que ces deux facultés n'y participent pas pour la plus grande part ? Et des manifestations d'activité comme la religiosité, l'amour filial, le sentiment de sa propre personnalité peuvent être complètement isolés? Est-ce que leur contenu sensitif, représentatif et sentimental, n'est pas en partie le même, si bien que partout un enchevêtrement se produit?

Le rapport qui existe est bien plutôt le suivant. *L'attribution des fonctions psychiques à diverses parties du cerveau correspond exactement à la répartition du travail faite à la périphérie du corps par ses organes sensoriels et ses organes moteurs.* Une certaine région du cerveau, précisément l'écorce du lobe occipital, qui est anatomiquement reliée aux yeux, sert psychologiquement à la vue, aux sensations et représentations visuelles; une autre région, rattachée anatomiquement à l'oreille, et située dans le lobe temporal, est au service de l'ouïe. Le sommet du cerveau a affaire aux sensations et représentations tactiles et aux sensations provenant des mouvements des membres; d'autres régions sont attribuées respectivement aux sensations de l'odorat et du goût. Des parties antérieures du sommet du cerveau partent les impulsions qui provoquent les mouvements volontaires et bien coordonnés du tronc et des extrémités; les mouvements des yeux, des organes de la parole, etc., sont commandés depuis d'autres points — toujours au service de la vie psychique. Bref, en ses divers et derniers éléments de sa vie sensitive et représentative, et par ces combinaisons des mouvements des muscles du corps, qui forment les éléments de ses actions congruentes, le siège de l'âme se trouve, pour ainsi dire, dans diverses parties du cerveau; telle est la nature de son rapport avec lui et de la localisation des fonctions de celui-ci. Lorsque donc il s'agit de combinaisons à demi complexes de ces éléments, par exemple, lorsque l'on essaie de consoler un enfant qui pleure par des caresses ou de bonnes paroles, ou lorsqu'à la vue d'une orange on est amené, en se représentant son bon goût, à la couper et à la manger, il se peut que le cerveau soit accaparé *simultanément* par l'âme dans une grande partie de son étendue, non pas *également* à travers toute la masse, mais d'une manière spéciale ramifiée et formant une sorte de réseau.

§ 3. — ACTION RÉCIPROQUE ET PARALLÉLISME

Une question se pose maintenant : comment comprendre les rapports étroits qui existent entre le cerveau et la vie psychique ? comment s'expliquer leur apparition ? Là-dessus il existe deux thèses différentes dont les idées fondamentales se combattent depuis des siècles.

1° *Le cerveau instrument de l'âme.* — D'après la conception populaire, parce qu'elle est la plus conforme non seulement à la pensée, mais aussi aux désirs des hommes, ces rapports reposent sur ce fait, que le cerveau est l'*organe nécessaire*, dont doit se servir l'âme qui est d'une essence tout à fait différente, pour entrer en relations avec le monde extérieur et avec d'autres âmes. Elle possède une vie intérieure tout à fait spéciale et indépendante de toute matérialité, qui se révèle à chacun de nous, par exemple, dans la pensée conforme à des normes logiques et non à des impressions trompeuses des sens, dans l'attention volontaire, dans le vouloir moral au lieu de l'appétit déterminé par les sens, dans la croyance religieuse, dans le sentiment artistique. Mais sans doute elle a besoin d'un *instrument* appartenant au monde extérieur pour donner à ces activités qui lui sont spéciales un contenu concret et utilisable pour le monde extérieur et ensuite pour communiquer les résultats obtenus après l'élaboration des matériaux et leur faire porter leurs fruits. C'est un instrument semblable qu'elle possède dans le cerveau, avec lequel elle entretient un rapport purement extérieur d'influence réciproque. Par son intermédiaire elle prend connaissance des faits variés du monde extérieur. Les processus nerveux, provoqués par ceux-ci, produisent, causent en elles des sensations et des sentiments ; il leur est possible de se transformer en partie en ces impressions et sentiments, bien que ceux-ci soient d'une nature différente. D'ailleurs, sans que l'âme soit liée impérieusement à ces influences qui l'atteignent, elle peut s'y abandonner, mais aussi s'y soustraire jusqu'à un certain point ; elle domine librement les impressions extérieures. Mais, si elle les accepte, si en les élaborant elle en tire des connaissances, des réflexions, des intentions et finalement des décisions, elle peut à son tour — et toujours librement et sans être absolument soumise à la contrainte de causes déterminées — agir à son tour sur le système nerveux et par l'intermédiaire de celui-ci faire passer sa volonté dans le monde extérieur.

Cette interprétation du rapport entre l'âme et le cerveau est bien d'accord avec les circonstances *générales*, citées plus haut, de leur rapport. Il est clair que la grandeur, la richesse de l'organisation, la constitution normale d'un instrument sont de la plus haute importance pour la qualité et la perfection de ce qu'on doit faire avec lui. C'est ainsi que l'on peut jouer sur un grand orgue à registres nombreux des compositions plus riches que sur un petit ; Raphaël aurait été un grand peintre, même s'il n'avait pas eu de bras, mais le monde n'en aurait rien su.

Mais cette conception d'un instrument répond bien mal aux faits de localisation ; elle se rattache au fond à l'idée, précisément réfutée par ces faits, d'une âme liée à un point sans étendue. Car comment peut-on dire de l'âme qu'elle est dans sa véritable essence quelque chose de tout à fait différent de l'espace et de la matière, si elle ne peut supporter et distribuer certains effets qu'en un point d'un organe matériel, et en un autre point certains autres ? On a dit que la vérité aussi est partout, et partout entière en raison de son absolue simplicité, et que pourtant elle n'était pas non plus spatiale ni matérielle. Je doute fort que la vérité se trouve là où on fait cette comparaison ; car il n'est pas facile de concevoir quelque chose de plus obscur que son absolue simplicité et quelque chose de plus inexact que cette comparaison avec l'âme. L'âme n'est nulle part entière, ni à l'intérieur du cerveau, ni à l'intérieur du monde entier. Si elle l'était, peut-être pourrait-on dire, qu'au fond, l'espace et la matière ne la regardent pas, de même que si elle était réduite à un seul point. Mais elle est en partie ici, en partie là ; elle est âme voyante dans les circonvolutions occipitales, âme auditive dans les circonvolutions temporales. Or, si elle doit à ces endroits entrer *en relations réciproques* avec la matière, recevoir et donner, elle devient elle-même par ce fait quelque chose ayant une certaine étendue et une certaine forme dans l'espace ; et cette seule conséquence devrait faire abandonner toute cette conception populaire.

Quoi qu'il en soit, ne poussons pas plus loin l'étude de cette difficulté. Il en existe deux autres très considérables. Si l'âme, en tant qu'être particulier, entretient avec la matière du système nerveux des relations qui consistent à donner et à recevoir librement, il faut abandonner un principe qui est cependant une des conquêtes les plus sûres des sciences naturelles modernes : *le principe de la conservation de l'énergie.* Quels que soient les changements qui se produisent dans les choses matérielles, on sait que quelque chose reste toujours inchangé dans sa valeur totale, un quelque chose que possède chaque chose à un degré variable, à savoir sa faculté (dans des circonstances favorables) de fournir un travail mécanique, faculté qui précisément est appelée énergie. Elle se manifeste dans les choses de la façon la plus diverse : comme force de propulsion lorsqu'elles se touchent, comme force attractive, lorsqu'elles sont éloignées, comme chaleur, affinité chimique, etc. Les formes diverses passent de l'une à l'autre et sont, pour ainsi dire, transformées les unes dans les autres, mais toutes ces transformations ont lieu dans des proportions déterminées et numériquement toujours constantes. Peu importe que ces transmutations se produisent en avant ou en arrière, indirectement ou directement, vite ou lentement. Une chose isolée peut donc bien, selon sa rapidité, sa situation, sa température, son électrisation ou sa constitution chimique, posséder tantôt telle quantité d'énergie, tantôt telle autre — toujours dans l'ensemble des choses, avec lesquelles elle est dans cette relation de transmutation, la quantité d'énergie reste constante.

Évidemment, des interventions spontanées de l'âme dans le fonctionnement matériel d'un organisme ou des abandons spontanés de ce fonctionnement sont absolument inconciliables avec ce principe. Si l'âme peut provoquer une excitation nerveuse, dont toutes les prémisses ne sont pas contenues dans l'état immédiatement antérieur des choses et des propres états de l'âme, il y a création d'énergie nouvelle. Si elle peut empêcher un fait matériel, dont la valeur énergique doit encore s'exercer, étant donné les circonstances, il y a destruction d'énergie. Il en va de même pour les impressions qui parviennent à l'âme par les processus nerveux et doivent provoquer en elle la formation de ses sensations et de ses représentations. L'organisme animé serait un système matériel, dont le contenu énergique, en faisant tout à fait abstraction de ses rapports avec l'entourage, serait, uniquement par des phénomènes se produisant en lui-même, soumis à des hausses et baisses continuelles. On pourrait s'attendre à ce que ces variations se compensent en partie. Mais si cela se produisait exactement, ce serait un véritable miracle, puisqu'elles sont tout à fait indépendantes l'une de l'autre, et puisque l'on ne pourrait empêcher certaines âmes d'augmenter de façon durable la valeur par des tensions appropriées de la volonté, et de pouvoir réaliser, par exemple, dans l'organisme qu'elles habitent, le mouvement perpétuel que l'on cherche depuis si longtemps.

Jusqu'à ces derniers temps on pouvait dire : eh bien ! soit, et peut-être en est-il ainsi. Admettons que la constance de l'énergie est prouvée pour des éléments galvaniques ou des machines à vapeur et électriques ; qui pourrait fournir la même preuve pour les complications inouïes de la vie organique? Il n'y a là qu'une hypothèse à laquelle on peut à tout aussi bon droit opposer l'hypothèse de la non-constance. Depuis une dizaine d'années cette échappatoire n'est plus possible. La conservation de l'énergie chez des êtres vivants supérieurs comme le chien, et même récemment chez l'homme, a été *prouvée directement* par des expériences. Lorsqu'un animal ou un homme ne fournit pas de travail extérieur, comme, par exemple, de gravir une montagne ou de soulever des fardeaux, l'énergie totale transformée au cours de ses processus vitaux reparaît dans la chaleur émise par lui. Le mouvement du sang dans les vaisseaux échauffe leurs parois et les couches d'air contiguës ; l'échange de substances, les contractions musculaires, les explosions excitatives dans les nerfs, tout est en rapport avec la chaleur produite par l'organisme, dont le surplus rayonne de façon constante vers le dehors sur l'entourage. La source de ce courant d'énergie est dans les aliments absorbés : c'est leur valeur calorique, diminuée de celle des éliminations, qui dans le jeu des processus vitaux est transmuée, des manières les plus diverses, et finalement retourne sous une de ces formes, celle de la chaleur dans le monde extérieur. Or, Rubner a trouvé, par des mesures les plus minutieuses et durant dans l'ensemble des semaines entières, *que l'énergie calorique émise par un animal pendant une période d'expériences d'une certaine durée, correspond à un demi pour cent près* (c'est-à-dire à la quantité près qui représente l'inexactitude inévitable dans de telles recherches) *à la valeur énergique de la nourriture assimilée*. « Le calcul est simple et sans reste... Dans cette organisation il n'y a déficit ni excédent. » On pourrait encore objecter que, d'un animal à la vie intellectuelle relativement faible, on ne pouvait pas conclure pour l'homme qui est infiniment plus élevé. Mais Atwater a fait justice de cette objection. Ses recherches très pénibles ont été faites sur cinq personnes ayant reçu une culture d'enseignement supérieur en modifiant de mainte manière les circonstances : par exemple, en variant l'alimentation, en considérant le repos corporel accompagné de travail intellectuel, ou le travail corporel. Pour chaque expérience, qui durait toujours plusieurs jours, il reste encore de petites différences, s'élevant au plus à 2 p. 100, entre la valeur totale de l'énergie reçue et émise ; mais, si l'on considère la totalité de soixante-six jours consacrés aux expériences, la différence tombe à 1/10 p. 100 ; pour les quarante et un jours des expériences en cas de repos, *elle disparaît entièrement*. En conséquence il n'existe dans l'organisme humain lui aussi aucune place pour une activité spontanée d'âmes indépendantes.

Mais il y a plus : une activité *non spontanée* d'êtres particuliers se trouvant avec le corps dans un rapport d'action réciproque n'est pas non plus vraisemblable. Il faut, en effet, indiquer une seconde raison contre cette représentation d'un instrument et d'une action réciproque : elle est le dernier reste d'une conception essayée partout par les hommes, *mais qui, sans exception, n'a résisté nulle part à un examen approfondi, partout où il était possible de le faire*. La pensée primitive peuple l'univers entier d'esprits,

de démons, de cobolds, bref, d'êtres doués d'une certaine
âme, que l'on supposait avec les choses les entourant, dans
un rapport semblable à celui que l'on établit entre les
âmes et le cerveau ; on les croyait capables de prendre
connaissance du cours des choses et d'intervenir dans leurs
cours. A mesure qu'on connaissait mieux le véritable enchaînement des choses, toutes ces représentations ont sem-
blé puériles et grossières. Les hommes leur ont témoigné
la plus grande prédilection et la plus grande partialité : si
elles correspondaient en quoi que ce soit à la vérité, cela
aurait été prouvé. Au contraire, la force écrasante des faits,
des expériences toujours plus étendues et des examens plus
minutieux ont contraint après des siècles et des siècles les
hommes à admettre que tous les phénomènes matériels sont
provoqués exclusivement par des causes matérielles et se
prolongent en effets exclusivement matériels, à admettre
donc que *toute la causalité dans la nature est un circuit
fermé*. Pour l'apparition de l'été et de l'hiver, pour la pluie
et le soleil, et même pour les phénomènes organiques dans
le cœur, les muscles ou la moelle épinière, personne ne
doute le moins du monde qu'il en soit ainsi ; c'est dans
le cerveau seul, à l'intérieur de la boîte crânienne hermé-
tiquement close, qu'il en irait autrement. Sans doute, la
difficulté d'atteindre cet organe et son importance pour la
vie rendent impossible de vérifier directement si par hasard
un être démoniaque, de l'espèce de ceux qui ont été expul-
sés de tout l'univers, ne fait pas des siennes dans ce dernier asile. Mais, s'il fallait accepter pour vrai tout ce dont
on ne peut faire voir la fausseté, alors on pourrait bien
transporter le paradis sur l'autre face de la lune et l'enfer
à l'intérieur du soleil, puisque personne ne peut aller voir
si vraiment il en est ainsi. Dans les opinions que nous
nous faisons du réel, il ne s'agit jamais de vagues possibilités quelconques, mais de ce qui semble le plus vrai-

semblable, étant donné l'ensemble de nos autres expériences. Et cet ensemble lui-même (et non pas un plaisir particulier pris à une telle conception, ou bien une croyance qui passera demain comme une mode), parle aussi clairement que possible contre l'existence de toute espèce d'âmes séparables ; peu importe, d'ailleurs, qu'on leur attribue la faculté de modifier spontanément la quantité d'énergie du corps, ou que l'on se représente leur activité comme une nouvelle forme phénoménale de l'énergie qu'il nous faudra admettre, et qui, la quantité totale d'énergie demeurant constante, viendrait s'insérer dans les diverses formes de transmutation de cette énergie.

2° *Parallélisme psycho-physique*. — De toute manière la conception populaire des relations entre l'âme et le cerveau aboutit à des difficultés et à des impossibilités. Mais comment allons-nous définir leur rapport ? Eh bien, si ce ne sont pas deux êtres ayant leur existence propre, et placés l'un en face de l'autre et agissant l'un sur l'autre, il ne reste donc qu'une réponse possible : c'est qu'ils sont *un seul et même* être. Naturellement, à un certain point de vue seulement, car leur dualité et leur différence sont bien un fait acquis s'il en est. Il faut concevoir comme un être qui peut se manifester de deux manières. Il a d'abord connaissance de lui-même, immédiatement et sans autre intermédiaire. Il se montre alors sous l'aspect d'un groupement non spatial, toujours changeant, et cependant identique dans le fond, d'impressions sensibles, de pensées, de sentiments, de désirs, d'idéals, d'aspirations ; nous l'appelons *âme*. Mais ce même être peut également donner connaissance de lui-même à d'autres êtres de même sorte, et cela par maints intermédiaires, le sens de la vue et du toucher, le microscope et d'autres appareils. Si l'on prend connaissance de lui de cette manière, ce qui en soi et par la connaissance immédiate était un groupement de sensations, représentations et sentiments, apparaît comme quelque chose de totalement différent, comme quelque chose d'étendu, de mou, riche en circonvolutions ingénieusement composé de cellules et de fibres innombrables, précisément comme *cerveau* ou, somme toute, comme système nerveux. Ame et cerveau ne sont pas deux parties séparées et n'ayant entre eux que des rapports extérieurs ; *ils ne sont qu'un parti, sont une seule et même réalité, mais tantôt existant en soi-même et prenant une connaissance immédiate de soi-même, tantôt se manifestant à d'autres réalités de même sorte, lorsqu'elle est affectée par celles-ci, ce qu'on appelle être vu ou être touché.*

Si l'apparence fait croire que des impressions extérieures agissent sur l'âme et provoquent en elles des réactions se traduisant au dehors comme, par exemple, lorsque quelqu'un réfléchit à propos d'une question qu'on lui a adressée, et donne ensuite une réponse, en réalité il faut concevoir de toute autre façon ce qui se passe véritablement. En tant que ces impressions sont visuelles ou tactiles (ou bien sont pensées comme telles), elles produisent une série ininterrompue de transformations matérielles à travers le système nerveux ; elles ne s'évanouissent pas en quelque chose d'invisible, et ne proviennent pas non plus de quelque chose d'invisible mais demeurent une série absolument complète de processus matériels, dont le dernier est séparé du premier par des complications extraordinairement plus grandes, mais est produit par un principe en se conformant exactement aux mêmes lois physico-chimiques que s'il s'agissait d'ingénieuse machine. Mais les mêmes faits, en tant qu'ils passent à travers le système nerveux, ont en même temps, indépendamment de leur aspect matériel, et pour ainsi dire à côté de celui-ci, une autre vie ; ils sont en même temps une série de transformations d'un tout autre ordre : de perceptions sensibles en pensées, sentiments, suppositions, volitions. Les anneaux de ces deux séries ne s'appellent pas les uns les autres, et ne s'engrènent pas les uns dans les autres ; ils restent étrangers les uns aux autres dans leur enchaînement causal. Et pourtant ils vont de pair anneau par anneau ; *ils sont parallèles les uns aux autres*, comme on dit improprement, car de par leur véritable nature ils sont bien plutôt exactement la même chose. Et si les deux manifestations de cette même chose semblent en apparence influer l'une sur l'autre, et s'appeler réciproquement, cela provient uniquement de cette circonstance, accidentelle si l'on veut, que les anneaux qui, respectivement marchent de pair, ne sont pas perçus en même temps par la même conscience. C'est-à-dire que celui qui a des pensées et des sentiments ne peut pas percevoir en même temps les processus cérébraux, sous forme desquels les pensées apparaissent, ou pourraient apparaître extérieurement, et, inversement, celui qui étudie certains processus cérébraux, ne sait rien des choses psychiques qui forment la vie invisible de ces processus. Quant aux faits matériels, qui peuvent être embrassés *par la même* conscience en même temps que les événements psychiques à savoir les causes et effets des processus cérébraux, se déroulant en dehors de l'organisme, ils précèdent en fait les événements psychiques comme les provoquant, ou bien les suivent comme provoqués par ces causes.

Naturellement il n'est pas nécessaire, lorsqu'on est conscient du véritable aspect des choses, d'en tenir compte partout de façon explicite. Comme les vocabulaires employés couramment proviennent tous de la conception d'une action réciproque entre l'âme et le corps, une telle précision pourrait même devenir extrêmement gênante. Qu'on se représente quelqu'un qui voudrait ne plus parler du lever ou du coucher du soleil depuis qu'on sait que le soleil ne tourne

même pas. De même nous parlerons naturellement des
actions du monde extérieur sur l'âme ou des conséquences
extérieures des événements psychiques, sans qu'il existe
néanmoins la moindre inconséquence dans notre pensée.

§ 4. — Nature de l'ame

L'âme, avons-nous vu, n'est pas quelque chose d'étranger au cerveau et au système nerveux, de nature autre,
qu'on pourrait en séparer, s'opposant à eux, mais bien plutôt quelque chose de semblable à eux et n'en différant que
dans la manière de se manifester ; nous avons reconnu son
existence à part, immédiate pour ainsi dire, opposée à
l'existence révélée par des intermédiaires et passant par
la vue, le toucher et autres sens, par laquelle ces réalités
se font connaître. Mais on peut caractériser sa nature d'une
manière plus générale encore. Le système nerveux est,
comme nous l'avons montré, en une certaine manière tout
l'organisme. La vie de celui-ci est comme condensée et
résumée en ce système. Chacun des organes est réuni
aux autres par le système nerveux pour former un tout ;
leur multiplicité, qui est un agrégat, est transformée en un
système ; toutes ses fonctions sont mises en rapport les
unes avec les autres par son intermédiaire, les actions réciproques en sont compensées et réglées afin d'atteindre le
but général. Or, si l'âme est une manifestation particulière
du système nerveux et celui-ci un représentant de tout
l'organisme, il s'ensuit que l'âme l'est aussi, mais évidemment d'une autre manière ; elle est la réplique intellectuelle
et concentrée du corps et par conséquent un être *de même
que le corps*. Or, on distingue avec raison le corps de ses
parties et de leurs activités particulières et l'on dit qu'il a
des bras et des jambes ou qu'il respire et échange des
substances. Néanmoins, *il n'est pas détaché de toutes ses
parties*, et ne s'oppose pas à leurs fonctions comme un

être indépendant et capable d'intervenir dans celles-ci. Il est uniquement *la somme de toutes ses parties et de toutes leurs fonctions*. De même l'âme. Elle a des idées, des sensations, des désirs, est attentive ou inattentive, se souvient, etc., et on ne peut guère parler de ces choses sous peine de devenir incompréhensible, autrement qu'en lui attribuant de tels contenus et de telles activités. Et cependant elle n'est rien d'autre que la *totalité* de ces contenus et de ces activités ; et non pas un être qui resterait, après que l'on aurait fait abstraction des événements de sa vie, ni un être qui pourrait se tourner, comme une puissance indépendante, *contre* ces événements de sa vie ; mais c'est un être qui est uniquement *la somme* de toute la vie si riche, qu'on est amené à lui attribuer.

En reconnaissant ainsi dans l'âme un être semblable au corps, on la comprend mieux en un autre sens encore. L'essence la plus générale de l'organisme consiste, comme on sait, à être un système orienté vers son propre développement et sa propre conservation, une machine *d'auto-conservation ;* et il réalise cette conservation de soi-même, comme nous le savons du reste aujourd'hui, de deux manières, par deux grands moyens.

Tout d'abord par *la lutte*. L'organisme se conserve par une lutte constante contre son entourage extérieur et ses forces, contre la nature vivante et la nature inanimée, contre des êtres de même sorte et des êtres différents, mais aussi par la lutte de ses diverses parties entre elles, une lutte des cellules, des tissus, des organes pour la place, pour les substances alimentaires, bref pour la conquête de la prédominance. Le but du combat est toujours le même : d'une part éviter, affaiblir, écarter ou détruire tout ce qui est nuisible à sa propre conservation et menaçant pour elle, et d'autre part utiliser, fortifier, assimiler ou incorporer tout ce qui lui est utile et favorable.

Le second moyen est l'*affirmation d'un certain caractère particulier,* ou plutôt de nombreux caractères particuliers, réunis en un seul tout. Le mammifère choisit et fuit son entourage autrement que l'oiseau, le lion autrement que le cheval. Les moyens par lesquels chacun de ces êtres s'oppose aux choses, et partant toute son attitude à leur égard, sa manière de les combattre, sont extrêmement différentes. Au fond la manière d'être de chaque individu est différente *de* celle de tout autre. La mise en valeur de ces caractères particuliers, l'usage des organes qui sont donnés à chaque individu, et l'exercice de leurs fonctions propres sont aussi absolument nécessaires pour son existence que la lutte. Car c'est seulement par l'usage qu'ils se conservent; inutilisés, ils dépérissent. Et comme, en général, tous sont nécessaires dans la lutte pour la conservation, et sont précisément les moyens de l'entreprendre avec succès, en les endommageant, on met en danger l'existence de l'organisme même.

Dans la grande majorité des cas ces deux moyens employés se confondent intimement; ils sont mis en jeu l'un et l'autre par un seul et même acte. La lutte pour la vie a lieu par l'affirmation du caractère particulier, et cette affirmation consiste précisément dans ceci que l'individu se conserve et triomphe dans la lutte. Mais il existe cependant en même temps une certaine séparation. L'affirmation active provoquée par la lutte n'a souvent pas, en tant que telle, une grande valeur de conservation, puisqu'elle se produit de tout temps si fréquemment, qu'il n'y a pas lieu de redouter son affaiblissement; ce qui importe, c'est qu'elle triomphe d'une sphère quelconque du monde extérieur. D'autre part, la lutte avec l'entourage ne donne parfois et dans certaines circonstances qu'une occasion restreinte et circonscrite à l'affirmation du caractère particulier de se manifester; la conservation de soi-même réclame alors une activité des fonctions auxquelles il n'est pas fait d'habitude suffisamment appel, même sans que dans la lutte pour l'existence un avantage appréciable soit acquis *directement* par là. Ainsi, d'une manière générale, les phénomènes de lutte dans la vie de l'organisme sont en même temps des phénomènes d'affirmation de son caractère particulier. Pourtant il existe en outre des phénomènes plus particulièrement de lutte et des phénomènes plus particulièrement ou même exclusivement d'affirmation.

Et tout cela vaut en même temps pour l'âme. Elle est un être de même genre que le corps, c'est-à-dire un système, poursuivant sa propre conservation, mais un système de formations et de fonctions existant intérieurement et non pas visibles ou tangibles extérieurement. Le représentant typique de cette notion est Spinoza et plus récemment Fechner. Or, l'âme réalise cette auto-conservation de deux manières. D'une part, par la lutte contre ce qui sous forme de phénomène extérieur nous est donné comme monde extérieur ; c'est la théorie acceptée généralement depuis Darwin. Et ensuite par l'affirmation de son caractère particulier, par le plein exercice et l'entier déploiement des forces et des aptitudes qui lui ont été données. Telle est au fond l'opinion d'Aristote. C'est en une synthèse judicieuse de ces philosophes, de Spinoza ou de Fechner, de Darwin et d'Aristote, que consiste la conception générale de l'âme, qui sert de base à notre étude. En partant de là, nous allons essayer d'expliquer les phénomènes élémentaires principaux de la vie psychique et quelques autres déjà plus compliqués.

CHAPITRE II

LES PHÉNOMÈNES ÉLÉMENTAIRES DE LA VIE PSYCHIQUE

Tout d'abord une remarque, afin d'éviter un malentendu.
Si l'on parle, comme nous allons le faire, d'abord des éléments de la vie psychique et ensuite de ses complications,
on vous objecte souvent qu'une telle façon de traiter le
sujet n'est pas appropriée à sa nature. L'âme est avant tout
une unité organique, un mélange vivant d'activités se péné-
trant réciproquement les unes les autres. Si donc on commence par « une analyse anatomique » de la vie psychique,
si on la décompose soigneusement en idées, facultés de la
mémoire et d'abstraction pour faire ensuite la synthèse des
phénomènes plus compliqués, on ne tient pas assez compte
de cette nature de l'âme. Il est tout à fait impossible, dit-on,
de saisir la totalité vivante de l'âme par une telle méthode
empruntée aux sciences naturelles. Cette objection méconnaît absolument le sens des théories qu'elle vise. Si l'on
demande au biologue des explications sur la structure et les
fonctions du corps, il répondra que le corps se compose d'os,
de muscles, de nerfs, etc., dont les derniers éléments organiques sont les cellules musculaires, nerveuses, les globules
sanguins, etc., etc., et les processus qui se passent en lui,
la respiration, l'échange de substances, la reproduction.
Tout le monde trouve une telle réponse convenable ; personne ne soutiendra qu'il se représente le corps comme
résultant et *composé* de ces éléments, en ce sens que les
parties isolées existaient déjà, puis se sont groupées de
quelque manière en un tout, comme pour les planches et les
briques d'une maison. Au contraire, dès le début, le corps
n'est pour le biologue, rien d'autre *dans le temps* qu'un
tout un, pas moins un que l'âme, d'organisation simple

d'abord puis beaucoup plus riche, et ce tout a fait naître les parties et non pas inversement. Mais pour le connaître dans le détail et le faire connaître aux autres, comme on le désire après tout, il faut nécessairement procéder comme si l'ordre des choses était renversé. Il faut commencer par étudier les parties et *tâcher par l'analyse et l'abstraction de les détacher du tout, dans lequel seul elles existent, ou de les y discerner.* Ce sont là précisément l'opinion et le procédé du psychologue. La vie psychique réellement existante, il en a parfaitement conscience et c'est précisément ce qu'il veut faire comprendre, est de tout temps une unité vivante et non pas, comme on voudrait le faire dire, une somme de parties isolées. Dès le début, elle est de même nature que les phénomènes complexes et non que les simples bien qu'à l'origine elle soit relativement simple pour devenir plus tard d'une richesse extraordinaire. Mais, dans cette unité, on peut, par l'analyse et l'abstraction, discerner de nombreux éléments, et l'on doit nécessairement commencer par l'étude de ceux-ci, si l'on veut se faire une notion claire de la richesse troublante de l'ensemble et se rendre compte de leurs rapports intimes. Les formations et processus derniers qu'il soit possible d'atteindre de cette manière sont précisément les éléments dont il est question ici.

Pour se conserver dans la lutte avec le monde extérieur, l'âme a besoin d'être renseignée sur ce monde, et les impressions produites en elle par les effets extérieurs lui fournissent les matériaux qui lui permettent de manifester sa nature particulière. Elle déploie sur eux de nombreuses activités, soit pour réunir, soit pour séparer, soit pour transformer, et les résultats de ces activités se manifestent finalement par des mouvements visibles des organes du corps. Quoique ces phénomènes soient intimement liés et enchevêtrés et ne puissent parfois même pas être divisés dans le temps — la réception des matériaux, par exemple, se combine aussitôt avec une certaine transformation — on peut cependant les séparer par l'analyse et l'abstraction. Nous examinerons donc séparément :

1° Les impressions résultant des phénomènes du monde extérieur ;

2° Leur élaboration à l'intérieur de l'âme ;

3° Les réactions qu'elles provoquent.

A. — Les formations les plus simples de l'existence psychologique.

§ 5. — LES SENSATIONS

1° *Les espèces nouvellement découvertes.* — L'âme reçoit ses renseignements sur le monde extérieur par les sensations que transmettent les organes du corps, couleurs, sons, odeurs, etc. C'est sur ce point, en particulier, que la science du XIXe siècle a enrichi notre savoir.

Tout d'abord elle en a sensiblement augmenté le nombre. De toute antiquité la psychologie comptait cinq sens. Mais, aussi bien en comptant les organes qu'en comptant les espèces des sensations qui en proviennent, il faut au moins doubler ce nombre, si l'on veut rendre compte de la richesse réelle.

C'est une difficulté théorique qui donna la première impulsion à cette multiplication. En ramenant toutes nos connaissances à l'expérience, on se trouva dans l'embarras pour faire dériver de quelque part notre conscience de corps étendus dans l'espace et résistants. Les impressions du sens du toucher, les impressions de pression purement passives, de même que les impressions de simple étendue spatiale semblèrent avec raison insuffisantes pour l'expliquer. Visiblement on a affaire ici à des mouvements de nos membres et à des efforts actifs déployés à cette occasion ; et alors la question se posa ainsi : d'où tirons-nous nos notions de ces mouvements, des résistances opposées par les choses, résistances que nous ressentons et du déploiement de nos

forces pour les vaincre ? On trouva une première réponse :
nous acquérons ces notions par l'intermédiaire des *muscles*, qui certainement, en raison des sensations de fatigue,
de crampe, de tiraillement qui en proviennent, doivent être
considérés comme un organe des sens et peuvent sans
doute, par des excitations centripètes, donner ainsi connaissance de leurs contractions et tensions aux organes nerveux
centraux. Et l'on avait trouvé une partie de la vérité,
comme la découverte, vers 1870, des nerfs musculaires
sensibles, dont on soupçonnait l'existence, l'a prouvé effectivement. Toutefois des recherches ultérieures nous ont
appris que les muscles et les tendons, qui y sont fixés et
doivent être aussi pris en considération, ne pouvaient pas
dans cette affaire être seuls intéressés. Nous sommes, par
exemple, renseignés sur la position momentanée et le mouvement de nos membres, même lorsque nous les laissons
mettre passivement en mouvement par un autre, pendant
quoi les muscles restent flasques. En outre, si, dans des
positions différentes d'un membre, par exemple si l'on fait
parcourir à un même poids la même distance avec le bras
tantôt fortement ployé, tantôt presque allongé, on a à peu
près les mêmes sensations de pesanteur et de mouvement,
quoique les muscles intéressés soit très diversement contractés et tendus. Depuis vingt-cinq ans environ on sait,
avec assez de certitude, que les principaux organes périphériques pour la formation des sensations en question
sont les articulations et les capsules articulaires qui sont
les unes et les autres assez richement fournies en nerfs.
D'ailleurs, la simple observation l'indique. Si, sans y
regarder, on fixe son attention sur le mouvement lent d'un
doigt ou de la main et se demande, où l'on éprouve la sensation, on répondra à coup sûr : dans la région de l'articulation employée. En conformité avec cette observation, on
remarque qu'en faisant passer un courant inductif dans

une articulation, la sensibilité pour les mouvements et l'élévation de poids y est sensiblement diminuée. Et c'est ainsi qu'à côté du sens du toucher on reconnaît généralement depuis quelque temps un autre sens, qui en réalité forme déjà lui-même une petite pluralité. Ses organes sont répartis en grand nombre et sous diverses formes à travers le corps entier, et ses sensations, qui d'ailleurs coïncident toujours avec des sensations tactiles, mais dont on peut bien les distinguer, sont nos notions (qui en soi ne sont pas non plus ressenties comme spatiales) de position et de mouvement de nos membres, de résistance et pesanteur des objets extérieurs et d'effort. Comme le nom primitivement choisi de sensations musculaires était trop restreint, on a souvent désigné tout ce groupe sous le nom de *sensations kinesthétiques*.

Ce premier enrichissement fut suivi d'un autre dans les dernières décades du dernier siècle. Il fallut décomposer le sens du toucher que l'ancienne psychologie considérait comme un. Naturellement on avait de tout temps distingué dans l'abstrait les impressions de pression, température, piqûre ou coupure transmises par lui. On savait déjà aussi que les sensibilités pour ces trois sortes d'impressions ne demeurent pas toujours dans les mêmes rapports entre elles, mais varient indépendamment les unes des autres, c'est-à-dire que les points de la peau les plus sensibles au contact ne sont pas les plus sensibles à la température, ou que la sensibilité à la douleur peut être fortement diminuée, sans que la sensibilité à la pression le soit dans la même mesure. Mais c'est seulement vers 1880 que l'on découvrit que la véritable raison de ces phénomènes était une séparation anatomique régulière. En parcourant la peau avec des excitants très fins et n'excitant autant que possible que des points isolés, on fit deux découvertes. La première, que la peau n'est pas sensible sur toute sa superficie, mais seulement à certains points, isolés les uns des autres, bien que par place très rapprochés les uns des autres. La seconde, que ces points, en ce qui concerne le froid comme le chaud, la pression comme la douleur, sont entièrement différents les uns des autres et sont répartis et disposés de façon différente sur chaque partie de la peau. La détermination de ces points pour le froid — mais pour ceux-là seulement — est si facile que le premier venu y réussit à l'aide d'une plume d'acier ou d'un crayon pointu. Si l'on touche ainsi des points différents d'une partie de la peau assez dénuée de poils, par exemple, sur le dos de la main, entre le pouce et l'index, on ne remarque en général que le contact. Par intervalles apparaît une sensation intense de froid, qui est liée à certains points et qui se renouvelle à chaque nouvelle excitation. De même, on peut montrer d'autres points uniquement sensibles à la chaleur, mais il faut une pointe dont on entretienne la chaleur ; la sensation à ces points n'est d'ailleurs pas aussi forte ni si pénétrante. Les points de pression se trouvent toujours dans les parties poilues toujours à proximité d'un poil ; sur les autres parties, par exemple, dans le creux de la main et en particulier aux doigts, ils sont si rapprochés, qu'on ne réussit à les séparer qu'à l'aide des dispositifs les plus fins. Il en va de même des points de douleur. Il est donc évident que la peau n'est pas un organe sensitif simple, mais le siège de trois sens tout à fait différents, dont les appareils terminaux sont enchevêtrés les uns dans les autres, mais sont pourtant séparés les uns des autres, et situés également dans la peau : *un sens de la température, de la pression, de la douleur.*

Cette distinction d'un sens de la douleur paraîtra sans doute surprenante à plus d'une personne. La douleur sensible, accompagnant une piqûre ou une coupure, est ainsi placée comme sensation indépendante à côté des autres espèces d'impressions comme celles du toucher, de la température, de la vue, alors que, selon la conception ordinaire (abstraction faite naturellement du sentiment de déplaisir concomitant) elle n'est qu'un enchérissement de l'une quelconque de ces sortes de sensation. Mais nous sommes en présence d'une substitution familière à la pensée populaire : certaines relations des excitants extérieurs sont rapportées sans plus aux événements internes conscients qui en dépendent, bien qu'en réalité les relations soient toutes différentes. Des températures objectives extrêmes, une forte pression, une lumière crue, provoquent également une excitation douloureuse. Mais la sensation de douleur ainsi produite, en tant que telle, n'a pourtant aucune ressemblance avec des sensations de température, de lumière, de pression ; en tant que contenu de la conscience elle diffère autant d'elles que celles-ci entre elles. Et si elle est liée aux autres sensations les plus diverses, c'est que les excitants qui les produisent déploient, lorsque leur intensité croît suffisamment, une action secondaire qui d'ordinaire leur fait défaut. Cette indépendance de la sensation de douleur est très bien prouvée par la cornée de l'œil. Si l'on y place un poil, par exemple, on y provoque une vive douleur, sans le moindre accompagnement de sensation de contact ou de température. De même les sensations de picotement dans le nez, lorsqu'on respire du chlore, de l'ammoniaque, etc., rentrent dans cette catégorie. D'ailleurs les douleurs de la peau ne sont pas les seules manifestations du sens de la douleur. Les douleurs qui proviennent d'une défectuosité ou de la maladie d'organes internes (maux de tête, de dents, d'estomac, etc.) en relèvent aussi.

Mais l'enrichissement le plus remarquable de la psychologie des sensations est le suivant. Il ne se rattache pas, comme les deux précédents, à des recherches méthodiques, mais à des observations à demi fortuites et longtemps incomprises. L'organe des sens le plus compliqué est l'oreille interne. Elle se divise en trois parties : une partie roulée en forme de colimaçon (le colimaçon), un système de trois canaux semi-circulaires superposés presque à angle droit (les canaux) et troisièmement, entre les deux, deux petits saccules, qui contiennent chacun un corps (oto-lithe) composé de fins cristaux calcaires microscopiques. En raison de leur enchaînement anatomique et d'une certaine ressemblance générale des éléments de leur structure, on considérait que ces trois parties servaient de quelque manière à l'audition, bien que l'on ne pût dire de quelle manière elles participaient à cette fonction toutes les trois à la fois. Très grand fut l'étonnement lorsque des excitations ou des lésions de ces canaux ou saccules chez les animaux ne provoquèrent nullement des troubles auditifs, mais des troubles dans les mouvements et l'attitude : maladresse et diminution de force dans les mouvements, vertiges, conversions d'un seul côté, chute en avant et en arrière, contorsions de la tête, etc. Il a fallu plus d'un demi-siècle, jusqu'à ce que des savants aient réussi à comprendre ces phénomènes, et c'est peu à peu seulement que leur explication a trouvé généralement créance. Les canaux semi-circulaires et les saccules à otolithe, disent-ils, sont un organe sensitif spécial qui n'a rien à voir avec l'ouïe, dans lequel aboutit d'ailleurs non le nerf auditif, mais un autre accolé extérieurement à celui-ci. Les sensations qu'ils transmettent sont celles *du mouvement et de l'attitude de la tête* et par là, de façon indirecte, de tout le corps. Assurément ces sensations sont la plupart du temps si étroitement unies à des sensations kinesthétiques ou tactiles qu'elles ne se font pas sentir leur caractère particulier; mais on peut cependant y parvenir. Si l'on tourne, les yeux fermés, plusieurs fois de suite sur le talon et si l'on s'arrête subitement, on a l'impression sensible, la plus vive, d'être tourné dans le sens contraire au précédent : c'est une sensation des canaux semi-circulaires. Elle provient de ce qu'un anneau de liquide dans le canal horizontal, qui au début de la rotation du corps était resté un peu collé aux parois de celui-ci, tourne encore un moment lorsqu'on s'arrête brusquement et produit sur les organes terminaux d'un nerf qui pénètrent dans ce liquide, une excitation contraire à la précédente. Si l'on tourne rapidement dans un cercle assez grand, comme sur les chevaux de bois ou en décrivant une courbe, le corps a tendance à se pencher vers le dehors ; si dans un ascenseur on monte rapidement puis s'arrête brusquement, on a une seconde l'impression de descendre : ce sont des sensations des organes otolithes. Les otolithes sont en effet un peu mobiles sur leur support, qui est en communication avec des fibres nerveuses et mobiles, de telle sorte que de chaque côté l'un est mobile dans le sens horizontal, le voisin dans le sens vertical, et ainsi de suite. Or, pendant le mouvement du corps sur une courbe, les otolithes horizontaux sont jetés par la force centrifuge un peu en dehors, en s'éloignant de l'axe du mouvement, et prennent la même position que si l'on avait un peu penché la tête en dehors : donc la sensation doit être la même. Dans des mouvements rapides, en montant ou en descendant, les otolithes verticaux restent d'abord un peu en retard dans la direction du mouvement puis, lors de l'arrêt brusque, se précipitent : de là vient que pour un instant on a l'impression du mouvement contraire. Si les canaux semi-circulaires et les organes otolithes sont soumis, comme dans les expériences sur les animaux, à des excitations ou des lésions artificielles, les animaux se sentent obligés à certains mouvements forcés, et cherchent à les compenser par des mouvements en sens opposé ; si ces canaux et organes sont détruits, une source de renseignements sur les positions et les mouvements du corps fait entièrement défaut. Chez l'homme, où une telle destruction se produit parfois à la suite de maladies d'oreilles, l'inconvénient n'est pas très grand ; pour se renseigner à ces divers égards, il dispose en outre des sensations visuelles, kinesthétiques et tactiles. Mais, chez des animaux aquatiques ou aériens, chez lesquels ces sens s'obscurcissent en partie, la perte est tout a fait sensible — car il n'y a plus de différence dans les sensations de pression dans un bain d'eau ou d'air ; dans l'eau profonde, la vue disparaît même presque complètement — ; ici les canaux circulaires et les saccules à otolithes sont des organes très précieux et même vitaux. Malheureusement on n'a pas encore trouvé de nom bien approprié pour ce sens nouveau. L'appellation de *sens statique* ou de *sens de l'équilibre*, que l'on rencontre souvent, est empruntée à un seul effet de son fonctionnement et conviendrait également à d'autres sens.

Pourtant le compte de nos sens et des sensations à nous transmises par eux ne peut pas encore être considéré comme terminé. Que sont la faim et la soif, la satiété et les nausées ? Certainement quelque chose de semblable aux sons et odeurs, donc des sensations, sauf que nous ne les plaçons pas dans le monde extérieur entourant notre corps, mais dans lui-même, comme d'ailleurs elles sont provoquées par ce qui se passe à l'intérieur de celui-ci. Et de quelle manière en prenons-nous conscience ? Certainement de même façon que pour les couleurs et les sons : par l'excitation d'appareils terminaux de quelques nerfs et la transmission du mouvement produit jusqu'aux organes centraux. Le point où se produit cette excitation est probablement situé quelque part dans les organes de la nutrition, et ceux-ci doivent donc être considérés comme une sorte d'organe des sens. Car le fait qu'un même organe puisse exercer simultanément cette fonction en même temps qu'une autre est prouvé par l'exemple de la peau, des muscles et des articulations. Les mêmes observations valent pour d'autres systèmes organiques de notre corps, par exemple pour les organes de la respiration avec les sensations d'oppression et d'aise, les organes de la circulation, de la reproduction et de l'élimination. Bref, nous possédons encore tout un groupe d'organes des sens dans les grands systèmes organiques de notre corps, dont la première fonction consiste assurément à remplir les grandes fonctions vitales, mais qui en même temps renseignent les organes nerveux centraux sur la marche de ces fonctions. Les sensations transmises par eux sont aussi indépendantes et spéciales à côté les unes des autres et à côté des autres sensations que les couleurs à côté des sons et des sensations du goût. Toutefois elles sont moins complexes et plus difficiles à séparer les unes des autres que les sensations des sens supérieurs, mais ont une grande importance pour la vie affective. Parce qu'elles se rapportent, comme nous l'avons dit, non pas aux choses extérieures, mais aux organes du corps, on a l'habitude de les appeler *sensations organiques*.

2° *Les autres sensations.* — Sur les autres sensations, autres que celles de la peau, déjà connues de l'ancienne psychologie, celles de la vue, de l'ouïe, de l'odorat et du goût en elles-mêmes, il n'y a que peu de choses à dire d'un intérêt général, si l'on fait abstraction de leurs rapports avec les excitants extérieurs.

Ce que dans la vie courante on appelle *goût* d'une chose n'est pas à beaucoup près une sensation de goût proprement dite, c'est-à-dire *transmise uniquement par la langue*, mais la plupart du temps un complexe de sensations diverses s'accompagnant toujours les unes les autres, qu'on n'apprend à distinguer que peu à peu. Ainsi il se trouve souvent des impressions tactiles de la langue, comme en particulier pour les substances brûlantes ou astringentes. Toujours des sensations d'odeur jouent un rôle important ; les différentes sortes de viande, vin, pain, etc., ne se distinguent presque que par elles. Si l'on écarte ces sensations concomitantes, il ne reste que quatre sensations gustatives proprement dites : doux, acide, salé, amer, qui avec des intensités diverses et dans des combinaisons diverses représentent toute la variété de ce genre de sensations. Elles ne peuvent être provoquées sur toute l'étendue de la langue, mais comme dans les sensations de la peau, mais seulement en certains points, séparés les uns des autres, en particulier sur les petites papilles d'un rouge brillant, que l'on distingue aisément sur la pointe et les bords de la langue. A ce qu'il semble, il existe entre elles une sorte de division de travail, en ce sens que certaines servent à transmettre telle sensation gustative fondamentale et les autres telle autre. La partie essentielle semble être les nombreux corpuscules microscopiques (*corpuscules gustatifs*) situés dans les parois internes de ces papilles et formant les véritables organes récepteurs des excitants gustatifs. Peut-être ne sont-ils adaptés chacun qu'à une certaine sensation gustative et causent-ils par leur répartition une sensibilité différente des papilles qui les contiennent.

La diversité des *odeurs* est extraordinaire. Des substances innombrables, des objets, des êtres végétaux ou animés sont doués, à l'examen, d'une odeur spéciale bien que souvent faible, et constamment la découverte de nouvelles substances ou des mélanges nouveaux vient augmenter le nombre des odeurs. Néanmoins la sensibilité de l'homme sur ce point est imparfaite : il ne lui est pas possible de mettre de l'ordre et de l'harmonie dans la masse énorme des sensations isolées, et de reconnaître entre elles des rapports constants. On peut former maints groupes plus ou moins étendus d'odeurs apparentées (odeurs de fleurs, de fruits, odeurs musquées, d'oignons, de roussi, putrides, etc.), mais on ne vient pas à bout d'une manière satisfaisante de toute la richesse du détail, et en outre les différents groupes restent sans relations et sans union entre eux. Cela vient sans aucun doute de ce que le sens de l'odorat est étiolé chez l'homme. L'organe périphérique qui sert à l'odorat — une petite plaque dans la partie supérieure de chaque narine — est chez lui de peu d'étendue en comparaison d'autres mammifères. En particulier les portions de l'organe central qui lui sont attribuées, comme les bulbes olfactifs, sont chez les autres animaux extraordinairement plus développées, aussi bien en ce qui concerne leur grandeur absolue que leur proportion aux autres parties du cerveau. Ce phénomène est une preuve évidente de l'étiolement des aptitudes, par suite de leur non-exercice, dont il est question plus haut (p. 66). Comme les substances odorantes se raréfient rapidement à mesure qu'elles s'éloignent des objets d'où elles émanent, l'homme qui marche haut et droit n'a que de temps à autre l'occasion de sentir : les odeurs fortes par exemple, ou celles dont il met la source d'origine directement sous son nez. L'animal, au contraire, qui cherche sur le sol sa nourriture, sent toujours.

Les *impressions de couleurs* forment avec ce chaos des odeurs un contraste complet. Leur diversité est également extraordinaire : on peut estimer le nombre des nuances des couleurs (au sens le plus vaste de ce mot) qu'on peut distinguer dans les conditions les plus favorables, à un million. Mais ici tout est ordre et clarté parfaite. On peut représenter par un schéma spatial à trois dimensions la masse entière des couleurs existantes ou même imaginables, tout en rendant fidèlement compte de leurs rapports de parenté immédiatement saisissables. Ce qui convient le mieux c'est un octaèdre irrégulier comme celui de la figure 13.

La ligne droite de l'axe représente à ses extrémités le blanc le plus clair et le noir le plus sombre, et dans son parcours les tons moins clairs de blanc ou moins sombres de noir, de même que les différentes nuances de gris conduisant peu à peu de l'un à l'autre. Sur le carré passant obliquement autour de cet axe se trouvent situées, dans l'ordre indiqué par la figure, les couleurs les plus vives parmi les autres, celles que l'on obtient en divisant la lumière en un spectre, en ajoutant les tons intermédiaires entre le rouge et le violet non compris dans le spectre. La surface de l'octaèdre représente alors les couleurs *relativement* les plus saturées, qui conduisent de ces couleurs de saturation spectrale jusqu'au blanc d'une part, et d'autre part au noir, comme par exemple le rose, bleu ciel, rouge bordeaux, brun saturés. Tout l'intérieur de l'octaèdre est occupé par les couleurs non saturées dites *diluées*, qui, comparées aux couleurs spectrales, ont un caractère plus ou moins gris, comme le rouge-brique, le jaune d'argile, le blond, le bleu des couvertures de dossier. Chaque couleur se trouve dans le plan vertical, qui passe par la couleur spectrale la plus proche d'elle et en même temps par l'axe blanc-noir, et dans le plan horizontal, où se trouve le gris le plus voisin d'elle en clarté ; elle est plus ou moins près de ce gris, selon qu'elle est plus saturée ou non. De cette manière toutes les couleurs imaginables sont disposées conformément à leur parenté immédiatement sentie; c'est-à-dire que chaque couleur trouve dans le schéma une place fixe, la représentant, et dont l'emplacement indique en même temps en quoi elle ressemble aux autres ou en diffère.

La particularité caractéristique du monde de nos sensations de couleurs, sa structure intime, pour ainsi dire, sont ainsi données : il forme, de même que le corps spatial par lequel on peut l'exprimer fidèlement, une variété continue à triple extension. C'est-à-dire que de n'importe quelle couleur on peut passer de mille manières par des transitions graduelles à n'importe quelle autre, et, en outre, que toute couleur peut être nettement caractérisée, en fonction d'une autre, par trois indications indépendantes l'une de l'autre.

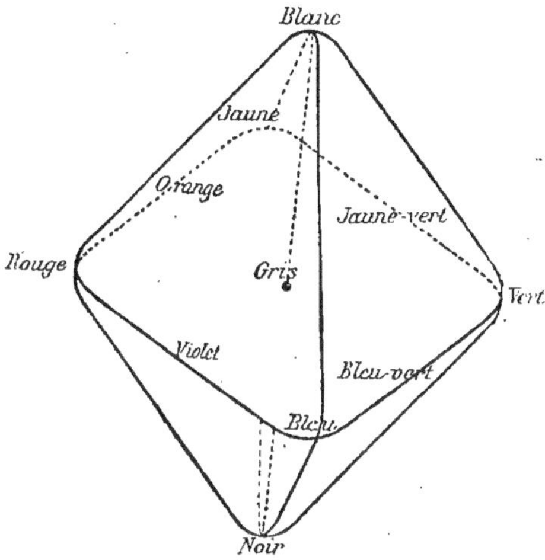

Fig. 13.

En d'autres termes : une couleur, considérée comme simple sensation, a trois et rien que trois caractères indépendants les uns des autres, un certain *ton*, un degré de *saturation*, et une certaine *clarté*, et à chacun des trois points de vue elle est avec toute autre couleur en rapport de plus ou moins grande ressemblance.

A l'aide de notre schéma on peut bien décrire une anomalie assez fréquente de la vision des couleurs : le *daltonisme*. Il n'apparaît guère que chez les hommes (environ 3 p. 100), mais est surtout transmis héréditairement par les femmes, et consiste en ceci que la triple variété de la gamme des couleurs est restreinte à une double seulement, à savoir réduite aux couleurs, qui dans l'octaèdre se trouvent sur un plan vertical passant par l'axe noir-blanc et par la ligne jaune-bleu. Tous les objets, le noir, le blanc et le gris mis à part, ne sont vus que dans deux tons, soit jaune ou bleu, avec d'ailleurs toutes les nuances de clarté ou de saturation de ces deux couleurs. Toutes les autres couleurs sont pour ainsi dire ramenées à ce bleu et à ce jaune. C'est-à-dire que tous les tons de couleurs distingués par une vue normale des deux côtés du plan « jaune » apparaissent toutes au daltonique jaunes, naturellement plus ou moins claires ou saturées ; toutes les couleurs situées des deux côtés du plan « bleu » lui apparaissent bleues. Toutefois le jaune l'emporte un peu. Les couleurs qui lui appartiennent s'étendent dans l'octaèdre d'un certain rouge pourpre ou cramoisi, en passant par le rouge, l'orange, le vert-jaune, le vert, jusqu'à un certain bleu-vert, forment ainsi la grande moitié de la gamme des couleurs ; pour la réduction au bleu, il ne reste que les tons vert-bleus et violets, situés entre ces couleurs limites, tandis que les couleurs limites elles-mêmes (pourpre et bleu-vert) lui apparaissent ni vertes ni bleues, mais blanches ou grises selon leur clarté. Les daltoniques confondent ainsi parfois des couleurs aussi vivement distinctes que le rouge et le vert, et sont parfois appelés daltoniques du rouge et du vert, parce que la confusion, tout aussi caractéristique, entre le vert et le violet ne frappe pas autant celui qui voit normalement. *D'ailleurs ils ne confondent pas indifféremment n'importe quel rouge avec n'importe quel vert*, mais toujours un rouge déterminé avec un vert déterminé, selon les proportions de saturation et de clarté et selon leurs particularités individuelles. En tout cas leur faculté de distinguer ces deux couleurs est plus faible que chez les vues normales, puisque les trois caractères des couleurs sont perçus par celles-ci, et deux seulement par eux. Par là cette anomalie insignifiante en soi prend parfois une grande importance pratique.

Le rouge et le vert sont les couleurs tout indiquées pour les signaux des chemins de fer, des navires, etc. ; car le jaune dans la lumière artificielle ne se distingue pas toujours assez du blanc ; le bleu est trop sombre à une haute saturation. Ainsi le daltonisme peut avoir de graves conséquences chez les garde-signaux.

Il faut insister sur une des propriétés fondamentales de nos sensations des couleurs, déjà indiquée plus haut. Il n'existe dans les couleurs, toujours considérées comme sensations pures, point de couleurs simples ni de composées. Elles sont *toutes*, en tant que sensations, *également simples.* Il n'existe pour elles rien de semblable aux accords ou aux goûts composites. C'est seulement si elles sont placées à côté l'une de l'autre dans l'espace que nous pouvons avoir simultanément des impressions de couleurs différentes, mais nous ne pouvons pas, sur un même point de l'espace, dans une seule couleur, en percevoir plusieurs autres comme ses composantes. On ne peut parler de pluralité à propos d'une couleur qu'en ce sens qu'elle en rappelle plusieurs autres à la fois, qu'elle est semblable à d'autres de différentes manières. Ainsi la couleur de la violette rappelle à la fois le rouge et le bleu, et pour le foncé aussi le brun, comme l'expression dialectique brun violacé le prouve. Mais rappeler quelque chose et se composer de plusieurs éléments, cela fait deux, comme on le voit dans d'autres domaines où les deux choses se produisent. Le *ré* a pour la hauteur de l'analogie avec *do* et *mi,* ses voisins, mais est très différent de l'accord *do-mi* qui se compose de ces voisins.

Néanmoins des affirmations relatives à la composition de maintes couleurs, de même que les distinctions entre couleurs simples (ou fondamentales) et composées sont très répandues. Elles reposent toutes sur une application erronée de constatations qui valent pour d'autres choses, en rapport d'ailleurs avec les couleurs, faite aux couleurs elles-mêmes, pour lesquelles d'autres constatations sont vraies. Parmi les choses qu'il ne faut pas confondre avec les couleurs se trouvent par exemple leurs causes physiques, les vibrations de l'éther. Celles-ci sont simples, c'est-à-dire sont des vibrations d'*une seule* période déterminée exclusivement pour les couleurs à saturation maxima, celles, par exemple, qui apparaissent dans le spectre. Donc, dans l'énorme majorité des couleurs, dans tous les tons neutres, gris ou blanc, dans toutes les couleurs non-saturées, dans tous les tons intermédiaires entre rouge et violet, les causes physiques sont de toute nécessité complexes. Elles le sont aussi dans presque toutes les couleurs saturées qui se trouvent dans la nature, quelques rouges exceptés. La simplicité est donc ici quelque chose de rare, qu'on ne peut guère obtenir que par un dispositif artificiel; la complexité par contre est la règle très générale. Mais, bien entendu, cette complexité physique ne porte nullement atteinte à la simplicité psychologique des couleurs; elles coexistent côte à côte. La confusion dans la psychologie des couleurs provient beaucoup plus fréquemment de ce qu'on y mêle les conditions de la production technique des couleurs. Pour colorer des tissus, ustensiles, images, on emploie en partie des substances fournies telles quelles par la nature, en partie, et en plus grande partie, des mélanges de ces substances. On ne peut avoir en magasin tous les différents tons qu'on peut désirer, et on ne les trouve peut-être pas ailleurs tous tels qu'on les veut. Naturellement ce que l'on appelle de ce point de vue simple et composé n'a pas la moindre importance pour l'impression immédiate des couleurs; cependant la connaissance exacte de tels mélanges s'immisce très facilement dans cette dernière et la déforme. Le peintre, par exemple, emploie au moins sur sa palette le blanc, le rouge, le jaune et le bleu pour pouvoir peindre; et cela peut déjà lui suffire à beaucoup de fins. Aussi désigne-t-il ces quatre couleurs sous le nom de couleurs fondamentales, et ne peut absolument pas comprendre, comment on peut tenir le vert pour une couleur aussi simple, puisqu'on l'obtient si bien par un mélange. On trouve même de tout temps des personnes qui, comme Gœthe, sont entièrement persuadées qu'elles ont dans le vert la vue immédiate des couleurs bleue et jaune dont il est composé. Il faut faire maintenant une toute autre distinction entre couleurs fondamentales et composées, lorsqu'on parle des actions physiologiques, qui se produisent dans l'œil ou dans l'appareil visuel et servent de base à nos sensations. Mais ce que nous avons dit suffira pour montrer que toutes les fois où l'on parle de couleur, il faut bien spécifier à quel point de vue l'on se place.

Parmi les particularités caractéristiques des *sensations auditives*, il faut citer d'abord le fait qu'elles se divisent en deux classes, les *sons* et les *bruits*. Ces deux classes apparaissent très rarement séparées, mais au contraire mêlées dans des proportions variées — les sons du violon, par exemple, sont accompagnés de bruits de friction, le hurlement du vent a le caractère d'un son — mais on peut les distinguer comme deux phénomènes particuliers. Dans les deux classes, on discerne encore comme particularités fondamentales l'*intensité* et la *hauteur*, et notre sensibilité est particulièrement riche en ce qui concerne la hauteur. Des notes les plus basses jusqu'aux plus hautes nous pouvons percevoir, dans des conditions favorables, plusieurs milliers de notes, et dans les hauteurs moyennes, à l'intérieur d'une seule octave, plus de mille. Si dans l'emploi pratique des sons dans la musique nous nous contentons d'un nombre beaucoup plus faible (dans les instruments à notes fixes, 12 à l'octave), cela tient en partie à des raisons techniques, comme le maniement incommode d'instruments à notes trop nombreuses. Mais cela vient surtout de ce que relativement peu de notes s'accordent bien avec une note prise au hasard (quinte, tierce, sixte, etc.) et que ce fait a été décisif dans la formation de nos systèmes musicaux.

Pour la hauteur et l'intensité, les sensations auditives se comportent comme les couleurs : elles forment une variété d'une étendue *continue*, c'est-à-dire qu'on peut passer de tout son d'une hauteur et intensité déterminées peu à peu et sans interruption à n'importe quel autre. Il en va autrement d'une troisième particularité. A intensité et hauteur égales, abstraction faite de tous les bruits concomitants, les sons d'un violon diffèrent de ceux d'un piano ou de la voix humaine, les bruits de la mer qui déferle de ceux d'une rue de grande ville ; les sons ont encore des *timbres* différents, les bruits des caractères différents. A ce point de vue, leur variété n'est pas continue ; les sons de chaque espèce d'instruments forment pour ainsi dire un petit monde à part, et il existe un grand nombre de ces petits mondes sans intermédiaires et sans possibilité de les ranger les uns à côté des autres. Toutefois avec beaucoup de pratique et une attention suffisante, cette diversité particulière se transforme en une autre : en une variété de *composition*.

Il est très facile de le reconnaître pour les bruits. On peut les ramener tous à deux bruits élémentaires et à des mélanges de ceux-ci. L'un est le bruit momentané, connu isolément sous le nom de détonation ou de claquement, l'autre le bruit prolongé, que nous appelons, suivant son intensité et sa hauteur, mugissement, bruissement, sifflement, frottement. Dans le bruit du tonnerre, dans le crépitement, le roulement, le tintement, nous avons des séries de petites détonations de hauteur différente, d'intensité différente, et se succédant avec une rapidité différente. Dans le grattement et le frémissement, les bruits de la cuisson et du rôti, nous avons des mélanges de détonation avec des bruits prolongés.

Mais on peut dire la même chose des sons. Toutes les différences de leur timbre (abstraction faite des bruits concomitants) consistent en ceci, qu'un son assez intense du caractère particulièrement doux et clair des sons du diapason est accompagné d'une quantité plus ou moins grande de sons du même caractère plus hauts ou moins intenses, dont les vibrations sont des multiples entiers des vibrations de ce *son fondamental* plus bas. Pour les sons du piano, par exemple, les six premiers *harmoniques* (du double jusqu'au septième du nombre des vibrations) résonnent nettement en même temps avec une intensité décroissante ; pour ceux du violon, il y a de nombreux harmoniques très hauts ; pour les sons de la trompette, ceux-ci sont relativement intenses, etc. En règle générale, des appareils artificiels qui renforcent les divers éléments du mélange des sons, sont nécessaires pour une première perception. Mais si, grâce à leur aide, l'oreille a acquis quelque pratique, on réussit à démêler, même sans eux, les harmoniques et à décomposer le timbre en une série de sons séparés.

Cela indique déjà une autre particularité caractéristique des sensations auditives : *l'ouïe est, au contraire de la vue en particulier, une fonction d'analyse.* C'est-à-dire que, dans une excitation objectivement complexe, nous pouvons *en général* démêler les éléments combinés en elle ; quoique leur existence individuelle ait commencé par disparaître dans les mouvements de l'air atteignant l'oreille et dans les vibrations du tympan produites par ceux-ci. Lorsque deux sons objectifs ou plus retentissent en un accord, nous avons, en règle générale, conscience de leur pluralité ; dans une multitude de voix résonnant simultanément dans un morceau de musique ou dans une conversation, nous pouvons, jusqu'à un certain point, suivre chacune d'elles séparément. Visiblement, c'est là une faculté capitale pour nous renseigner sur le monde extérieur. Comme des objets réels différents se caractérisent en général par des sons ou des bruits différents, et que ceux-ci en résonnant simultanément n'ont pas à beaucoup près pour la perception la même netteté que les couleurs dans l'espace, les indications données par eux sur les objets se confondraient sans cela. Quelques exceptions cependant sont curieuses. Lorsque les rapports entre les nombres des vibrations, des sons existant objectivement peuvent s'exprimer en petits nombres entiers, comme c'est le cas pour les harmoniques les plus proches du son fondamental de même que pour les intervalles harmoniques (par exemple pour la quinte 3/2, la quarte 3/4, la grande sixte 5/3), il devient plus difficile de séparer les divers sons ; leur accord se rapproche plus ou moins d'un seul son : ils *se fondent*, comme on dit. Lorsque les sons donnés sont très voisins en hauteur, il arrive aussi qu'on ne les perçoit plus comme séparés ; on entend des pulsations particulières (Schwebungen), qui proviennent des renforcements et affaiblissements alternatifs et réciproques des ondes sonores objectives et correspondent exactement à la différence des nombres de vibrations des deux sons ; mais le son auxquelles celles-ci sont comme attachées pour la sensation n'est aucun des deux sons donnés objectivement, mais se trouve entre eux. L'oreille crée donc dans ce cas quelque chose de neuf, s'écartant du donné, quoique étant avec lui dans un rapport régulier.

L'oreille procède ainsi, comme nous voudrions le faire remarquer pour conclure, non seulement dans ce cas spécial, mais d'une manière tout à fait générale. Même là où elle analyse et perçoit fidèlement comme telle une pluralité donnée, elle possède encore la faculté de réunir les différents éléments comme pour un effet commun. Si deux sons quelconques sont objectivement donnés, on peut entendre à côté d'eux, avec suffisamment d'exercice, toujours un autre son ou une pluralité d'autres sons (*sons de combinaison*), dont les nombres de vibrations sont en rapports simples avec ceux des sons donnés, sans que, si les sons donnés sont émis indépendamment l'un de l'autre, les autres ne soient en aucune manière déjà en dehors de l'oreille produits physiquement par les premiers. Si les sons donnés se trouvent dans la même octave, ce ton secondaire est particulièrement fort et net : le nombre de ses vibrations est exactement égal à la différence du nombre des vibrations des sons objectifs ; c'est pourquoi on l'appelle *son différentiel*. Toutefois on ne peut dire que ces sons de combinaison aient un but quelconque ; il faut les considérer comme des effets secondaires

des autres organisations utiles de l'oreille, déterminés par
les lois générales des mouvements vibratoires des corps.

Si nous examinons l'ensemble des sensations énumérées,
il se révèle que la variété des renseignements reçus par
l'âme sur le monde extérieur est très grande. Il n'est pas
possible de fixer un nombre déterminé des espèces de sensations ou des organes qui les transmettent. Car, selon
qu'on compte, par exemple, les muscles et les articulations,
les organes de la respiration et de la nutrition séparément
ou réunis en groupe, le nombre total devient plus grand
ou plus petit. Ce qu'on peut dire seulement, c'est qu'il a
été pourvu à tout. Sur le lointain l'âme est renseignée par
les yeux, sur le voisinage, sur ce qui touche immédiatement le corps ou se passe dans son intérieur, par la peau
et les organes internes. Mais les renseignements les plus
nombreux sont ceux que fournissent, d'un commun accord,
sur les objets modérément éloignés, l'œil, l'oreille et le
nez.

Comparé aux animaux supérieurs sous le point de vue
des sens, l'homme ne tient pas précisément la tête. Les
oiseaux le dépassent en puissance visuelle (les dons merveilleux d'orientation des pigeons-voyageurs ne sont possibles que grâce à la vue) ; les chiens et d'autres espèces
animales en finesse de l'odorat. Sous le rapport de l'ouïe,
il ne me semble pas inférieur aux animaux les mieux par-
tagés ; il les surpasse peut-être en finesse des sensations de
la peau. Que sur un point, à savoir la perception de l'emplacement et des mouvements de son propre corps, il est
particulièrement bien renseigné, nous l'avons déjà dit, car
il possède les canaux semi-circulaires et les otolithes, organes essentiels pour les poissons et non pas absolument
indispensables pour lui (p. 74). Par contre, il est sous un
autre rapport relativement mal partagé, comme les autres

animaux d'ailleurs, à savoir en ce qui concerne la perception directe des phénomènes électro-magnétiques, qui jouent un rôle si important dans l'univers. Ce n'est que sur la brève étendue d'une octave environ qu'ils lui apparaissent comme phénomènes particuliers et différents selon la fréquence de leurs vibrations, à savoir comme couleurs.

3° *Caractères généraux des sensations*. — Comme nous l'avons fait observer déjà, l'étude des choses simples dans la vie psychique est affaire d'abstraction. C'est ainsi que jusqu'à présent il a été question des sensations et de leurs caractères dans un isolement artificiel, qu'elles ne connaissaient pas en réalité. Il n'existe pas de couleurs qui ne seraient uniquement que des éléments de cette variété à triple étendue dont nous avons parlé, ni de sons qui se distinguent uniquement par la hauteur, l'intensité et le timbre. Les couleurs occupent toujours un espace d'une certaine forme et d'une certaine grandeur, les sons viennent de quelque part ; les sons comme les couleurs sont durables ou intermittents, ils sont ressentis comme simultanés ou successifs. Que signifient donc ces déterminations temporelles et spatiales des sensations pour la psychologie ? Et comment se comportent-elles à l'égard des autres particularités de ces phénomènes ? Les psychologues ne sont malheureusement pas encore unanimes sur la réponse à faire à ces questions ; et effectivement elle ne va pas sans maintes difficultés, réelles ou imaginaires.

On peut se demander comment il peut être possible de percevoir simplement par les sens des données temporelles, comme par exemple la saturation des couleurs ou la hauteur des sons, même si l'on ne tient absolument pas compte du fait qu'il n'existe pas pour cela d'organe spécial ? Au moment où un intervalle commence, on ne peut le percevoir encore, puisqu'on ne sait quand il se terminera. Et lorsqu'il cesse, on ne peut pas non plus le percevoir au sens propre du mot, puisque son début est passé et ne peut qu'être reproduit tout au plus par la pensée. Ou comment l'âme doit-elle s'y prendre pour avoir une connaissance immédiate de l'éloignement dans l'espace de deux points? Supposons qu'un point a de la peau ou de la rétine de l'œil soit excité ; on conçoit que selon l'espèce d'excitation l'âme reçoive une impression déterminée, visuelle ou tactile. Mais naturellement cette impression n'appelle aucunement l'attention sur un autre point quelconque, puisqu'aucun autre n'est excité. Il en va de même pour un autre point b. Or, supposons que a et b soient excités simultanément, l'âme aura en même temps les deux impressions correspondantes. Mais comment peut-il entrer dans la somme de ces impressions quelque chose qui n'est pas contenu dans les éléments, à savoir la conscience de l'éloignement des deux points dans l'espace ? Le fait qu'un tel éloignement existe objectivement, c'est-à-dire entre les éléments nerveux excités, ne suffit évidemment pas ; sans quoi il faudrait localiser les sons dans un autre point de l'espace que les odeurs ou les couleurs. Il faut donc qu'il existe ici, tout comme pour la perception de la durée, quelque intermédiaire, grâce auquel ce qui est donné objectivement mais n'agit pas directement sur l'âme se mette à agir sur elle et l'amène à former des notions d'espace et de temps.

Comme intermédiaire on a désigné mainte chose; citons seulement une hypothèse pour l'espace, qui est toute indiquée et a par suite trouvé beaucoup de partisans. Les véritables organes de la notion d'espace sont sans aucun doute, bien que les oreilles soient capables d'une certaine localisation, l'œil et les organes du toucher, à savoir les doigts. Une autre caractéristique de ces organes est leur éminente mobilité et leur mouvement presque ininterrompu. Cela doit faire penser, en effet, qu'il y a là une relation étroite, que ces organes sont bien ceux qui donnent la sensation d'espace, parce qu'ils se distinguent par leur mobilité, et qu'ils la donnent, ou bien parce que les expériences faites pendant les mouvements sont rapportées aux impressions colorées ou tactiles non spatiales en elles-mêmes, ou bien que les impressions kinesthétiques produites par les mouvements (p. 71), en venant s'ajouter à ces autres impressions, provoquent d'une manière quelconque leur distribution dans l'espace.

Mais on peut affirmer que toutes les tentatives pour prouver dans un cas particulier une telle relation ont échoué. Sans aucun doute les mouvements sont de la plus haute importance pour l'*extension* de la notion d'espace dans le grand, et pour sa *forme plus délicate* dans le petit. La vision de la rotondité matérielle des choses, par exemple, de même que leur localisation en profondeur, dans la direction de la ligne visuelle, repose essentiellement sur eux. Il est très vraisemblable aussi, que le développement graduel de la faculté de la vision spatiale dans la *vie de l'espèce* dépend étroitement de la mobilité de l'œil et de la main. Mais, pour les individus arrivant actuellement à la vie, il faut admettre une certaine notion spatiale plane, primitive et imparfaite si l'on veut, mais primordiale et non transmise par des événements conscients quelconques. C'est-à-dire que si les organes de la vue et du toucher sont touchés par une pluralité d'excitants, les impressions produites sont ressenties comme distribuées dans l'espace ou comme distantes dans l'espace les unes des autres, de façon aussi immédiate que lorsque nous les ressentons comme claires ou bleues ou froides. Et cette vision primordiale à deux dimensions de l'espace ne s'enrichit ou ne s'affine que parce que chacun de nous arrive au monde avec un certain capital de notions, comme c'est d'ailleurs le cas aussi pour l'ouïe, l'odorat, bref pour tout.

Les aveugles-nés que l'on opère fournissent une preuve décisive. Chez eux les lentilles de l'œil sont devenues si opaques, qu'ils ne sauraient reconnaître les formes, les contours, les distances d'objets quels qu'ils soient ; ce qu'ils voient correspond à peu près à ce qu'on aperçoit au travers d'un verre opaque. Néanmoins ils reconnaissent immédiatement après l'opération les distances entre les objets et peuvent en distinguer les formes. Ils ne peuvent dire, sans expériences spéciales, que quelque chose de rond est une balle qu'ils connaissent bien par le toucher, et que quelque chose de long est un bâton, mais ils voient tout de suite ce qui est rond autrement et en un autre point que ce qui est long et ne font pas de confusion.

Les déterminations spatiales sont par conséquent quelque chose d'inhérent aux sensations de la vue et du toucher, comme la clarté aux couleurs et le timbre aux sons, avec cette restriction qu'elles ne sont pas limitées à un seul sens, mais appartiennent *en commun* aux deux sens précités. Naturellement elle doit provenir de quelques particularités de même ordre dans ces deux sens, particularités qui ont précisément pour effet que l'excitation simultanée de deux points ne provoque pas seulement deux impressions isolées, mais encore quelque chose de plus, à savoir la conscience d'une certaine distance entre eux. Mais il faut chercher ces singularités, non pas dans des intermédiaires conscients, mais dans des propriétés de la structure des deux organes, qui nous sont encore inconnues.

Il en va exactement de même pour la conscience des circonstances de temps. Elles sont aussi dans certains cas connues de façon indirecte : nous ne ressentons pas les minutes, les heures et les temps plus longs, de façon immédiate, par une intuition des sens, mais par la pensée qui, d'après certaines expériences, étend les notions temporelles plus simples que nous avons acquises. Mais jamais nous ne pourrions faire cette extension si nous n'apprenions pas quelque part sans aucun intermédiaire ce que sont la durée temporelle et la succession temporelle. C'est le cas pour des temps brefs comme des fractions d'une seconde. Nous ressentons de façon immédiate et sans intermédiaires conscients les éclairs rapides d'un fanal, deux coups frappés rapidement l'un après l'autre, exactement de la même manière que nous ressentons la clarté de ce feu ou l'intensité des coups. Et de même pour les impressions de tous les les autres sens. La durée temporelle est une qualité *commune à toutes* et aussi primordiale que leur intensité ou leurs différences qualitatives. Assurément sans que nous puissions dire ici non plus, grâce à quel processus nerveux l'action sensible immédiate d'un excitant objectif se prolonge un certain temps au delà de sa propre durée. Peut-être y a-t-il là un rapport avec le phénomène de la totalisation décrit plus haut (p. 37).

Signalons encore une troisième propriété commune. Comme nous l'avons brièvement indiqué plus haut (p. 87), on distingue en général les uns des autres des sons émis simultanément. Mais moins lorsque leurs vibrations sont entre elles dans des proportions simples et entières. On peut là encore reconnaître qu'ils forment une pluralité; mais cette pluralité est en même temps plus une que pour d'autres sons, et plus ou moins une selon les circonstances. On perçoit donc à la fois *unité et multiplicité*, une pluralité fondue plus ou moins étroitement en un tout, un tout divisé avec plus ou moins de netteté en plusieurs parties. Et, comme pour la vision spatiale de superficies et la conscience de temps brefs, cette perception est tout à fait immédiate et irréfléchie, une intuition sensible donnée tout de suite avec et par la sensation. Naturellement je puis me représenter uniquement par la pensée le même rapport, ou bien je puis

parvenir par toutes sortes d'intermédiaires à l'introduire
arbitrairement dans les choses où je ne le perçois pas de
manière directe et primordiale. Je puis, par exemple, voir
à mon gré dans une masse de points disposés régulièrement des groupes de quatre ou cinq, ou bien essayer de
comprendre comme un tout une multiplicité d'efforts intellectuels. Mais, tout cela n'est possible que précisément
parce que j'ai appris à connaître quelque part ce rapport
de manière primordiale et intuitive et l'apprends toujours
à nouveau. Et ce ne sont pas seulement des sons émis
simultanément qui nous y conduisent, mais d'une manière
générale tous les sens : il s'agit de nouveau d'une propriété générale des sensations. Un animal s'agitant dans
un milieu tranquille, une barrière composée de lattes séparées, un parfum dont les parties me sont connues, un mets
composite, tout cela, je le ressens non comme une totalité
composée de parties indépendantes, mais tout de suite
comme un tout divisé en plusieurs parties. Et c'est le cas
non seulement pour des sensations simultanées, mais encore
pour des sensations successives : des séries d'impressions
auditives successives s'ordonnent, lorsque certaines conditions sont remplies, spontanément en petits groupes uni-
taires ; elles deviennent des *rythmes*.

Cette intuition immédiate d'unité et multiplicité a une
grande importance comme base du *nombre*. Car le nombre
n'est rien d'autre que la représentation générale d'une
multiplicité ramenée à l'unité et débarrassée des diverses
singularités sensibles et en général de toute intuition sensible.

4° *Relations avec les excitants extérieurs.* — Trois faits
ont ici une importance générale. D'abord l'extraordinaire
sensibilité absolue de plusieurs de nos sens, c'est-à-dire
la faculté de signaler à notre sentiment les excitations ob-

jectives d'intensité extrêmement faible. Il a fallu beaucoup de travail pour construire un appareil immédiatement sensible au son, d'une sensibilité à peu près égale à celle de l'oreille ; on n'a pas réussi à la dépasser. La sensibilité de l'œil pour la lumière la plus faible est estimée 100 fois plus forte que celle des plaques photographiques les plus sensibles. Qu'on se rappelle combien il faut de temps, pour obtenir dans une chambre à demi obscure des images nettes ; l'œil prend, pour ainsi dire, des instantanés d'étoiles de 5° grandeur et d'un paysage éclairé par une lumière lunaire diffuse. L'organe olfactif de l'homme le cède de beaucoup à celui de nombreux animaux. Néanmoins les faibles quantités de substances qu'il nous permet de percevoir dans une légère odeur de tabac ou de musc échappent à toute autre détermination ; pour les substances à odeur forte, il suffit de fractions minimes d'un millionième de milligramme pour être perçues. La sensibilité gustative aussi est extraordinairement délicate ; la langue d'un connaisseur en vins ou d'un essayeur de thé (que le nez vient sans doute aider beaucoup) défie toute analyse chimique. Par contre, les diverses sensibilités de la peau et la sensibilité kinesthétique sont relativement faibles. Dans la perception de faibles pressions, de poids très légers, de tremblements très menus de nos membres, dans la perception aussi d'intervalles spatiaux et d'épaisseur spatiale à l'aide des doigts, nos sens sont dépassés de beaucoup par des appareils construits à cet usage.

Le champ extraordinairement étendu, dans lequel nos sens peuvent suivre la plupart du temps les diverses intensités des excitants objectifs, n'est pas de moindre importance. Par nos appareils artificiels nous ne dominons jamais qu'une faible étendue de fins du même ordre ; si l'on veut obtenir le même résultat pour des objets plus grands, plus lourds, plus clairs ou augmentés d'une manière quelconque, il faut non plus un seul appareil, mais toute une série d'appareils. Pour exécuter une ordonnance, on emploie une autre balance que pour vendre des aliments, et une autre encore pour peser du charbon ou des cailloux de jardin ; l'horloger emploie des outils analogues à ceux du serrurier mais non pas les mêmes. On conçoit que la nature ne puisse facilement procéder de la sorte ; elle doit s'efforcer de satisfaire à des fins de même ordre sur toute leur échelle à l'aide du même organe. C'est ainsi qu'avec la même main nous pouvons peser et évaluer des grammes, des livres et des quintaux. La même oreille qui possède pour les sons les plus faibles la sensibilité des plus délicats résonnateurs peut être exposée au fracas des gros canons sans se rompre ni refuser le service. Et le même œil, qui peut percevoir des fractions de la lueur d'un ver luisant, peut sans inconvénient regarder le soleil un peu voilé avec sa clarté des millions de fois plus forte. *Aucun appareil artificiel ne peut réaliser une souplesse aussi vaste que celle de ces trois sens.* Et la plupart des autres fonctionnent de même pour des excitants dont l'intensité varie sur une échelle très étendue.

Cet avantage repose en partie sur des dispositifs purement matériels. L'œil, par exemple, possède dans l'iris avec la pupille un obturateur de diamètre extrêmement variable, qui agit à l'encontre des variations objectives et permet à l'organe de les suivre plus longtemps. Lorsque la lumière est intense, il se contracte par action réflexe, ne forme plus qu'une petite ouverture et diminue le cône lumineux qui, des points lumineux, pénètre dans l'œil. Lorsque la lumière est faible, il se dilate et, à son plus grand diamètre, laisse arriver à l'œil 40 fois plus de lumière, qu'à son plus petit. Pour le nez, les substances odorantes pénètrent par reniflement en plus grande quantité jusqu'à la muqueuse sensible, lorsqu'elles sont peu abondantes au contraire, elles en sont écartées par l'expiration volontaire lorsqu'elles sont trop abondantes.

Au fond, il s'agit ici d'une loi générale relative à la dépendance des sensations par rapport à l'intensité des excitations qui les ont produites, et qui repose sans doute sur l'excitabilité particulière de la substance nerveuse. *C'est la loi dite de Weber*. Lorsque l'intensité des excitants objectifs s'accroît, les sensations s'accroissent aussi, mais, fait bien connu, toujours plus lentement et plus faiblement, à mesure que l'accroissement atteint un plus haut degré. Et cet accroissement a lieu de telle sorte que pour obtenir un surcroît de sensation de perceptibilité toujours égale, les excitants nécessaires doivent subir un accroissement *proportionnellement* égal, c'est-à-dire un accroissement s'élevant à la même fraction. Si par exemple, voulant, avec une lampe à pétrole, éprouver l'impression d'une augmentation sensible de lumière, je suis obligé d'augmenter l'intensité lumineuse de 2 bougies, il faudra (en admettant l'exactitude de la loi) que, pour un bec Auer de 60 bougies, cette augmentation atteigne 12 bougies, et, pour une lampe électrique à arc de 2000 bougies, 400 bougies, pour produire toujours l'impression subjective d'une augmentation égale de lumière. Supposons qu'un postier exercé puisse, en soupesant à la main une lettre de 21 grammes, reconnaître à coup sûr qu'elle dépasse le poids de 20 grammes, il faudra, pour un paquet de 250 grammes, un surplus de 12 grammes et demi pour reconnaître que la limite est dépassée, et pour un colis de 5 kilogrammes un surplus de 250 grammes. On peut encore exprimer cette loi de façon un peu différente. Si l'on suppose qu'une sensation initiale est successivement renforcée de telle sorte que les termes de la série ainsi obtenue forment une progression régulière, ou, comme on dit encore, diffèrent tous entre eux d'une quantité égale, les excitants objectifs nécessaires pour obtenir ces sensations forment à peu près une progression géométrique. On peut considérer cette série régulière de sensations comme une progression arithmétique, et l'on peut alors obtenir cette formule : *à l'accroissement des sensations suivant une progression arithmétique correspond à peu près un accroissement des excitations nécessaires suivant une progression géométrique.* Cette formule est d'ailleurs identique à celle qui est la plus répandue ; la sensation croît à peu près comme le logarithme de l'excitation. Donc, si l'excitation extérieure croît sans cesse, l'âme sera toujours informée de cet accroissement, comme il est nécessaire, mais toujours avec un retard toujours plus considérable sur l'accroissement objectif de l'excitation, comme les logarithmes retardent sur leurs nombres. C'est en grande partie ce qui lui permet de se contenter pour toute l'échelle des sensations d'un seul appareil, ou tout au plus, comme pour l'œil, d'un appareil double (p. 102).

On ne peut attribuer à la loi de Weber qu'une valeur approximative, en raison de l'intensité des sensations extrêmes. Pour des excitations très fortes ou très faibles, des augmentations (vers en bas des diminutions) toujours plus fortes sont nécessaires pour produire une certaine modification toujours égale de la sensation. Des deux parts on atteint enfin une limite au delà de laquelle il n'est plus possible d'obtenir aucune modification. Si le soleil avait deux fois plus de clarté qu'il n'en a, notre œil non protégé ne le verrait pas sensiblement plus brillant. A la distance de quelques mètres nous ne pouvons plus reconnaître si le mur d'une chambre sombre est éclairé par une cigarette allumée ou par une demi-douzaine. La relation logarithmique ne vaut donc avec exactitude que pour une assez vaste série d'excitations d'intensité moyenne, qui sont précisément celles qui nous intéressent surtout dans la vie quotidienne. En même temps nous possédons la sensibilité la plus délicate pour reconnaître leurs différences. Cette sensibilité est particulièrement grande dans le domaine de la vue : nous pouvons dans des conditions favorables distinguer des clartés d'intensité moyenne, lorsque l'une n'est plus forte que l'autre que de 1/120 à 1/150 de sa valeur.

Mais la loi de Weber est encore importante à un autre point de vue pour les renseignements que l'âme reçoit sur le monde extérieur. Elle nous rend, sous certains rapports du moins, indépendants des changements incessants des données, changements qui rendraient plus difficile la tâche de reconnaître les objets à nouveau. Les choses vues sont soumises sans cesse à de fortes variations de leur clarté objective. Des impressions auditives égales parviennent à l'oreille tantôt fortes et tantôt faibles, selon qu'elles arrivent de près ou de loin. Il est naturellement important que ces différences ne nous échappent pas : je me conduirai différemment selon qu'un appel vient de près ou de loin. Mais il n'est pas moins important de ne pas perdre de vue une autre déterminante de notre attitude à l'égard des choses : ce qui importe c'est moins leur éclairage ou leur obscurité, leur force ou leur faiblesse sonore d'une façon absolue que la netteté avec laquelle elles tranchent dans leur ensemble et dans leurs parties les unes sur les autres, et que la grandeur des différences que nous y percevons. Une certaine personne n'a pas pour nous la même signification dans le crépuscule qu'en plein jour ; un discours a le même sens à une distance de 30 pas ou de 5. Or, la loi de Weber facilite la perception de cet élément identique. Car aussi bien pour les variations d'éclairage, en raison de la hauteur variable du soleil ou de la masse variable des nuages, que pour les variations des intensités du son, en raison de l'éloignement les quotients des excitations objectives restent toujours constants. Par suite les degrés de différence des choses et de leurs parties, leurs nuances d'éclairage ou dynamiques restent à peu près les mêmes, et nous reconnaissons ainsi que ce sont les mêmes objets. Si pour des représentations musicales de nombreuses places moyennement éloignées de l'orchestre ont la même valeur et peuvent être données au même prix, tandis que les plus proches ou les plus éloignées sont moins bonnes et moins estimées, cela s'explique par la loi de Weber et ses deux exceptions en haut et en bas.

La troisième relation remarquable entre les sensations et le monde extérieur consiste en ceci : *elles nous renseignent mieux sans conteste sur ce qui est en train de se faire et varie, que sur ce qui est en état et constant.* Par exemple, au sujet du mouvement et du repos dans l'espace. Si on promène sur la peau en appuyant légèrement une pointe fine, on reconnaît l'étendue et la direction du mouvement pour des espaces beaucoup plus courts que s'il s'agit de la distance de deux pointes posées sur la peau sans mouvement, ou de la longueur et de l'orientation d'une arête sur laquelle on appuie sans bouger. On sait qu'on a beaucoup de difficulté et peu de sûreté pour reconnaître la grandeur et l'éloignement d'objets immobiles avec les côtés de la rétine. Mais on reconnaît très bien avec ces côtés des mouvements comme lorsqu'on agite un mouchoir ou lorsqu'un animal saute. On perçoit des modifications dans l'espace dans toute l'étendue du champ de la vision, tandis que seule une petite partie de la rétine est susceptible de percevoir les formes au repos. L'œil surpasse, comme nous l'avons dit, les plaques photographiques les plus sensibles pour la perception rapide de lumières et de couleurs. Il est capable de prendre des instantanés des objets les plus faiblement éclairés. Mais, en revanche, il n'est pas fait pour prendre des poses de longue durée. Si l'on voulait lui faire fixer des heures durant les mêmes objets, comme on le fait pour photographier des étoiles de 12e ou de 14e grandeur, il ne verrait plus rien ou plutôt ne distinguerait plus rien. Même après un temps assez court, il voit le clair plus sombre, le sombre plus clair, le coloré plus gris. Lorsque la fixation se prolonge, il s'accommode aux excitations qui agissent sur lui, s'y *adapte*, selon l'expression technique. Elles produisent sur lui une impression de plus en plus faible, et au lieu de l'impression extrême frappante, une impression moyenne. Et chaque excitation n'agit ainsi jamais qu'à l'endroit où elle agit longuement sur la rétine ; si bien qu'en détournant le regard, on peut directement constater la modification qui s'est produite dans la sensibilité en apercevant ce qu'on nomme les *images consécutives*. Nous retrouvons ce même phénomène d'adaptation dans presque tous les autres domaines de la sensation. Si des contacts, des positions des membres, des températures, pourvu qu'elles ne soient pas extrêmes, des odeurs, des bruits se prolongent ou persistent, nous cessons tout à fait de les percevoir. Par contre, ce qui apporte un changement, ce qui est neuf, parvient presque toujours avec une intensité particulière à notre conscience, précisément en raison de l'adaptation qui se fait à quelque chose d'autre. C'est là évidemment une organisation fort utile à l'organisme et à l'âme dans la lutte. Car ce qui dans la lutte est dangereux, ce sont les surprises.

Nous sommes relativement mal renseignés sur la manière dont les particularités spéciales et les lois des différentes espèces de sensations sont déterminées par les particularités correspondantes des organes qui les transmettent, sur ce qu'on a coutume d'appeler la théorie de la vue, de l'ouïe, etc. Il y a une trentaine d'années, la lumière semblait faite sur certains points qui se sont de nouveau obscurcis depuis. L'acquisition incessante de nouvelles connaissances sur la véritable attitude des choses a montré que leurs complications internes étaient beaucoup plus grandes qu'on ne se l'était figuré tout d'abord. A l'heure actuelle, *une seule* notion relative à l'œil est si certaine, que personne ne pourra plus guère la mettre en doute ; il est vrai qu'elle n'explique encore qu'une partie de ses fonctions. Notre œil est un organe double ; il comprend deux appareils qui se complètent mais servent à des fins différentes. L'un sert à voir dans le crépuscule et l'obscurité, l'autre à voir en pleine lumière. Chacun de ces résultats est atteint par certains éléments qui sont entremêlés à l'instar d'une mosaïque dans les couches extérieures de la rétine. Les bâtonnets, qui contiennent une substance sensible à la lumière, l'érythropsine, servent à la vision dans le crépuscule. Ils se trouvent surtout dans les parties périphériques de la rétine ; vers le milieu, ils deviennent plus rares et disparaissent tout à fait au centre. Leur fonction unique consiste à transmettre la sensation d'un blanc faible, ou plutôt blanc bleuâtre, comme dans un paysage éclairé par la lune, naturellement avec des intensités diverses. La fonction de la vision en pleine lumière appartient aux cônes, qui remplissent seuls le milieu de la rétine, l'endroit de la vision la plus distincte, et se trouvent encore assez nombreux dans son voisinage immédiat, mais deviennent très rares à mesure qu'on s'en éloigne. Ils transmettent toute la variété de notre vision des couleurs. C'est cette organisation qui explique que « la nuit tous les chats sont gris », c'est-à-dire que nous percevons encore des différences de lumière, mais non plus de coloration. L'appareil de la vision en pleine lumière ne peut plus fonctionner lorsque la lumière est faible. C'est ce qui explique encore que dans le crépuscule nous distinguons mal les formes, et ne pouvons plus lire, par exemple, car la région de la vue la plus distincte ne fonctionne plus de manière suffisante. Et même pour percevoir des impressions faibles, comme par exemple les étoiles de faible grandeur, il faut passer sur elles, au lieu de les viser directement, comme le savent bien les astronomes. Ce qui chez l'homme — dans la grande majorité des cas du moins — est réuni, est parfois séparé chez les animaux. Les poules, par exemple, et les serpents, n'ont que l'appareil de pleine lumière, les cônes ; chez les animaux nocturnes, l'appareil pour obscurité est sinon exclusivement, du moins considérablement développé. De là vient que les poules se couchent avec le soleil, tandis que les chauves-souris ne sortent qu'à ce moment. Dans quelques cas très rares, on trouve aussi des hommes qui ne possèdent vraisemblablement que l'un des appareils : celui pour l'obscurité : les daltoniques complets. Ils voient tout gris sur gris, ont, en raison de l'absence de l'appareil de pleine lumière, une grande horreur de la lumière et n'ont, en raison du mauvais fonctionnement du centre rétinien, que la vision affaiblie de la vue indirecte.

On peut aussi considérer comme très vraisemblable, sinon absolument définitive, dans ses lignes essentielles, la théorie de l'ouïe émise par Helmholtz. Dans le colimaçon de l'oreille se trouve une membrane longue de 2 centimètres et demi, mais très mince, enroulée en spirale (*membrane basilaire*), qui d'une extrémité à l'autre gagne sensiblement en largeur. Elle renferme dans son intérieur une couche de milliers de petites fibres transversales élastiques et est couverte sur toute sa longueur de plusieurs séries de cellules, qui contiennent les terminaisons nerveuses. Cette membrane fonctionne, selon Helmholtz, comme la table d'harmonie tendue de cordes d'un piano, qui rend fidèlement un son ou une voyelle chantés devant elle. Selon la largeur suffisante de la membrane, les différentes régions de fibres ont la faculté de produire une note différente. Si un mouvement complexe lui parvient, toutes les régions et celles-là seules entrent en vibration, qui trouvent dans le mouvement total une périodicité correspondante à la note qu'elles ont la faculté de produire, et ces fibres provoquent à leur tour par leurs vibrations une excitation des terminaisons nerveuses qui s'y trouvent. Ce que cette théorie explique parfaitement, c'est le caractère analytique de l'ouïe. Parmi les difficultés qui s'opposent à elle, il faut citer entre autres la très faible longueur, même des fibres les plus longues de la membrane basilaire

(un demi-millimètre) en comparaison des grandes longueurs
nécessaires habituellement pour produire les tons les plus
bas ou pour vibrer à leur unisson.

§ 6. — LES REPRÉSENTATIONS

L'âme est renseignée sur le monde extérieur par ses
sensations. Mais elle serait à plaindre si elle en était réduite
à elles. Seule la présence momentanée et effective des
choses aurait de l'importance pour elle ; le passé et l'avenir, et ce qui est caché derrière la colline la plus proche,
n'existeraient pas pour elle. Il est donc de la plus grande
importance pour son action dans le monde extérieur, qu'elle
prenne connaissance de lui par une seconde espèce d'impressions, *par des représentations* ou *idées*. Elle peut
encore voir les choses de quelque manière les yeux fermés
et les entendre de quelque manière les oreilles bouchées.
Je pense à un lion, et je reconnais très nettement qu'il n'a
pas le même aspect qu'un cheval ; à ma dernière chambre
d'hôtel, et vois nettement combien elle diffère de mon cabi-
net de travail. L'âme n'est donc pas absolument liée à la
présence matérielle des choses, auxquelles elle a affaire ;
elle porte toujours en elle-même la possibilité de se représenter leurs caractères particuliers ou leur accomplissement ; elle la possède en elle-même.

Assurément il ne s'agit que d'une certaine possibilité.
Comparées aux sensations, les représentations ne contiennent aucun élément nouveau. Il en existe autant d'espèces
que d'espèces de sensations avec autant de particularités
que celles-ci en ont. S'il manque une classe de sensations,
la classe de représentations fait également défaut. Lorsque
les représentations s'écartent du senti ou le dépassent,
comme dans les créations de l'imagination par exemple,
cela n'a lieu que par l'intervention d'éléments, qui furent

perçus comme sensations dans d'autres combinaisons. Néanmoins le contenu sensible qui revient dans les représentations n'est pas reproduit tout à fait fidèlement, mais bien avec quelques modifications spéciales. Les représentations ont une pâleur, une immatérialité qu'on ne saurait décrire avec précision, mais que chacun connaît, en comparaison du caractère palpable et, pour ainsi dire, matériel des sensations. Le soleil, en tant que représentation, ne brille pas, et la représentation de ses milliers de degrés de chaleur ne brûle pas ; une allumette qui s'éteint saisit beaucoup plus sous les deux rapports. Ce n'est que dans la jeunesse et en rêve, puis chez quelques individus (parmi les artistes des arts plastiques par exemple) et dans certaines conditions, comme lorsqu'on complète par l'imagination des lacunes dans les choses perçues, que les représentations s'élèvent à des degrés tels de vivacité sensible qu'on peut les comparer et les confondre avec de très faibles sensations. Mais en général il y a là un fossé profond. De plus, lorsque les sensations ont été riches en contenu, les représentations correspondantes sont plus défectueuses et plus pauvres en signes distinctibles. Seuls quelques détails du complexus sensible reparaissent en elles, et le plus souvent dans un choix bizarre et ne se produisant jamais dans la réalité sentie. Le reste est disparu, ou est devenu confus et indécis. Enfin ces représentations se caractérisent par leur caractère fugitif et inconstant. A l'opposé des sensations qui s'imposent à nous et persistent, elles ne conservent guère que quelques instants une forme déterminée et toujours la même. On voudrait les retenir, mais on les voit s'évanouir ; tout à coup elles sont remplacées par d'autres, ou elles se succèdent et se transforment en d'autres comme les images kaléidoscopiques.

Naturellement tout cela ne va pas sans inconvénient pour la valeur des représentations comme succédanés des sensations, mais aussi pas sans très grands avantages. Comme les représentations sont à la fois des reproductions et cependant en partie des signes seulement, des abréviations des choses sensibles, elles permettent à l'âme, de la façon la plus efficace, d'en rester maîtresse. Si, en effet, elles avaient une ressemblance trop grande, elles nous induiraient en erreur, comme les hallucinations. Mais précisément leur défectuosité et leur fugitivité permettent à l'âme de venir à bout d'une grande multiplicité de choses parvenant à la conscience comme représentants d'autres choses, aussi bien à chaque instant pris séparément que pendant un laps de temps déterminé. Elles l'aident à se renseigner plus vite et plus complètement sur le monde extérieur.

Indépendantes de causes extérieures, revenant fréquemment sur des instigations purement psychologiques, les représentations apparaissent comme une possession permanente de l'âme, une possession dont toutes les parties ne peuvent toujours, en raison de leur énorme multiplicité, trouver toutes simultanément emploi, mais sont toujours prêtes à être employées. De là une question : comment se figurer l'existence des représentations pendant le temps de leur non-existence consciente, comment se la représenter à l'intérieur de l'organe matériel de l'âme, le cerveau ? Depuis la découverte des cellules et des fibres nerveuses comme éléments du cerveau, la philosophie naïve a toujours été tentée d'admettre qu'à chaque représentation appartenait un petit groupe de cellules contiguës, dans lequel elle aurait eu son siège toujours le même, et réservé à elle seule. Dans un petit amas de cellules par exemple, résiderait la représentation du chien, dans une autre celle de l'arbre, etc. Lors de la première formation, sous l'action d'excitations extérieures, elle serait pour ainsi dire déposée là, resterait tout le temps qu'elle n'est pas consciente d'une manière latente dans les cellules au repos, et reparaîtrait dans la conscience à la suite de l'excitation de ces cellules. Des personnes, avisées cependant, ont recherché par le calcul si, dans cette hypothèse, le nombre des cellules corticales suffirait pour la richesse de représentations d'une vie psychique bien remplie, et ont trouvé — heureux résultat — qu'on y avait suffisamment pourvu.

Néanmoins, une conception aussi simple de l'âme est impossible. D'abord pour des raisons physiologiques. Par suite de ce fait que nos représentations sont placées au-dessus ou au-dessous les unes des autres, et par suite de caractères communs chez les objets les plus différents, elles sont si souvent entremêlées les unes dans les autres qu'on ne peut dire quelles sont les représentations auxquelles appartiendrait tel ou tel substratum matériel. Supposons que la représentation du chien ait son siège en un endroit, celle du lion en un autre, où sera celui de la représentation du carnassier qui participe aux deux, en même temps d'ailleurs que les représentations des nombreuses espèces de chiens et chiens individuels que je connais, ainsi que celles des nombreux autres carnassiers y participent également ? Ou bien où sera celui de la représentation du mammifère, du vertébré ou de l'animal en général, etc. ? Celui de la représentation de l'aboiement qui est particulier au chien, mais peut être imité par l'homme ? Celui de la représentation du blanc qui se trouve chez certains chiens, mais appartient aussi aux nuages, à la neige, aux lys ? La conception de groupements de cellules hébergeant des représentations isolées ne peut fournir de réponse à ces questions.

D'autres difficultés sont soulevées par l'anatomie. J'examine en ce moment un chien, puis aussitôt après une chèvre. Les nombreux éléments de la rétine qui transmettent l'impression sont dans les deux cas en grande partie les mêmes. Les excitations sont donc dans les deux cas acheminées par les mêmes voies jusqu'aux organes centraux, et amenées par conséquent en partie aux mêmes cellules. Lorsque je prononce les mots « lilas » et « la lie » j'excite exactement les mêmes éléments acoustiques et kinesthétiques de la périphérie, mais dans un ordre différent. Comment les excitations nerveuses transmises de nouveau par les mêmes voies nerveuses s'y prendront-elles cette fois pour parvenir dans de petits groupements tout à fait différents de cellules de l'écorce, et exciter celles-ci conformément à la grande différence des deux représentations désignées?

Évidemment la question est infiniment plus compliquée que ne le suppose cette conception naïve d'emmagasinement. A l'heure actuelle on ne sait pas encore au juste comment il faut exactement se la figurer. En tout cas, il faut tenir compte des trois considérations générales suivantes :

1° Le substratum matériel d'une représentation matérielle isolée ne consiste pas en un petit groupement d'éléments nerveux agglomérés en un lieu quelconque, mais dans certains cas en un très grand nombre de tels éléments. Et ceux-ci qui correspondent aux particularités visibles, perceptibles à l'oreille, au toucher, etc., de la chose représentée, sont réparties sur différents endroits de l'écorce du cerveau et réunis entre eux comme les mailles d'un filet.

2° Les éléments attribués de cette sorte à une représentation isolée ne lui appartiennent cependant pas exclusivement. Ils servent en même temps — du moins en grande partie — à former la base matérielle de nombreuses autres représentations, en fonctionnant dans des ordres différents ou dans des successions différentes, ou comme éléments de combinaisons différentes.

3° L'équivalent matériel d'une représentation dont la

présence n'est pas perçue par la conscience, mais qui peut aisément devenir consciente, ne consiste pas dans le fait qu'un substratum matériel est emmagasiné dans les éléments nerveux correspondants, mais dans une tendance particulière, une disposition qu'ont ces éléments à redevenir facilement actifs dans un ensemble déjà réalisé une première fois.

§ 7. — LES SENTIMENTS

Les sensations et représentations sont des faits psychiques, étroitement apparentés en temps qu'images originales et reproductions. Ces faits s'accompagnent aussi les uns les autres et s'entremêlent. Pourtant ils peuvent conserver une certaine indépendance et une certaine originalité, c'est-à-dire qu'en général ils peuvent apparaître liés entre eux de n'importe quelle manière ou isolés ; ils ne dépendent pas les uns des autres. Il en va autrement pour une troisième classe de faits psychiques élémentaires, que l'on a l'habitude de subordonner aux deux premières, mais qu'il vaut peut-être mieux leur opposer comme quelque chose de différent : *les sentiments de plaisir et de douleur*. Ceux-ci ne sont pas indépendants et n'existent pas par eux-mêmes ; ils accompagnent toujours quelques sensations ou représentations, et sont comme attachés et inhérents à celles-ci. Le plaisir que j'éprouve a toujours un objet ou un contenu, dont je me réjouis : la saveur d'un fruit, ou la nouvelle, ou mon état général satisfaisant, ou autre chose. Il n'existe pas comme quelque chose d'isolé dans la conscience. Néanmoins il ne faut pas se représenter cette sujétion comme trop étroite, et de là vient précisément une certaine difficulté à bien saisir le rapport. Des couleurs, par exemple, des intensités de sons, l'espace et la durée ne sont pas non plus quelque chose d'indépendant et d'isolé ; elles sont des qualités inhérentes à d'autres choses. Mais, il ne faut pas concevoir le rapport des sentiments aux sensations par analogie avec l'inhérence ci-dessus. Les caractères d'une chose ou d'un fait résultent, sinon jusque dans les derniers détails, du moins *pour l'essentiel*, de causes extérieures déterminées, qui les provoquent pour ainsi dire. Si ces causes se reproduisent, la chose reparaît au total avec les mêmes caractères, les mêmes couleurs, la même durée, etc. Mais le sentiment lié à certaines sensations ou représentations n'est nullement déterminé de façon approximative par leur contenu. Il peut selon les cas y avoir de grosses différences non seulement de degré, mais encore de nature. Le goût du miel ou le son d'une mélodie en tant que pur phénomène sensitif est toutes les fois presque identique. Mais ces mêmes impressions sensibles peuvent, selon les circonstances, provoquer un plaisir intense, de l'indifférence ou du déplaisir.

La sujétion des sentiments aux sensations et représentations jouit donc d'une liberté particulière. Cela dépend non seulement du contenu, mais de mainte autre chose encore. Cela dépend, par exemple, de la totalité des sensations et représentations et des connexions et relations, unités et contrastes qui en résultent. Les mêmes couleurs ou lignes peuvent former des dessins beaux ou laids ; les mêmes descriptions et pensées, un livre de lecture attrayante ou pénible. Cela dépend en outre des sentiments déjà présents que d'autres impressions ont fait naître. Une triste journée d'hiver pèse de toute manière sur notre humeur : on n'aperçoit que le gris dans les choses, tandis qu'au printemps on n'y voit que le rose. L'homme affligé ou chagrin éprouve les mêmes choses avec des sentiments tout autres que l'homme gai ou plein d'espoir. Enfin cela dépend de la fréquence avec laquelle se répètent les faits, qui provoquent les sentiments. Il existe, en effet, dans la vie affective un phénomène extrêmement important, qui rappelle le phénomène d'adaptation cité plus haut (p. 101) : si les mêmes faits se reproduisent fréquemment, le sentiment qui les accompagne s'affaiblit de plus en plus. Nous nous *habituons*, comme on dit, à ce qui se répète, nous devenons moins sensibles à ce qu'il a d'agréable ou de désagréable, quelquefois nous allons jusqu'à la parfaite indifférence. La plus belle mélodie ne saurait être jouée dans tous les concerts et dans toutes les rues. Les aliments les plus savoureux perdent leur charme lorsqu'on nous les sert tous les jours. Et, d'autre part, le remède le plus amer ne répugne pas indéfiniment, et les impressions primitives de dégoût perdent bientôt leur force pour celui qui par profession doit s'y soumettre tous les jours. Ainsi, en matière de sensation déjà, le changement et la nouveauté l'emportent sur ce qui dure indéfiniment, et l'emportent de même en matière de sentiment sur ce qui revient uniformément et à quoi nous sommes accoutumés.

Les sentiments de plaisir et de douleur n'apparaissent donc pas comme des phénomènes concomitants des sensations et représentations, qui seraient déjà déterminés par le contenu de celles-ci. Ce sont plutôt des prédicats opposés les uns aux autres, qui s'y rattachent en tenant compte pour une part de leur contenu, mais pour une part aussi d'autres circonstances. Ou, plus exactement en tenant compte d'*une* autre circonstance, car au fond ce qui contribue à déterminer la nature particulière des sentiments n'est partout qu'un seul et même facteur. Il consiste — et de là vient la grande importance générale des sentiments — dans le rapport des causes objectives des sentiments à *l'état général de l'organisme* ou à *l'âme* qui fait sa vie intérieure. Par les sentiments, les impressions qui nous renseignent sur le monde extérieur reçoivent *une estimation qui est nécessaire pour que l'âme puisse employer à propos les choses objectives dans la lutte pour sa propre conservation.* C'est ainsi que les sentiments de plaisir indiquent toujours — non pour la conscience, mais en tant que rapport existant objectivement — que les impressions qui les provoquent ou les causes de celles-ci sont dans les circonstances actuelles appropriées et favorables à l'organisme, ou à ses organes plus directement intéressés. Inversement, les sentiments de douleur indiquent que les actions produites sont peu appropriées et nuisibles. Le plaisir est le symptôme d'une activité répondant bien aux forces de l'organisme et par conséquent avantageuse et préservatrice pour le tout. La douleur est le symptôme d'une activité désavantageuse et destructrice. Il en est ainsi du moins pour l'énorme majorité des cas, diverses exceptions causées par la complication des circonstances étant mises à part. Il faut d'ailleurs bien entendre que ce sentiment n'est que le symbole et le témoin de l'utilité ou de la nocivité momentanée, mais ne nous renseigne nullement sur les conséquences possibles dans l'avenir. Des médicaments salutaires sont souvent amers, comme on le sait. Mais leur valeur curative n'existe pas pour la langue, qui nous fait connaître le goût désagréable, et n'agit qu'après que les substances ont pénétré dans la circulation, et grâce à d'autres qualités que celles qui produisent la sensation de goût.

Ces sentiments qui viennent ainsi s'ajouter produisent, précisément en raison d'un certain nombre de leurs caractères particuliers, de grandes complications dans les formations psychologiques. Et par là même ils rendent très difficile de saisir et de comprendre leur essence. Les sentiments qui se rattachent à des représentations tirent toujours originairement leur caractère des sensations correspondantes : des coups imaginaires sont désagréables, parce que ceux qu'on a reçus l'étaient réellement. Mais ces représentations rattachées peuvent amener parfois des effets absolument contraires : le souvenir d'un désagrément devient, malgré ce qu'il a de pénible, une source de plaisir lorsque vient s'y ajouter l'idée qu'il était le résultat d'une folie qu'on ne commettrait plus aujourd'hui. De même le sentiment consécutif à des sensations peut être entièrement changé par des représentations qui s'y mêlent : un vert saturé plaît comme couleur d'une prairie ou d'un ornement, mais serait horrible comme couleur d'une figure humaine. De plus des sentiments accompagnent non seulement les contenus des sensations et représentations (*sentiments relatifs au contenu*), mais encore leurs conditions et relations (*sentiments formels*), leur voisinage dans l'espace, comme dans un tableau ou un parc, leur succession dans le temps, comme dans une symphonie ou un drame, leurs conditions intellectuelles comme dans une plaisanterie ou une énigme, etc. Dans toute pluralité de sensations et de représentations évoquées par elles intervient une énorme quantité de sentiments. En un certain sens tous sont inhérents aux contenus et relations, dont ils représentent l'estimation ; ils demeurent donc aussi éloignés ou rapprochés les uns des autres, que ces contenus et relations restent discernables les uns des autres. En même temps ils sont tous des éléments d'une variété, qui s'étend dans deux directions opposées, tous des degrés divers de plaisir et de douleur. Mais c'est par là précisément qu'ils se réunissent et se fondent jusqu'à un certain point. Ils se confondent et se renforcent dans la mesure où ils sont du même genre, se détruisent ou se compensent partiellement, dans la mesure où ils sont de genre opposé. De là vient ce qu'il y a de particulièrement insaisissable, à la fois de un et d'infiniment riche dans des formations telles que l'amour, la fierté, le sentiment de l'honneur, l'émotion, le plaisir qu'on prend à un drame, ou aux destinées d'un homme, etc. De là viennent aussi les différences d'interprétation de tant de formations psychologiques. Les uns voient dans des faits comme l'excitation, l'abattement, l'attente uniquement des manifestations différentes qualitativement de la vie *sentimentale*, et d'autres attribuent ces différences *qualitatives* uniquement aux sensations et représentations, et ne reconnaissent dans les sentiments divers contenus dans ces faits que les deux catégories de plaisir et de douleur, dont il a été question. Il n'y a pas lieu d'attacher trop d'importance à ces différences d'interprétation.

§ 8. — INSTINCT ET VOLONTÉ

La dernière classe d'éléments psychologiques que l'on distingue habituellement est celle des instincts et des actes volontaires. Assurément ils ont quelque chose d'élémentaire, mais cependant en un autre sens que les éléments intellectuels, et les sentiments s'y rattachant dont il a été question jusqu'ici. En quoi consiste un instinct, par exemple, l'instinct de nutrition chez un tout jeune enfant? Tout d'abord en des sensations fortement imprégnées de douleur, comme la faim et la soif, et en des mouvements variés comme ceux de crier, se retourner en tous sens, qui en sont les réflexes et finalement conduisent à écarter la douleur. Les mouvements eux-mêmes n'ont rien de psychique. Lorsqu'ils se produisent, ils sont conscients, ce qui a lieu d'ailleurs sous forme de sensations provenant de la tension des muscles, du déplacement des membres, donc sous forme de sensations kinesthétiques. Par suite, deux groupes de sensations peuvent être distingués ici et dans tous les instincts : l'un d'une espèce quelconque et fortement imprégné de sentiment, l'autre dérivé de mouvements provoqués par réflexe, qui ont le résultat objectif d'écarter des sensations de douleur ou de faire durer celles de plaisir. Or, tandis que ces instincts et leurs manifestations se répètent à plusieurs reprises, il reste des représentations toujours plus nettes du résultat final de tout le processus. Finalement ces représentations sont déjà conscientes, alors que le processus dont elles seront l'aboutissement n'est qu'à son commencement. Lorsque la sensation de faim, par exemple, commence à le tourmenter, l'enfant se représente déjà le biberon qui le rassasiera, la mère qui se dépêche de l'apporter, les mouvements pour saisir, puis téter, etc. Dès lors l'instinct est devenu un acte volontaire simple. *La volonté est l'instinct devenu prévoyant.* Il renferme tout d'abord les deux groupes de sensations qui caractérisent l'instinct en même temps que le sentiment inhérent à l'un d'eux. En outre, il renferme un troisième élément qui relie les deux précédents : *la prévision par l'esprit d'un aboutissement des activités ressenties, qu'on se représente à la fois comme la transformation finale de la douleur actuelle en plaisir ou du maintien du plaisir actuel.*

Comme on le voit, il ne saurait être question d'autres éléments que ceux dont il a été déjà question. Il n'y a rien d'autre que des sensations, des sentiments de plaisir et de douleur et des représentations. Et l'on ne peut qualifier les actes volontaires simples de phénomènes élémentaires de la vie psychologique, que dans la mesure où la fusion des trois éléments ci-dessus qui s'y trouve réalisée, représente effectivement la forme sous laquelle ces actes apparaissent originairement. Sensations et représentations ne se trouvent pas isolées, pour se combiner ensuite en des formes plus complexes, en actes volontaires, par exemple. Mais, dès le début. l'âme déploie son activité dans une vie très riche d'instincts et de volitions simples, et c'est par l'abstraction que nous réussissons à distinguer en eux les autres éléments, tels qu'ils se différencient et deviennent indépendants parfois dans l'âme plus développée. En d'autres termes : les sensations et les représentations

sont des éléments *conceptuels*, les instincts et les actes
volontaires simples des éléments *génétiques* de la vie
psychologique.

Par conséquent, il n'existe pas une volonté en tant
qu'activité psychique simple et toujours identique à elle-
même, qui se porterait selon les circonstances sur différentes choses existantes en dehors d'elle. Ce qui existe en
réalité consiste en actes volontaires isolés, embrassant
un contenu multiple, et qui, grâce seulement à une similitude générale de nature entre ces contenus, font naître
un concept abstrait, précisément le concept de la volonté.
Naturellement on peut se servir librement de ce concept,
lorsqu'on en voit clairement la signification, tout comme on
parle de la perception, de l'intelligence, sans entendre
par là des manifestations d'une faculté simple de l'âme.
Tout aussi naturellement on peut caractériser en se servant de ce concept des différences typiques de contenu de
ces actes volontaires chez divers individus ou des différences générales de leurs rapports à des mouvements con-
sécutifs. On peut, du point de vue que nous exposons, aussi
bien que de celui de la philosophie populaire, parler d'une
volonté dirigée vers l'idéal ou vers la pratique, d'une
volonté ferme ou molle et autres expressions analogues.

B. — Les lois fondamentales de l'activité psychique.

Les impressions qui parviennent jusqu'à l'âme et la
renseignent sur le monde extérieur correspondent naturellement, même sous leurs formes compliquées, en grande
partie aux connexions existant objectivement entre les
choses, puisque sans cela elles manqueraient leur but.
Pourtant l'âme ne les assimile pas telles qu'elles se présentent, mais prend à leur égard diverses attitudes indépen-

dantes, par lesquelles elle manifeste précisément la nature propre de son essence et aussi surtout de ses fins. On peut distinguer quatre attitudes essentielles, qui vont par couple, et forment entre elles un certain contraste. On leur donne les noms d'*attention* et *mémoire*, *habitude* et *fatigue*.

§ 9. — L'attention

Un navire qui est soumis en même temps à diverses actions, telles que celles de son hélice, du vent, d'un courant, leur obéit en même temps. La place qu'il occupe au bout d'un certain temps est la même que s'il avait été soumis pendant le même temps à ces diverses forces isolément. La manière dont il se comporte, comme toutes les choses d'ailleurs, sous l'action simultanée de diverses forces, est réglée par la loi du parallélogramme des forces. L'âme se comporte de toute autre manière. Lorsqu'on lui montre beaucoup de choses à la fois, comme une scène populaire au théâtre, et lui fait encore entendre beaucoup de choses, comme un chœur avec accompagnement d'orchestre, et lorsqu'à ces circonstances susceptibles de faire naître déjà toutes sortes de pensées viennent encore s'en ajouter d'autres comme le chuchotement des voisins, le résultat n'est absolument pas le même que si l'âme était soumise à toutes ces actions l'une après l'autre. Si on lui laisse assez de temps, elle peut faire face à toutes, voir, entendre, se représenter. Si tout a lieu à la fois, elle n'est plus en état de le faire ; sa capacité d'activité est limitée. Elle ne répond plus à toutes les sensations et représentations, dont les causes existent objectivement, mais à une partie seulement. Certaines actions particulièrement favorisées parviennent à s'exercer sur elle, et ont alors réellement pour la conscience tout l'effet qu'elles peuvent avoir.

Mais cela a toujours lieu aux dépens de nombreuses autres. Et plus certaines causes agissent avec énergie, c'est-à-dire plus ce qui a été vu, entendu et pensé apparaît avec netteté et force à l'âme, plus les actions des autres causes deviennent faibles et imperceptibles. Elles ne sont pas entièrement perdues pour l'âme, mais elles ne se font pas pas particulièrement remarquer, et se confondent en une impression totale plus ou moins une. Elles forment un fond diffus aux perceptions clairement conscientes.

On désigne ce phénomène de choix sous le nom d'étroitesse de la conscience ou — d'un terme beaucoup plus général — d'*attention* de l'âme aux faits qui sont particulièrement conscients en elle, et de *distraction* par rapport à ceux qui ne peuvent le devenir. Dans toute l'étendue des phénomènes qui se passent hors de l'âme, c'est-à-dire hors de l'organisme, il n'existe aucun phénomène semblable. Il est la caractéristique de la vie psychologique dans toutes les circonstances et dans toutes ses manifestations. Je jette un regard autour de moi sur les objets et je remarque bien des choses. Mais toutes les fois il se forme sur ma rétine bien plus d'images qu'il n'en parvient à ma conscience. En lisant un livre, je ne puis faire tout ce que je voudrais faire à la fois. Si je fais attention au sens, la beauté de la forme peut facilement m'échapper. Si je fais la chasse aux fautes d'impression ou autres incorrections du texte, je ne comprends pas l'ensemble. Une lecture spéciale est nécessaire en règle générale pour chacune des fins auxquelles le livre doit servir. Le travail intellectuel ne s'accommode pas du bruit d'un piano, ou des cris d'enfants, ou d'exercices gymnastiques ou d'une marche rapide. Celui qui veut bien goûter de la musique difficile ferme les yeux. Lorsqu'on prend des décisions graves, ou bien court un grand danger, on perd aisément la tête, c'est-à-dire que l'esprit étant occupé entièrement par la grandeur et l'importance d'un événement, on est incapable des souvenirs et réflexions les plus simples.

La philosophie populaire voit dans l'attention de purs actes arbitraires de l'âme. Celle-ci serait un être particulier, doué de vie propre à côté et au-dessus de ses représentations. Elle les considère en poursuivant des intérêts et des fins déterminés, et d'après cela « fixe son attention » sur certaines représentations, et la détourne d'autres. Inutile de dire qu'une telle conception mythologique est impossible. Nous avons vu que l'organisme et le système nerveux ne sont pas des êtres particuliers, séparables, existant à côté et hors des processus organiques et nerveux qui se déroulent en eux ou sur eux, mais uniquement la totalité de ceux-ci. De même l'âme, qui est de même nature qu'eux, n'est que le résumé de tout ce qui passe et est contenu en elle. Et la préférence et la négligence, que sont au fond l'attention et la distraction, ne reposent pas sur l'exercice d'une faculté spéciale de l'âme vis-à-vis de ses impressions, mais ne sont que les conséquences rigoureusement régulières de certaines particularités ou de certaines relations des impressions elles-mêmes. Il faut en noter deux principales.

Tout d'abord la *valeur sentimentale* des impressions. Des sensations et représentations comportant un vif degré de plaisir ou de douleur parviennent plus aisément jusqu'à la conscience, se font plus fortement valoir que des événements indifférents. Si près de moi on dit du bien ou du mal de moi, je l'entends facilement, même lorsqu'on le dit à voix basse et que physiquement il est difficile de l'entendre. Ce qui est nouveau et différent se fait mieux remarquer que ce qui est habituel, en grande partie, parce qu'il n'est pas encore comme émoussé et s'accompagne par conséquent d'un sentiment plus fort. Tout ce que l'on dit de l'excitation de l'attention par l'*intérêt*, trouve son explication ici.

Car l'intérêt n'est rien qu'un sentiment de plaisir, provoqué par l'accord harmonieux d'une impression produite actuellement sur l'âme avec d'anciennes impressions que la dernière vient réveiller, par l'accueil que celles-ci font à celle-là. Ce qui m'intéresse, c'est-à-dire ce dont je possède quelques connaissances que je vois avec plaisir s'étendre en ce moment, cela s'impose à moi, et prend une place prépondérante dans ma conscience. Or, les sentiments de plaisir et de douleur, comme nous l'avons montré précédemment, sont des symptômes de ce qui est utile ou nuisible à l'âme et à l'organisme. Le sens de cette loi est donc que, parmi les impressions qui agissent sur l'âme et la renseignent sur le monde extérieur, celles-là surtout deviennent actives pour elle, *qui sont particulièrement importantes pour elle-même et pour son bien ou mal-être.* Parmi la masse énorme des impressions présentes à tout instant, celles qui sont précisément les plus importantes, se détachent régulièrement d'une façon particulière et repoussent les autres. Sans doute la balance penche en faveur de l'agréable et par conséquent de l'utile. Gœthe dit en exagérant quelque peu : « Personne ne fait attention aux symptômes inquiétants ; l'attention ne se porte que sur ceux qui flattent et sont pleins de promesses. » Il est bien connu que le défenseur d'une opinion s'arrête surtout aux jugements qui l'approuvent, et un adepte d'une religion ou d'une superstition aux autorités qui lui sont favorables. Par contre, on ignore et méconnaît non pas volontairement, mais de façon tout à fait involontaire, les opinions adverses, incommodes et désagréables.

Une seconde cause régulière de l'attention est la parenté des impressions qui parviennent à l'âme à un moment donné avec celles qu'elle ressentait déjà au même moment. Lorsque certaines représentations occupent toute la conscience, les impressions dont ces représentations sont les images, et qui contiennent en réalité sensible ce qui est pensé dans ces représentations, s'imposent à la conscience avec une facilité particulière. De même des représentations qui prolongent et développent les premières ou leur sont apparentées. En dehors de la considération du bien ou mal-être de l'âme c'est leur rapport au cours des pensées qui dominent momentanément l'âme, qui détermine le choix entre les impressions trop nombreuses qui se pressent à tout moment jusqu'à elle. Les impressions qui ont déjà pénétré dans la conscience — et elles ont cet avantage sans aucun doute parce qu'elles avaient précisément de l'importance — ouvrent, pour ainsi dire, la voie à d'autres impressions analogues ou qui les complètent, et augmentent ainsi leur efficacité. On n'entend pas, en général, le tic-tac d'une horloge dans une chambre; les oreilles reçoivent naturellement les ondes sonores, mais elles n'ont pas de valeur pour l'âme. Mais, dès qu'on songe à l'horloge ou au temps, aussitôt le tic-tac pénètre dans la conscience. Pour distinguer un son faible dans une pluralité de sons forts, ou bien une mélodie dans l'ensemble d'une phrase à plusieurs voix, il faut d'abord les indiquer isolément et essayer ensuite de les retenir dans la représentation. De petites oscillations de l'aiguille dans des appareils de mesure, de petites diffé-rences de couleur dans des surfaces voisines nous échap-pent lorsqu'elles parviennent à l'âme au milieu d'autres observations et sans aucune préparation. Mais lorsqu'on y songe déjà d'avance, c'est-à-dire lorsqu'on les observe, on les perçoit aussitôt. La chose est particulièrement frap-pante dans les images à devinette. Tout d'abord on ne peut y découvrir la figure qui s'y trouve cachée; mais lors-qu'une fois on l'a découverte, il est presque impossible de ne pas la voir, parce que l'on considère toujours l'image en se représentant cette figure. Considérez la figure 14 et demandez-vous ce qu'elle représente. Vous direz : un oiseau

tourné vers la gauche. Mais dites-vous que c'est un lapin
tourné à droite et aussitôt vous direz comme Polonius : oui,
en effet, c'est un lapin. Et selon l'idée qu'on s'en fait, on peut
voir à son gré l'un ou l'autre. Mais les représentations ont
la même faculté de préparer la voie pour les choses purement intellectuelles. On comprend mieux une conférence
quand on en connaît le plan, c'est-à-dire que la conscience
des idées exprimées dans la conférence est facilitée par la

Fig. 14. — Image d'un animal à double aspect (d'après Thorndike).

présence d'autres idées qui en sont comme les images et
la préparation.

Il est encore particulièrement caractéristique pour l'attention, qu'elle est toujours accompagnée de divers mouvements involontaires, qui ont surtout un rapport de finalité
avec la forme exacte du fait à chaque moment donné. Ils
facilitent ou provoquent un accroissement de son énergie.
Pour des impressions sensibles les organes de transmission
sont plus accessibles à l'excitation extérieure, grâce à des
mouvements de fixation, des mouvements de la tête et
autres du même genre. Pendant que l'attention se porte
surtout sur des choses intellectuelles, on tourne les yeux
vers quelque chose d'indifférent, on pince les lèvres, sus-
pend les mouvements des extrémités, tous mouvements qui
écartent des impressions qui pourraient distraire. Mais non

seulement ces mouvements ont lieu, mais encore ils sont ressentis. Tandis qu'ils se produisent, ils deviennent conscients comme autant de tensions et d'activités et donnent à l'ensemble du phénomène une nuance spéciale. C'est elle précisément qui, de concert avec la conception populaire de l'âme, est l'origine de la fausse conception déjà citée de l'attention comme une activité de l'âme dirigée sur son propre contenu. Dans certains cas, cette conception semble toute naturelle. Lorsque, en effet, il se trouve dans la conscience des représentations qui non seulement en font prévoir objectivement d'autres devant venir plus tard, mais que l'on pense en même temps comme *prévisions*, c'est-à-dire comme images d'autres faits psychiques qui les réaliseront plus complètement ou d'une manière plus sensible, alors se trouvent réunis tous les éléments, qui, d'après ce que nous avons dit (p. 115), caractérisent la volonté. Le phénomène dans son ensemble forme alors ce qu'on appelle *l'attention volontaire*. Cette attention peut aisément passer pour le résultat d'une intervention d'une âme indépendante dans sa propre vie intérieure. Mais, en réalité, il n'y a là qu'un enrichissement de l'attention spontanée par des représentations qui permettent de prévoir. Les deux aspects de l'attention ont entre eux le même rapport que l'instinct et la volonté : *l'attention volontaire est l'attention spontanée devenue prévoyante*. En règle générale, d'ailleurs, les deux se suivent immédiatement. Une impression devenue consciente sans représentations préparatoires évoque aussitôt des représentations des conséquences probables et, lorsque celles-ci arrivent, le phénomène total se complète et devient de l'attention volontaire. A la vue d'un éclair, par exemple, on pense avec vivacité et tension, c'est-à-dire de nombreux muscles étant contractés, au tonnerre qu'on se représente comme devant bientôt venir.

D'ailleurs la mise en un vif relief d'un certain contenu de

la conscience, ou d'une classe de contenus de même genre
ne se prolonge jamais très longtemps. Même lorsque les
causes qui favorisent cette mise en relief continuent à agir,
elles perdent bientôt de leur force ; d'autres impressions
se poussent au premier plan, et les représentations refou-
lées par elles peuvent tout au plus reprendre de la valeur
peu de temps après. C'est surtout chez les enfants que cette
fatigue rapide de l'attention pour chaque espèce déterminée
d'occupation est caractéristique. De là vient même une des
grosses difficultés de l'enseignement. Des invitations répétées à se recueillir, et à ne pas songer à autre chose ont
quelque efficacité, car elles évoquent des représentations
générales du sujet en question, et lui sont donc favorables.
Mais elles n'ont qu'une action passagère, car cette représentation même de ne pas songer à autre chose ne peut pas
durer longtemps. Il est donc plus pratique de tenir compte,
dans la mesure du possible, de cette particularité de l'attention, et de veiller à un changement dans les représentations
évoquées et surtout à tenir l'intérêt en éveil.

Dans tous les faits en dehors de l'organisme, il n'existe
rien de semblable au phénomène de l'attention, comme nous
l'avons dit. Mais, si notre conception générale des rapports
de l'âme et du corps est juste, un phénomène analogue doit
exister dans la vie nerveuse. C'est ce qui se produit, en effet.
Lorsque plusieurs excitants agissent à la fois sur les centres
subcorticaux, ils ne provoquent pas simplement la somme
des mouvements réflexes que chacun d'eux occasionne-
rait pris isolément, mais tantôt plus, tantôt moins selon les
circonstances. Ou bien les deux excitants se nuisent et
contrecarrent leur effet respectif (*arrêt des réflexes*) : lorsque
l'un provoquerait par exemple un cri, et l'autre un mouvement des jambes, il ne se produit rien du tout. Ou bien ils
se soutiennent et se renforcent réciproquement (*facilitation
des réflexes*) : chacun pris isolément reste sans effet à cause
de son intensité trop faible, mais tous deux provoquent une
contraction musculaire. Les deux phénomènes ont une res-

semblance frappante avec deux traits caractéristiques de l'attention : d'une part avec le tort réciproque que se font plusieurs causes de sensations ou représentations agissant à la fois ; d'autre part, avec ce fait que des représentations qui prévoient ou viennent s'ajouter de quelque manière rendent l'âme plus accessible aux impressions. Peut-être éprouvons-nous de façon médiate dans le phénomène de l'attention le phénomène intellectuel correspondant à ces processus, d'arrêt ou de facilitation à *l'intérieur de l'écorce du cerveau*, tels que nous pouvons les observer grâce à nos organes sensibles dans les centres subcorticaux.

§ 10. — LA MÉMOIRE

La mémoire est un phénomène de discrimination et de limitation. L'âme se ferme à la trop grande quantité d'appels qu'elle reçoit et n'en écoute que quelques-uns, qui se trouvent dans un rapport donné avec ses fins momentanées. Mais, pour compléter heureusement cette première loi, elle est dominée par une seconde : elle dépasse en même temps ce qui est réclamé d'elle par les causes extérieures et fournit dans certains cas beaucoup plus qu'on ne lui demande directement. En effet, lorsque quelque chose réussit à devenir conscient en elle, et *a déjà existé pour elle sous une forme pareille ou analogue, elle le complète et l'enrichit alors par les représentations de ce qui autrefois accompagnait ou suivait ce quelque chose*, sans que d'ailleurs les causes primitives qui provoquaient cet accompagnement aient besoin de se reproduire. En entendant les premiers mots d'une poésie que j'ai lue souvent, je continue par la pensée, même si je n'entends pas la suite. En voyant le ciel se couvrir et les arbres ployer sous la violence du vent, je sais qu'un orage va éclater. En sentant l'odeur du phénol ou de l'iodoforme, je cherche qui porte un pansement. Partout les données immédiates sont complétées et élargies grâce aux expériences passées. L'âme rétablit — du moins par les représentations — les vastes groupements et les grands ensembles vus, dans lesquels elle a connu autrefois ce qui pour l'instant n'est évoqué en elle que d'une façon incomplète ou fragmentaire.

On appelle *mémoire* cette faculté générale, et *reproduction* ou *association* sa manifestation au dehors. L'importance énorme en apparaît aussitôt. La nature se répète. Ce qui déjà une fois a accompagné ou suivi certaines circonstances, reparaît aussi lorsque ces circonstances ou d'autres analogues se reproduisent. Non pas sans exception, mais dans la majorité des cas. En reproduisant ce qui a déjà existé, l'âme possède ainsi déjà la connaissance de ce qui existe objectivement avant que cela ait même agi directement sur elle. Elle devient indépendante d'un espace et d'un moment donnés. Elle devine ce qui est caché avant qu'il soit devenu visible ou tangible, et le futur avant qu'il soit devenu réalité. Elle peut ainsi adapter ses réactions à ce qui est éloigné dans le temps et l'espace, et user dans la lutte avec les choses de précaution et de prévoyance.

Indiquons encore un cas particulier mais fréquent de reproduction. De même que les choses ne sont pas absolument différentes dans leur succession, mais se répètent, de même elles ne le sont pas entièrement dans leur existence simultanée, mais ont de nombreuses ressemblances entre elles. Cette ressemblance consiste souvent en ceci que deux choses ont souvent des éléments communs, mais diffèrent totalement en ce qui concerne d'autres. Telle est, par exemple, la ressemblance entre deux rimes, ou entre une photographie et un portrait à l'huile, ou entre les deux images et leur original. Or, lorsque l'âme a conscience d'un objet comprenant les éléments $a\,b\,c\,d$, mais a connu par des expériences antérieures un objet semblable $c\,d\,e\,f$, il se peut très bien que, par l'intermédiaire des traits communs *c d*, elle passe des particularités *a b* du premier aux particularités *e f* du second et se représente par conséquent cet objet. En vertu de la même loi qui provoque la reproduction de choses qui furent rapprochées dans le temps, et le furent par conséquent de manière toute extérieure, la pensée peut dans certains cas passer à ce qui est semblable, c'est-à-dire ce qui est *objectivement apparenté*.

Il en résulte naturellement pour l'âme qui possède une expérience assez étendue un grand nombre de possibilités de reproduction, à l'occasion de chaque événement qui la touche. Les livres qui sont là, à la portée de ma main, une maison de campagne à demi enfouie sous les arbres, que j'aperçois par ma fenêtre là-bas sur la colline, presque tout ce que je perçois précisément en ce moment, tout cela, je l'ai déjà aperçu maintes et maintes fois, mais dans d'autres connexions dans le temps. Et tout cela a des rapports de ressemblance avec des choses les plus diverses. En soi d'innombrables représentations pourraient donc venir maintenant compléter et étendre ce que je perçois consciemment en ce moment. Il n'est pas nécessaire d'expliquer pourquoi cela n'a pas lieu. C'est une conséquence de la loi qui vient de nous occuper, la loi des limites étroites de la conscience. Nous avons déjà vu en partie aussi ce qui détermine régulièrement le choix des représentations qui parviennent réellement à la conscience dans la quantité des représentations possibles.

Tout d'abord ce sont les événements accompagnés d'un sentiment fort, dont la reproduction a lieu le plus facilement. Un brillant succès, et aussi une offense grave ne s'oublient pas aisément. Ils sont, pour ainsi dire, toujours aux aguets pour reparaître dans la conscience à la moindre occasion. En même temps le sentiment de plaisir est prépondérant, plus encore que pour l'attention. Dans la mesure où la pensée a le choix, elle préfère de beaucoup, dans la reproduction d'expériences antérieures, les agréables et refoule les désagréables. L'âme ne néglige pas les désagréables tant qu'elles sont présentes, qui lui signalent, d'ailleurs, objectivement, mais sans qu'elle le sache nécessairement, un danger. Mais une fois qu'elles sont surmontées et passées, l'âme a une tendance à les tenir éloignées d'elle-même. Là-dessus reposent des phénomènes bien connus et importants : le pouvoir apaisant et calmant du temps, l'avenir qu'on se peint toujours d'après les expériences agréables et non d'après les expériences pénibles et tristes ; l'idée du « bon vieux temps » que se font, chacune à son tour, les nouvelles générations, à mesure qu'elles vieillissent.

Ensuite l'état général momentané de la conscience est capital pour la direction que prennent les représentations. Toutes choses étant égales d'ailleurs, la représentation qui devient le plus facilement consciente est celle qui a le plus de points de contact avec l'ensemble des impressions actuellement ressenties et cadre le mieux avec l'état général. Le même livre éveille en moi des impressions différentes selon qu'il est sur ma table ou à la devanture du libraire. Dans l'obscurité ou pendant le rêve, la même idée est poursuivie autrement qu'à la lumière ou à l'état de veille. Si dans une conversation on jette subitement un mot ou une citation en une langue étrangère, souvent même les personnes qui connaissent cette langue ne les comprennent pas. Les sons étrangers ne sont pas suffisamment préparés par ce qu'on dit, et ne peuvent évoquer tout de suite les représentations de sens qui jadis les accompagnèrent très souvent. Mais, si on répète la citation, elle provoque aisément une réponse en langue étrangère, ou bien toute la conversation se poursuit dans cette langue.

Outre ces deux facteurs, il en est d'autres qui sont

importants pour la forme concrète que revêtent les lois
générales de l'association. Concurremment avec les deux
précédents, et concourant entre eux-mêmes, ils déterminent à chaque moment le cours effectif des représentations.
Au cours de ces dernières années on s'est efforcé souvent
et avec succès d'apprendre expérimentalement à connaître
l'étendue exacte de leur efficacité. On a employé diverses
méthodes tirées de l'examen et de la transformation congruente des diverses manières dont s'effectue la reproduction dans la vie quotidienne et à l'école. On utilise, par
exemple, la reproduction spontanée à la manière d'une inspiration, pour évoquer en lançant un mot ou en montrant
une image certaines représentations. Et l'on tâche de déterminer de quelle espèce elles sont, selon la diversité des
impressions reçues, la nature de leur action, ou la diversité
des personnes sur qui on expérimente, et combien de
temps s'écoule dans chaque cas jusqu'à leur apparition.
On utilise la reproduction volontaire, telle qu'elle s'effectue
à l'école pendant que les élèves répètent les paroles du
professeur ou pendant qu'on dicte, en montrant des images,
en disant des mots, des syllabes, des nombres, et en demandant d'indiquer ou d'écrire immédiatement après ce qu'on
en a retenu. Chaque fois, la quantité de ce qui a été retenu,
le nombre et la nature des fautes permettent de tirer des
conclusions variées. Ou bien on fait apprendre des passages assez longs par une répétition fréquente jusqu'à ce
qu'on les possède parfaitement (*procédé d'acquisition par
répétition*), et on examine quelle est la quantité de travail
nécessaire dans diverses conditions, et quel autre travail
il faut pour reproduire cela à des moments de plus en plus
éloignés. Enfin l'étude des vocables et des nombres a fourni
le principe d'un autre procédé (*méthode des coïncidences*),
celui de l'étude de données dont les éléments vont par paire,
et dont on reproduit plus tard un élément dès que l'autre

est énoncé. Grâce à de tels procédés, on a établi de façon sûre et définitive ce que des expériences antérieures mais peu concluantes avaient fait connaître, et découvert aussi quelques faits nouveaux. Voici quelques-uns de ces faits :

Toutes choses égales d'ailleurs, ce que l'on reproduit avec le plus de facilité, c'est ce qui a occupé la conscience le plus récemment. Dans les premiers moments qui suivent la représentation ou l'acquisition d'une chose donnée, elles reparaissent à la moindre occasion dans la conscience, sinon dans leur totalité, lorsqu'elles sont d'une certaine ampleur, du moins par morceaux et fragments assez importants pour qu'elles semblent y demeurer constamment (*persévération*). Ensuite la faculté de reproduction s'affaiblit rapidement. Puis cet affaiblissement ne continue plus qu'avec une lenteur surprenante. Même plus de vingt ans après je pouvais signaler les vestiges certains d'une poésie que j'avais apprise une fois. Donc rien ne se perd facilement pour l'âme, même si bientôt on ne peut plus le reproduire à volonté.

Le moyen le plus efficace pour assurer la reproduction est, abstraction faite de la concentration de l'attention, la répétition fréquente. Des recherches nombreuses ont été faites à ce sujet et ont donné deux résultats importants. L'un confirme et justifie un procédé employé de tout temps par l'enseignement. Pour faire acquérir et retenir des connaissances, il n'est pas avantageux de vouloir y parvenir de force en faisant faire des revisions générales du tout. Il vaut beaucoup mieux répartir les revisions en petites quantités sur un plus long laps de temps, revenir toujours et toujours sur le même sujet, en ne faisant à chaque occasion que quelques revisions, et le ramener toujours devant l'esprit. Des répétitions constantes sont, par conséquent indispensables pour posséder un sujet de façon durable. *Une étude plus rapide, même si elle est infini-*

ment plus intime, ne saurait les remplacer. L'autre résultat est tout à fait contraire à la pratique instinctive. Lorsqu'on étudie un morceau d'une seule pièce, par exemple une poésie, un monologue, qu'il faudra ensuite reproduire dans l'ordre de l'original, il est désavantageux de le couper en parties, strophes, demi-strophes, phrases isolées, et de les refondre ensuite en un tout. On gagnera du temps si l'on présente à l'âme l'ensemble du commencement à la fin sans faire de coupures, que l'on ne désire pas avoir dans la reproduction.

On a fait récemment une application intéressante de la première méthode citée plus haut, relative à l'utilisation de la reproduction spontanée. On a essayé de pénétrer grâce à elle dans la vie intime d'une certaine âme individuelle, et de mettre à nu des représentations ou des particularités de la vie représentative, qui se révèlent difficilement à l'observation directe ou que l'individu cache à dessein (*diagnostique de l'association*). On demande au sujet de répondre aussi vite que possible à un grand nombre de mots qu'on lui lance. En majorité, ces mots sont indifférents, mais quelques-uns, répartis ici et là, ont des rapports avec le complexus des représentations ou la particularité que l'on suppose en lui. Si les représentations cachées sont de grande importance pour le sujet examiné, leur présence se révèle d'une manière ou d'une autre, même contre sa volonté, dans les réponses qu'il fait. Ou bien, les représentations supposées sont comme attirées directement par les mots répétés qu'on lui lance. Ou bien lorsqu'il se rebelle et s'efforce de refouler la réaction qui tend de plus en plus à se manifester et à le remplacer par une autre insignifiante, il lui faut un certain temps. Il diffère donc sa réponse de façon visible, souvent même pendant les réactions suivantes. Ou bien encore, il est troublé par cette recherche d'une réponse insignifiante qui doit être très brève, et il fait alors des réponses dénuées de sens.

On a naturellement remarqué de tout temps, que les différents individus sont doués de mémoire à des degrés tout à fait différents. Mais, là encore, ce sont les recherches récentes qui seules ont fourni quelques éclaircissements sur les différences et — en partie du moins — sur leur raison profonde. C'est ici que se placent les *différents types de mémoire et de connaissance*. Les différentes espèces de sensations, comme les sons, les couleurs, etc., ont pour la vie représentative des divers individus souvent une importance très diverse. Les uns (*type visuel*), donnent nettement le pas aux sensations visuelles. Ils reproduisent avec aisance et vivacité les formes et les couleurs, voient d'une manière semi-sensible ce qui est seulement pensé, peuvent le poursuivre à droite et à gauche, en haut et en bas, et le distinguent clairement. Chez d'autres (*type auditif*), les sensations auditives jouent ce rôle prépondérant. Chez d'autres encore (*type moteur*), ce sont les représentations provenant surtout des organes vocaux. Les extrêmes dans l'une ou l'autre catégorie sont rares. Sans doute c'est en cela que consistent les dons des grands peintres et des grands musiciens. En général, il ne s'agit que d'une certaine prédominance de l'une ou l'autre catégorie. De plus, l'attitude d'un individu vis-à-vis des représentations d'objets extérieurs est de nouveau différente de celle qu'il a vis-à-vis des mots de la langue, que l'on peut, en effet, se représenter comme vus, entendus, ou articulés par les organes vocaux. Naturellement, ces différences individuelles entraînent de nombreuses différences dans les manifestations de la mémoire. Le visuel nettement caractérisé peut jouer aux échecs les yeux fermés, dire, après quelque réflexion, un groupe de nombres appris par cœur, à rebours ou dans un autre ordre, toutes choses qui sont autant de mystères pour l'auditif. Celui-là confond facilement en les reproduisant des éléments d'apparence semblable, celui-ci des éléments de consonnance semblable, ou placés au même endroit dans une mesure. Pour l'auditif, ou le « moteur », il est extrêmement utile de prononcer à haute voix ou à mi-voix ce qu'il veut apprendre, le visuel en a moins besoin, etc.

§ 11. — L'HABITUDE

Par ce mot on désigne non un phénomène unique, mais une pluralité de phénomènes, dont le caractère commun est le suivant : *ils apparaissent toutes les fois qu'il y a répétition des mêmes activités psychiques,* que les répétitions aient lieu immédiatement ou à des intervalles de moyenne grandeur. Ces phénomènes sont en grande partie les conséquences de la faculté déjà étudiée qu'a l'âme de choisir parmi les représentations et de les compléter. Mais en partie seulement. Cette double faculté à elle seule ne suffit pas à les expliquer et il faut les considérer comme des résultats d'une dernière loi particulière. Mais nous faisons abstraction ici de cette différence entre ce qui est original et dérivable, et nous n'étudierons que trois points.

Lorsque l'acte que l'âme doit accomplir se répète fréquemment, quelle qu'en soit la nature, elle le fait — et c'est là le premier point — avec une perfection toujours plus grande. Cette perfection se manifeste de différentes manières, selon les aspects que l'on peut discerner dans les facultés de l'âme qui sont mises en jeu. Dans la mesure où ce qui l'occupe dépend des effets, des excitations extérieures, c'est-à-dire dans le domaine des sensations, le perfectionnement consiste en un *affinement*. L'œil, l'oreille, la langue, perçoivent des excitations plus faibles, et en particulier ils perçoivent et apprécient plus exactement des *différences* plus petites de couleurs, sons, poids, mouvements, étendues, etc., lorsque les excitations objectives se produisent plus souvent que lorsqu'elles se produisent plus rarement. Lorsque l'activité de l'âme doit s'exercer dans le temps, les répétitions produisent une *accélération*. Le même nombre de détails perceptibles est saisi plus vite; le même nombre d'éléments se grave dans la mémoire ou est reproduit en moins de temps; on lit, pense, exécute certains mouvements. D'un troisième point de vue, lorsque l'activité de l'âme doit avoir une certaine étendue, il se produit un *élargissement* : lorsqu'on observe plusieurs fois les mêmes objets, on perçoit plus de détails; dans un ensemble on saisit plus d'objets à la fois; lorsqu'on répète les mêmes actes, on peut faire face à un plus grand nombre de circonstances. Ajoutons encore le fait qu'on peut soutenir plus longtemps qu'au début une même action lorsqu'on la répète souvent. Enfin, dans la mesure où le travail fourni a un but déterminé, on le fait d'une manière toujours *plus économique et plus correcte,* c'est-à-dire qu'on atteint son but avec une dépense de force toujours moindre, en évitant mieux les efforts accessoires inutiles, les mouvements concomitants, en commettant toujours moins de fautes et d'erreurs.

A cela s'ajoute une deuxième particularité. Les opérations répétées souvent, l'âme les accomplit toujours plus aisément, plus vite et mieux. Mais cela ne veut pas dire que dans toutes leurs parties elles soient plus conscientes. Ce n'est vrai que lorsque certaines causes spéciales interviennent, comme des représentations de prévision, ou un intérêt extraordinaire. Si ces conditions particulières font défaut, *tout ce qui se répète court au contraire le risque de passer inaperçu et de rester inconscient.* Plus les causes objectives ont agi fréquemment, plus la conscience en est déchargée. Des bruits persistants ou revenant régu-

lièrement, comme le tic-tac d'une horloge, le bruit de la
rue, d'un torrent, on finit par ne plus les entendre, bien
qu'il suffise d'y penser pour qu'ils puissent redevenir conscients avec toute leur force sensible. On apprend à lire,
écrire, jouer du piano, et autres exercices, lentement et
avec une conscience claire de chaque mouvement, et de
chaque impression produite. Avec le temps, après des
milliers de répétitions, on atteint une grande rapidité, mais
par cela et sans doute pour cela, la conscience claire des
lettres, chiffres et notes, disparaît entièrement.

Et cependant — et c'est la troisième particularité —,
les effets des intermédiaires conscients ou à peine conscients ne sont pas perdus. Mais en particulier, *les effets qui
se traduisent par des mouvements extérieurs*, les conséquences objectives des réactions de l'âme pour la série
souvent répétée des impressions sont entièrement conservées. Quand on lit vite, joue bien du piano, on n'a plus
une conscience claire des lettres et des notes ; mais les
mouvements des organes de la parole ou des doigts, qui
autrefois étaient étroitement reliés à ces signes lorsque
ceux-ci étaient conscients, se produisent toujours. De
même, pour toutes les séries de mouvements apprises lentement et répétées souvent, comme tricoter et coudre, nager
et monter à cheval, danser et patiner. L'énergie psychologique consciente que ces mouvements exigeaient se réduit
peu à peu à quelques restes insignifiants ; mais les mouvements eux-mêmes restent ; ils sont devenus *automa-
tiques*.

Dans les phénomènes de l'habitude nous avons donc un
perfectionnement admirable de l'adaptation de l'âme au
milieu, dans lequel elle lutte pour sa propre conservation.
Par les lois de l'association et de la reproduction, elle
s'adapte aux phénomènes qui reviennent souvent, en prévoyant leur complication et leur cours, avant même qu'ils

soient devenus une réalité sensible pour elle. Dans l'habitude elle va encore plus loin en s'adaptant aux phénomènes particulièrement fréquents, et en somme les plus importants par là-même. Elle les saisit d'une manière particulièrement délicate, vive et complète, et leur répond par les réactions éprouvées souvent comme les plus adéquates et qui actuellement s'effectuent au plus vite. En même temps elle n'a pas besoin de faire un usage considérable de la force toujours limitée dont elle dispose. Donc, sans négliger ce qui est quotidien et partant important, elle conserve presque toute son énergie, pour se consacrer à ce qui est neuf, différent et surprenant.

§ 12. — LA FATIGUE

Le phénomène de la fatigue se présente dans les mêmes conditions que l'habitude : lorsqu'une des *opérations de l'âme est répétée un grand nombre de fois immédiatement l'une après l'autre*. Mais il se manifeste d'une manière exactement contraire. L'âme ne fait pas mieux, mais au contraire plus mal ce qu'elle fait. La sensibilité aux excitations extérieures et à leurs différences s'émousse; l'attention ne peut plus être concentrée avec autant d'énergie, et a moins d'étendue; il devient plus difficile d'exprimer de nouvelles représentations dans la mémoire; la reproduction de ce qui a été appris, lorsque l'on calcule, lit ou réfléchit, devient lente et défectueuse. De même pour le cours des mouvements et actions, par lesquels les réactions de l'âme se manifestent au dehors; ils deviennent plus lents, moins abondants, plus maladroits, et dans certains cas cessent tout à fait.

La fatigue est évidemment pour l'âme une mesure de précaution et de défense. Lorsqu'elle est occupée trop longtemps et trop fortement par une espèce particulière d'opérations, cela lui fait tort. Elle ne peut plus répondre aux exigences et s'y soustrait. Mais, étant donnée la continuité dans les fonctions organiques, elle ne pourrait se défendre contre l'excès, si elle ne s'y prenait dès le début. Aussi les premières traces de fatigue se montrent-elles peu après le commencement d'une opération intellectuelle souvent répétée. Et cela d'abord sous forme de ralentissement des progrès que l'habitude fait faire. De là vient ce phénomène surprenant que, si l'on reprend un exercice après une longue interruption, on le fait mieux qu'à la fin de la première période d'entrainement. L'entrainement acquis à ce moment persiste, quoique légèrement diminué ; mais la fatigue qui auparavant en contrecarrait les effets a disparu, et on pourrait croire que l'aptitude à l'exercice a progressé pendant la période de non-entrainement.

Cette grande importance pratique de la fatigue, en raison de sa connexion avec un endommagement de la vie psychique ou de l'organisme, a conduit à faire de nombreuses recherches à ce sujet pendant ces dernières années. La fatigue en particulier que cause l'enseignement a beaucoup occupé les esprits. Mais on n'a pu obtenir que peu de résultats à cause de la grande complexité de la question et de la difficulté à trouver des méthodes d'enquête appropriées. On a souvent essayé de pénétrer, pour ainsi dire, du dehors dans l'âme. On a essayé de déterminer la fatigue intellectuelle par la grandeur, par exemple, ou la rapidité de la fatigue musculaire, telle qu'elle se produit lorsqu'on soulève un poids plusieurs fois de suite ; ou encore de la mesurer par la diminution de valeur d'une certaine sensibilité, comme la faculté de percevoir encore séparément les deux pointes d'un compas placées sur la peau à un petit intervalle l'une de l'autre. Toutefois un rapport entre ces phénomènes et la fatigue intellectuelle générale, s'il est vraisemblable, n'en est pas moins contesté. La nature et la mesure de la dépendance, sont, en particulier, tout à fait inconnues. Dans d'autres expériences très employées — telles que additionner des nombres de plusieurs chiffres, additionner sans s'arrêter des chiffres séparés, écrire sous la dictée, reproduire des paroles prononcées — l'esprit n'est occupé que d'une façon unilatérale et simple, si bien qu'il ne semble pas possible ici non plus de tirer des conclusions pour la fatigue intellectuelle générale.

En outre, le perfectionnement produit au début par l'habitude est une source d'erreur. D'autre part, pour des travaux intellectuels plus difficiles, comme lorsqu'on traduit, résout des problèmes de mathématique, complète les mots laissés en blanc dans un texte, il n'est pas facile de donner un grand nombre de tâches de difficulté égale et par conséquent de comparer des résultats obtenus dans des conditions différentes. A cela s'ajoute enfin une difficulté commune à toutes les méthodes imaginables. Lorsqu'une fatigue intellectuelle existe à coup sûr d'une manière ou d'une autre, il nous manque toujours la possibilité de décider, si et quand il faut la considérer comme nuisible. Il est hors de doute que ce n'est pas le cas pour une fatigue légère, sans quoi la plupart des hommes auraient perdu tout esprit. A en juger par la fatigue physique que causent, par exemple, la marche, l'exercice ou l'escrime, il se peut qu'une fatigue plus forte ne soit pas nuisible toujours et pour tous les individus. Au contraire, elle se concilie très bien, pourvu qu'un repos suffisant lui succède, avec un accroissement des forces. Mais pour l'instant on ne saurait dire jusqu'où il est possible d'aller sans excès.

Donc les recherches faites jusqu'ici ne permettent pas de porter un jugement définitif sur la grandeur et le danger de la fatigue intellectuelle dans l'enseignement. Mais dans la mesure où l'on peut s'en fier à l'impression générale qu'on peut tirer de ces recherches, il est exagéré de porler de torts graves causés par l'enseignement actuel, tant qu'il s'agit naturellement d'élèves qui ne sont pas intellectuellement très inférieurs à la normale.

C. — Les effets extérieurs des faits psychiques.

§ 13. — SENSATIONS ET MOUVEMENTS

Les phénomènes du monde extérieur fournissent à l'âme qu'ils atteignent, l'occasion de former les impressions les plus variées. Puis, selon ses intérêts et ses expériences, elle les choisit, les enrichit et les concentre. Mais chaque fois, il se produit encore quelque chose de plus. Les actions exercées par le monde extérieur, et reçues par l'organisme matériel se répercutent de nouveau au dehors. Elles aboutissent toujours aux mouvements les plus divers des organes du corps, mouvements que nous pouvons, négligeant l'enchaînement profond des choses (page 60), considérer ici selon la conception populaire comme des réactions extérieures de l'âme. Cette relation est souvent obscurcie dans les complications d'une vie psychologique développée. On s'abandonne passivement, ou comme en rêve à certaines impressions, ou bien on s'attache à conserver en face des circonstances les plus émouvantes un calme digne ou une sérénité stoïque. Mais originairement cette relation existe. *A toute action du monde extérieur sur elle, l'âme répond par des mouvements divers.* Mouvements des organes des sens, des bras et des jambes, de la tête, des organes de la parole, mouvements des organes internes comme le cœur et les vaisseaux sanguins, les poumons, etc. Nous ne comprenons pas encore clairement beaucoup de ces réactions, en particulier celles que l'on appelle *mouvements d'expression*, comme les changements dans la circulation du sang et la respiration, les mouvements du rire, des larmes, du tremblement. Mais, dans les mouvements qui agissent directement sur le monde extérieur ou modifient la relation momentanée de l'organisme avec lui, nous pouvons distinguer très nettement un double caractère.

Les uns tendent *directement* à la conservation de l'organisme dans les circonstances données. Les excitations qui lui sont utiles dans son ensemble, ou à ses organes, c'est-à-dire celles qui éveillent des sentiments de plaisir, nous les retenons, ou les laissons agir longuement, ou le corps les absorbe directement (*mouvements d'absorption*), Par contre les excitations nuisibles ou destructrices qui éveillent en l'âme des sentiments de douleur, nous les repoussons et nous soustrayons le corps à leur action (*mouvements de répulsion ou de fuite*). Il est difficile de se limiter parmi les exemples innombrables qui se présentent. Lorsqu'un aliment est amené vers la racine de la langue, il descend dans l'estomac par une série de contractions musculaires en même temps que toutes les autres issues se ferment. Si un fragment pénètre par hasard « dans le gosier gauche », il est rejeté en toussant. Si l'on caresse la paume de la main d'un tout jeune enfant, la main se ferme et retient le doigt qui caresse ; si l'on gratte, elle se retire vivement. Un enfant absorbe, pour ainsi dire, en lui une lumière douce et paisible, la fixe et la suit des yeux et de la tête ; il détourne les yeux si elle est trop intense ou vacillante. Il tourne et retourne du bout de la langue et baigne de salive, tout en allongeant les lèvres, le morceau de sucre qui est agréable et un élément nécessaire de la nourriture jusqu'à ce qu'il soit dissous et absorbé ; par contre, il rejette une racine amère en retirant les lèvres. Lorsqu'il a faim, il se retourne de tous les côtés en cherchant et crie jusqu'à ce que son besoin de nourriture soit satisfait ; lorsqu'il est rassasié, il reste immobile, et la digestion commençante n'est pas troublée par un afflux du sang en un autre endroit, etc.

A côté de cela, il existe une seconde classe de réactions spontanées. Lorsqu'un chat aperçoit une souris, il l'attrape et la dévore. Cela est utile à sa conservation. Mais en règle générale il la laisse auparavant encore courir quelques fois, l'attrape de nouveau, bien qu'il courre un certain risque de la laisser s'échapper. Lorsqu'il aperçoit une pelote de fil, il l'attrape et la relâche tout comme une souris, bien qu'il soit aussitôt parfaitement sûr qu'il ne peut la manger. Un chien ronge un os qu'on lui jette ; cela sert à le nourrir. Mais il ronge aussi des pieds de table et des bordures de tapis, d'où il ne tire aucune nourriture. Il poursuit instinctivement le lièvre qui s'enfuit et d'autres animaux qui peuvent devenir sa proie ; mais il poursuit avec autant d'ardeur d'autres chiens, une voiture qui passe, un cavalier, etc., dont il ne peut vraiment faire sa proie. Il en va de même pour l'homme. Outre les réactions nécessaires à la lutte ou à sa conservation, comme celles dont il a été question, il répond *spontanément* et *immédiatement* à un grand nombre d'impressions qu'il reçoit, par des mouvements auxquels l'on ne saurait attribuer une *valeur immédiate* pour sa conservation. Il trépigne et frétille, déchire et ajuste, manie les choses et fait marcher ses membres, se chamaille avec d'autres, etc. L'homme et les animaux ne se contentent pas de lutter avec les choses, mais ils *jouent* aussi avec elles. Ce qui est réalisé dans ces jeux et leur donne un sens, c'est *l'emploi des organes et de leurs forces, la formation, l'exercice et la conservation des facultés dont ils sont doués.* Et tout comme dans les mouvements de conservation, apparaît ici le même phénomène psychologique pour accompagner cette activité ou lui servir de but ; on recherche le plaisir et fuit la douleur. User fréquemment ses forces et atteindre un but même pour jouer est extrêmement agréable ; l'inactivité, le repos et l'engourdissement sont pénibles et insupportables.

Le jeu a donc une première utilité immédiate pour l'organisme. Il en a indirectement une seconde. Les forces et facultés mises en mouvement dans le jeu ne sont naturellement que celles qui jouent un rôle dans la lutte contre le monde extérieur. Tandis qu'elles sont mises ainsi en mouvement et exercées par là-même, celui qui joue devient en même temps plus apte à lutter pour sa conservation. L'animal qui en jouant apprend à guetter, poursuivre et attraper une proie fictive, acquiert de l'adresse, et perfectionne ainsi sa préparation à la lutte avec la proie réelle. Les mouvements de jeu, bien que différents des mouvements de conservation par leur caractère et par leur fin immédiate, peuvent donc être considérés comme des exercices préparatoires à ces derniers. Et biologiquement, ils tirent peut-être leur grande importance de ce fait, qu'un fort instinct de jeu représente un grand avantage dans la lutte pour la vie, et que les individus peu joueurs de nature succombent plus facilement.

La lutte et le jeu accompagnent les hommes et les animaux leur vie durant. Mais à des degrés différents. Un jeune animal et surtout un jeune enfant sont tout d'abord protégés et conservés par leurs parents. Ils ont donc moins d'occasion de faire eux-mêmes des mouvements de conservation, d'autant plus que leurs forces et leurs expériences sont encore loin de suffire pour mener à bien la lutte pour la conservation. D'autre part, ayant atteint leur maturité, le souci de la conservation exige la plus grande partie de leurs forces, si bien qu'ils ne disposent que rarement d'un excédent pour les mouvements de jeu. C'est pourquoi la jeunesse se consacre principalement au jeu et la vieillesse principalement à la conservation.

Les mouvements de conservation et de jeu sont, comme nous venons de le dire, des réactions spontanées de l'organisme, et existant dès le début de la vie. Naturellement beaucoup d'entre eux ne se manifestent que peu à peu, par adaptation à des circonstances particulières, et après que l'individu a acquis la parfaite maîtrise de ses organes moteurs. Mais, beaucoup d'entre eux existent dès le début sans qu'il soit nécessaire de les apprendre ou d'un intermédiaire. Ce sont les générations passées qui les ont acquis et formés. Actuellement ils sont un don inné à tout individu, qui lui rend possible de se comporter utilement dès le début à l'égard des excitations extérieures, et lui fournit en même temps la matière première de ses agissements postérieurs. Le substratum matériel, auquel ils sont attachés et avec lequel ils sont transmis, sont les centres subcorticaux (p. 39). Là, les excitations reçues du dehors sont acheminées selon leur emplacement, leur force, leurs combinaisons et grâce à certaines connexions innées des éléments nerveux, par des chemins déterminés jusqu'au cerveau, puis jusqu'aux muscles, et de cette façon les diverses excitations provoquent toujours les mêmes réactions. On désigne d'habitude ces mouvements du nom de *mouvements réflexes, mouvements instinctifs, instincts*, en raison de leur complication, de la rapidité de leur exécution, ou de leur ressemblance avec des mouvements utiles conscients. Mais l'essence des phénomènes reste la même : ce sont des réactions des organes moteurs immédiatement conséquentes aux excitations extérieures et directement ou indirectement utiles à la conservation de l'organisme.

§ 14. — Représentations et mouvements

La conscience ne participe aucunement, pas plus que son organe le cerveau, à ces réactions purement réflexes du corps. Pour la vie psychologique consciente, elles sont, dans la mesure où elles sont spontanées, quelque chose d'étranger, qui se passe au dehors, pour ainsi dire, des faits du monde extérieur. Mais, dès qu'elles se produisent, elles entrent en relations avec elle et sont bientôt entraînées dans le jeu de son mécanisme.

Ces relations se forment en deux sens. L'une va, pour ainsi dire, vers l'âme. C'est la même relation qui existe entre elle et d'autres faits extérieurs : *lorsque l'un quelconque de ces mouvements se produit, il est perçu, en grande partie du moins ; ils n'ont pas de causes psychologiques mais des effets sur l'âme.* Ces mouvements sont vus, ou sentis par la peau, et surtout perçus par l'âme sous forme de sensations kinesthétiques (p. 71), c'est-à-dire d'impressions transmises par les articulations, les tendons et les muscles. Naturellement ces sensations kinesthétiques s'associent avec les autres sensations visuelles, acoustiques ou autres, produites au même moment dans l'âme. Et, lorsque dans la suite ces autres impressions reviennent, sans que le mouvement qui les accompagnait jadis se reproduise, le contenu kinesthétique conscient, qui leur correspond, est reproduit sous forme de représentation. Et cela est important pour la seconde relation qui part, pour ainsi dire, de l'âme, et représente la loi fondamentale de toute formation de mouvements par intermédiaires. *Les représentations kinesthétiques ont une tendance à provoquer de nouveau les mouvements mêmes auxquels elles doivent leur apparition ; la simple représentation de l'état d'âme au moment d'exécuter un mouvement donné, provoque, si elle a assez de vivacité, le mouvement lui-même.* L'audition d'un air de danse évoque les représentations kinesthétiques des mouvements cadencés de la danse, et ceux-ci se réalisent par un léger balancement du corps ou de la tête. Des idées pleines de vie cherchent à être exprimées ; on ressent souvent nettement la tendance des lèvres à se mouvoir, et, si l'on n'y prend volontairement garde, on prononce réellement les paroles. Même la représentation vive des mouvements d'un corps étranger a cette force de réalisation. Elle évoque d'abord la représentation des mouvements correspondants de son propre corps, et on les exécute : les nombreux mouvements du tronc et de la main, par lesquels des joueurs de billard ou de quilles bien échauffés indiquent la direction à leurs boules, le prouvent bien.

Cette intrusion dans la vie consciente de l'âme, et cette prévision par des représentations transforment parfois les réactions, purement réflexes à l'origine, en mouvements *voulus*.

Supposons qu'un enfant ait aperçu quelque chose de scintillant, de blanc, l'ait saisi, porté à la bouche de manière réflexe, comme font les enfants. Ce qu'il a saisi se trouve par hasard être un morceau de sucre, qui a une saveur délicieuse, et que l'enfant conserve et mange. Toutes les impressions qu'il aura reçues, l'aspect de l'objet, les mouvements des bras et de la main, le goût tout à fait agréable, les mouvements de succion, se trouvent maintenant si voisines dans le temps, qu'elles s'associent les unes aux autres, et cela avec d'autant plus de force que des expériences semblables ont lieu plus souvent. Dans la suite, à la vue du sucre, l'enfant prévoira par ses représentations le goût agréable, ainsi que les sensations, provenant des mouvements, du bras et de succion, qui s'y attachaient. Et ces représentations provoqueront des élans plus ou moins forts pour refaire ces mouvements. Le bras s'allongera, les lèvres et la langue feront des mouvements de succion, même si le sucre est placé de façon telle que l'enfant ne puisse l'atteindre, mais seulement le voir de loin. Mais alors, la conscience de l'enfant renferme tout ce qui, d'après ce que nous avons dit plus haut (p. 116), compose le vouloir : une sensation accompagnée d'un sentiment fort (la sensation visuelle du sucre), de nombreuses sensations de mouvement et de tension (provenant de l'agitation causée), et la représentation d'un résultat clôturant des phénomènes par un sentiment de plaisir. *L'enfant veut alors avoir le sucre.* Cela veut dire que les mouvements, qui jadis s'ajoutaient d'une façon purement extérieure à l'impression, et leurs effets passent maintenant d'abord par l'âme, sous forme de représentations tout au moins. Et leur réalisation objective résulte du mécanisme réflexe qui persiste, mais aussi de cette prévision psychologique.

Le fondement matériel de cet enchaînement étroit des mouvements avec les représentations kinesthétiques, acquises lors de leur propre exécution, c'est la structure du cerveau. Les endroits du cerveau qui sont rattachés dans les centres subcorticaux d'une manière centrifuge aux cellules initiales d'une combinaison de mouvements donnés, se trouvent en même temps étroitement rattachés aux points terminus des excitations kinesthétiques centripètes provenant de ce mouvement et gagnant l'écorce. Si donc, dans ces régions, un groupement de cellules attribué à un mouvement donné se trouve excité par l'intermédiaire des voies associatives, en notre âme est évoquée par association la représentation de notre état au moment où nous exécutons ce mouvement. Mais, matériellement, nous savons que l'excitation transmise aux éléments de l'écorce se répercute sur les cellules motrices des centres corticaux qui leur sont reliées, et le mouvement, qu'on voit en réprésentation ou que l'on veut, est exécuté réellement, dans la mesure où des obstacles ne viennent pas s'y opposer au même moment.

Mais la réciproque est également vraie. *Pour qu'un mouvement parte de l'âme, c'est-à-dire soit exécuté d'une manière consciente, il faut d'abord que les représentations kinesthétiques correspondantes soient évoquées, soient par conséquent reproduites en partant d'autres représentations.* On ne peut vouloir que ce que l'on a, dans ses éléments tout au moins, déjà exécuté, c'est-à-dire de façon réflexe, que ce que l'on a appris ainsi à connaître, et en même temps associé à d'autres impressions. Par contre, des mouvements dont on ne sait ce qu'ils vous font éprouver, et dont l'exécution n'a pas été régulièrement accompagnée d'autres sensations déterminéés, peuvent partir de l'âme, c'est-à-dire être exécutés volontairement et en vue d'un but donné. Les enfants ne possèdent physiquement une langue que dans la mesure où ils ont trouvé par hasard, c'est-à-dire pour des raisons physiologiques que nous ne connaissons pas, les sons qui s'y rencontrent. Comme cela se produit en général assez tard pour des sons comme *k*, *r*, *sch*, il faut souvent très longtemps, bien qu'on les leur fasse répéter, jusqu'à ce qu'ils sachent parler. En supposant toujours qu'ils ne soient pas sourds. Car alors les sensations kinesthétiques produites par l'émission réflexe des sons ne peuvent s'associer, ni, par conséquent, être reproduites. Plus d'une grande personne sait quels efforts inutiles on fait pour apprendre un son inconnu jusqu'alors, comme un *r* lingual au lieu d'un *r* uvulaire. Il faut qu'une déviation accidentelle lors de l'émission de sons analogues vous vienne en aide, et que l'on attrape ce son une fois par hasard. On le possède alors.

Pour les fins générales de l'âme, cette connexion et cette immixtion des réactions réflexes innées du corps dans les actes conscients de celle-ci, ou en d'autres termes dans le fonctionnement de l'écorce du cerveau, sont de la plus haute importance. Car, quelle que soit l'utilité des réflexes pour la conservation première du jeune organisme, celui-ci ne pourrait, réduit à cette seule aide, faire face à toutes les complications de la vie. Ils ont de nombreuses imperfections. Un mouvement réflexe ne se produit que comme réaction provoquée par une excitation actuellement présente et agissante sur l'organisme. Mais, des excitations d'une grande analogie, et auxquelles répondent par conséquent des réflexes semblables, ont des conséquences extrêmement différentes. Certains poisons ont fort bonne apparence et aussi bon goût que des substances salutaires ; un ennemi se dissimule et prend l'aspect et les manières bienveillantes d'un ami. L'acte réflexe ne peut suffisamment tenir compte de tout cela. Il répond tout d'abord à l'apparence trompeuse d'agrément et d'avantage. Lorsque, dans la suite, les conséquences funestes se manifestent, il se modifie et correspond à celles-ci. Mais, en règle générale, il arrive trop tard ; il n'*avait pas une prévision assez étendue*. Les réflexes sont, en outre, des actes définitifs une fois pour toutes, et agissant toujours de même manière. Cela représente un énorme avantage, surtout pour l'organisme jeune. S'il était obligé d'apprendre tout ce dont il a besoin pour la vie, il périrait aussitôt. Mais ces réflexes ne sont par là-même pas organisés en vue de tous les cas possibles, mais seulement en vue des plus fréquents ; car il est impossible de se préparer à une variété infinie. Ils ne se transforment pas non plus, ni ne se perfectionnent selon les incidents particuliers et les expériences de la vie de chaque individu. *Ils sont et restent bien plutôt des organisations rigides en vue de la moyenne des cas.* Ils sont adaptés aux circonstances générales de la vie de toute une classe d'êtres, mais ne sont pas appropriés à une conformation ou à une complication anormales de ces circonstances.

Mais il a été paré à ces défauts. Les excitations reçues du dehors par le système nerveux ne parviennent pas aux seuls centres subcorticaux ; elles rayonnent jusque dans l'écorce du cerveau. Là, selon les circonstances régulières ou particulièrement frappantes qui les accompagnent, et selon leurs conséquences, elles entrent dans de nouvelles combinaisons, et par conséquent d'autres combinaisons de mouvement leur répondent. Un exemple schématique montrera, au lieu de longues explications, comment cela est possible. Il explique le proverbe : « *Gebranntes Kind scheut's Feuer !* » (*litt.* : un enfant qui s'est brûlé craint le feu). Un enfant aperçoit une flamme, la saisit, se brûle et retire sa main. Tout d'abord ce sont les centres subcorticaux qui sont intéressés. L'excitation visuelle r_1 (fig. 15) provoque en eux, en passant par les points a et c dans les couches optiques et la moelle épinière, le mouvement pour saisir b_1.

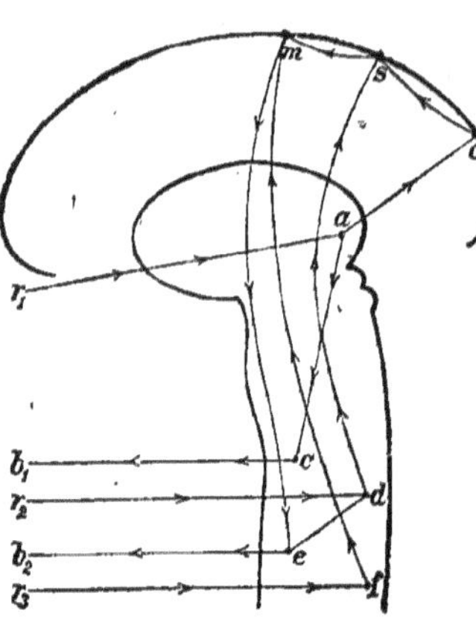

Fig. 15. — Explication schématique de la production des mouvements volontaires à l'aide des réflexes.

Tandis que celui-ci s'accomplit et s'accompagne d'une vive douleur, il agit comme seconde excitation r_2 sur la moelle épinière, qui en passant par d et e produit le mouvement réflexe b_2 du retrait de la main. Ce dernier, de concert avec le sentiment de satisfaction qui l'accompagne lorsque la douleur cesse, provoque une troisième excitation r_3, dont les conséquences possibles n'ont d'ailleurs pas d'intérêt pour l'instant. Mais ces excitations r, en même temps qu'elles provoquent dans les centres subcortiaux ces mouvements, envoient une partie de leur énergie vers l'écorce du cerveau, et mettent là en branle les points o, s, et m des centres optiques, sensibles et kinèsthético-moteurs. Ces ébranlements rayonnent l'un vers l'autre par les voies associatives qui réunissent les trois points. Finalement, grâce à l'enchaînement dont il vient d'être question (p. 146) ils sont dirigés sur e, c'est-à-dire sur le centre de la moelle épinière, d'où partent les nerfs qui commandent le mouvement de retrait que l'on ressent comme excitation r_3. Par suite la ligne $o\, s\, m\, e$ devient plus que d'autres une ligne bonne conductrice et attrayante. Et si, dans la suite, l'excitation visuelle de la flamme se reproduit, elle trouve en cette ligne un chemin qui n'était pas fait ainsi autrefois et qui maintenant détermine sa transmission. L'excitation qui bifurque en a va en partie vers c pour déclancher comme autrefois le mouvement réflexe de saisir b_1. L'autre partie va vers l'écorce du cerveau en o, puis va directement maintenant, c'est-à-dire sans attendre les ébranlements en e et m, comme jadis, jusqu'à e, en passant par ces deux points, et y provoque le réflexe du retrait, qui arrête le mouvement contraire de saisir encore en formation.

La réaction du système nerveux est devenue ainsi capable de prévision, grâce à la participation du cerveau, organe de la conscience. Elle ne se contente plus d'être une simple réponse à une excitation sensible agissant directement. Elle est capable, à la suite d'une première expérience frappante, de prévenir un dommage, qui n'est même pas encore devenu réalité. De la même manière, l'utilité rigide du mécanisme des réflexes à l'origine se perfectionne peu à peu. A la suite des expériences acquises, les réponses faites par l'intermédiaire de l'activité consciente de l'âme aux excitations extérieures du moment sont adaptées, avec une convenance toujours plus grande, à ce qui est éloigné dans l'espace et dans le temps, de même qu'aux circonstances qui sortent de la moyenne.

CHAPITRE III

LA VIE PSYCHIQUE COMPLEXE

A. — La vie représentative.

§ 15. — La perception

1° *Caractères généraux.* — A tous les instants de son existence, sauf durant le sommeil, l'âme reçoit une foule d'impressions extérieures. Les yeux et les oreilles, la peau et les autres sens sont constamment en activité, pour la tenir au courant des phénomènes du monde extérieur et des modifications à l'intérieur même du corps. Mais ce dont elle a vraiment la notion comme résultat des impressions reçues, diffère considérablement, en vertu des lois qui la régissent, de *la somme des sensations,* qui pourraient être produites par ces excitations extérieures en soi, c'est-à-dire de ce qui deviendrait conscient, si l'âme possédait uniquement une organisation sensible. Ce qui devient conscient est déterminé sans doute pour une bonne partie par des sensations semblables, mais aussi par l'ensemble des autres lois de l'âme et acquiert par là un caractère particulier. Par opposition à la sensation supposée isolée, appelons *perception* ce que l'âme éprouve réellement.

Quelle différence entre un journal tenu à l'endroit ou à l'envers ! Quelle différence dans un paysage quand on ne le regarde pas comme d'habitude, mais entre ses jambes !

Dans la contemplation à l'envers ce n'est plus qu'une multiplicité diffuse de détails incompréhensibles, de lignes, de figures et taches colorées. Dans l'autre cas, ce sont des choses déterminées et connues, judicieusement disposées en divers groupes, ou en un tout. Le premier spectacle est au total le résultat produit par la seule activité des sens, parce que l'ordre inaccoutumé des impressions empêche l'influence des lois de l'âme de se faire sentir. L'autre est ce qu'éprouve réellement l'âme cultivée dans des circonstances normales.

La différence entre les deux cas résulte du fonctionnement de l'attention, de la mémoire et de l'habitude.

Dans chaque *acte de perception, beaucoup moins* de choses deviennent conscientes qu'il ne serait possible en soi, étant données les excitations extérieures objectives agissant à un moment donné. Selon la valeur sentimentale des impressions, des expériences déjà faites par l'âme, et les idées qui l'occupent à ce moment, certains contenus sensibles se font valoir particulièrement aux dépens de beaucoup d'autres, dont les causes objectives existent également et affectent les organes des sens. Je ne perçois qu'une petite partie des choses qui à chaque instant se reflètent sur ma rétine, et dans ces choses quelques-unes seulement de leurs particularités. Et, si je perçois justement des choses visibles, celles qu'on ne peut qu'entendre et sentir et qui existent au même moment passent aisément inaperçues. Ce qui en particulier est important pour les fins de la vie quotidienne, ce qui intéresse pratiquement est très favorisé ; ce qui par contre est pratiquement sans importance est négligé. Les différentes nuances d'un vêtement qui forme des plis sont en général peu remarquées. Avoir conscience que le vêtement est d'une seule étoffe a pratiquement plus d'importance, et c'est ce qui l'emporte. Bien des faits, tout à fait quotidiens, comme les images négatives, les sons supérieurs, les différences entre les notes, restent inconnus à la plupart des hommes toute leur vie en raison de leur peu d'importance pratique.

En échange, la perception contient *beaucoup plus* qu'il ne serait possible par l'action des seules excitations extérieures. L'âme enrichit et entrelace les impressions purement sensibles qu'elle reçoit, de nombreuses représentations qu'elle doit à ses expériences antérieures. Ce que, dans des circonstances semblables aux actuelles, elle a éprouvé régulièrement ou très souvent, elle s'en sert pour interpréter ou compléter les données des sens. Et cela avec d'autant plus de vivacité et moins de difficulté que ces expériences ont été plus fréquentes. C'est ainsi que nous voyons tout de suite comment saisir les objets ou quel est leur goût, s'ils sont chauds ou froids, rudes ou polis, lourds ou légers, bien que les yeux sensibles ne nous l'apprennent en aucune façon. Au total, toute connaissance des choses, de leurs qualités et de leur nom, toute compréhension de leur valeur et de leur emploi ne reposent sur rien d'autre que sur cette addition à l'impression actuelle des impressions acquises antérieurement grâce aux divers autres sens. Les dessins des enfants et des peuples primitifs montrent combien est grande la force de ces additions. Ils ne reproduisent pas ce qu'ils ont immédiatement sous les yeux ; la perspective qui est pourtant une donnée immédiate de la vue n'existe pas pour eux. Le dessinateur représente, à propos de certaines données sensibles, ce qu'il sait de l'objet et a pratiquement de l'importance pour lui : par exemple les deux yeux dans une tête vue de profil, des pieds de même longueur pour les chaises et les tables, les objets éloignés aussi grands que les plus proches, etc. Des cas pathologiques aussi sont instructifs. Des processus maladifs détruisent parfois dans le cerveau ces enrichissements par association. On a alors comme dans la première période de la vie des simples impressions sensibles sans connaissance ni compréhension, des objets. Certains malades, par exemple, voient parfaitement les formes et les couleurs et peuvent les dessiner ou les peindre. Néanmoins ils ne peuvent donner un nom à ce qu'ils voient, ni dire à quoi cela sert. Ils font les confusions les plus absurdes et ne reconnaissent les objets qu'après les avoir touchés (*cécité psychique*). D'autres malades, quoique la sensibilité de la peau soit intacte, sont incapables de reconnaître les objets par le simple toucher (*paralysie tactile*) ; mais, dès qu'on leur permet de regarder, ils savent de quoi il retourne.

Un troisième caractère de la perception est remarquable. Même lorsqu'on voit un journal tenu à l'envers ou un tableau la tête en bas, on peut distinguer certaines parties dans l'ensemble. Mais cela n'a lieu que de points de vue tout à fait extérieurs. Les parties séparées les unes des autres par des espaces ou encadrées de noir sont perçues de façon consciente comme séparées en quelque manière. De même des surfaces de couleur semblable ou analogue. Mais ce que nous appelons l'ensemble objectif d'une chose ne joue ici aucun rôle. Mais il en va tout autrement dans la perception consciente. Un regard rapide dans une chambre me permet de distinguer aussitôt des tables, des chaises, des tableaux, etc., en tant qu'objets indépendants et formant un tout, et de même en plein air, des maisons, des arbres, des chemins, etc. Mais cela ne se produit plus à cause de la proximité des parties de ces choses dans l'espace, ou à cause de la ressemblance des couleurs. Les pieds d'une chaise sont pour l'œil plus éloignés de son dossier que le tapis sur lequel ils posent, ou les pieds de la table voisine. Ils ont aussi un tout autre aspect que le dossier. Mais avec le secours de la pensée l'œil les comprend cependant dans le même tout que le dossier. Si je regarde un portrait à l'envers, le foncé des cheveux ne forme plus qu'un avec

le fond également foncé, et le visage se détache comme
une tache blanche. A l'endroit, au contraire, le foncé forme
un tout avec le visage et le reste du corps. Je vois une personne, découpée sur le fond, même si la tonalité de certaines parties s'accorde avec celle du fond, et quelles que
soient les différences de tonalité qui les séparent les unes
des autres. Ainsi, dans la perception, la conscience perçoit
une toute autre disposition des choses, que celle que pro-
duiraient les simples excitations sensibles. Nous saisissons
les groupes d'excitations en les réunissant en un tout, ou en
les séparant, non plus d'après les particularités accessoires
à plus d'un égard qui leur sont inhérentes, *mais d'après
leur degré de parenté, c'est-à-dire d'après les combinaisons dans lesquelles elles se produisent d'habitude.*

La raison de cette divergence doit être cherchée, sans
parler de l'attention et de la mémoire qui interviennent
aussi, dans les lois de l'habitude. Mais, si elles peuvent
agir, c'est grâce à une particularité des phénomènes extérieurs qui, d'ordinaire, ne mérite guère d'attention. Les
groupes d'excitations objectives, qui agissent sur l'âme à
des moments divers, ne sont jamais exactement les mêmes,
ni absolument différents, mais quelque chose de mixte, qui
concorde en partie avec les groupes d'excitations antérieurs
ou du moins est semblable à ces groupes, et en partie
diffère d'eux. Il en résulte naturellement que l'âme se comporte différemment à leur égard. Un enfant voit sa mère
tantôt au salon, tantôt à la cuisine, tantôt dans la rue ; elle
est occupée à lire ou à ranger. Malgré mainte différence,
les impressions provenant de la personne de la mère restent
toujours semblables les unes aux autres à un haut degré,
les traits de la figure, la voix, les vêtements, etc. L'entourage, par contre, est très complexe et est très variable.
Évidemment, l'habitude doit faire que ces impressions qui
reviennent toujours dans la même combinaison sont per-.

çues par la conscience plus aisément et plus nettement, lorsqu'elles se trouvent dans la même combinaison. En outre, les différentes parties se viennent mutuellement en aide, en se provoquant par association. Les divers entourages, par contre, précisément parce que chacun d'eux se rencontre moins souvent, sont saisis avec, moins de facilité. De plus, les représentations des autres entourages, évoquées par chaque apparition de la mère, se nuisent les unes aux autres, et à celle qui est justement présente. Et ainsi se forment peu à peu, ici comme dans des milliers de cas semblables, dans la conscience que nous avons des impressions, des divisions tout autres que les divisions originales, reposant sur les particularités mêmes des impressions. Des groupes d'excitations qui sont perçus régulièrement, ou souvent, en même temps, deviennent pour l'âme des ensembles fixes et uns, et se détachent des entourages variables, dans lesquels ils se sont produits. Ils deviennent des choses ayant une existence indépendante.

La perception sensible, si simple et purement passive en apparence, est en réalité un phénomène très compliqué. L'âme entière s'en mêle et manifeste sa nature particulière et ses lois en choisissant, enrichissant et ordonnant pendant l'acte de la perception toutes les données objectives. C'est en cela que consiste le processus que l'on désigne souvent sous le nom d'*aperception*. Malheureusement on n'est pas d'accord sur l'emploi de ce mot. Les uns l'emploient surtout, ou exclusivement, pour le choix et la mise en valeur, les autres pour l'activité qui enrichit et complète dans le processus de la perception et cela encore avec diverses nuances de sens.

2° *La perception de l'espace.* — L'un des résultats les plus importants de l'enrichissement au cours de la perception est la formation de notre notion de l'espace. Comme nous l'avons montré (p. 92), notre œil voit, et notre main touche l'éloignement des choses dans l'espace de façon innée et avant toute expérience. Mais, comme nous l'avons dit également tout aussitôt, cette notion première de l'espace ne peut être considérée que comme très primitive et imparfaite. Toute la finesse et la précision, qu'elle a pour la conscience développée, la richesse de ses trois dimensions et cette cohésion continue de l'espace un et supposé infini, sont l'œuvre de l'expérience. C'est l'œuvre de combinaisons dues à l'expérience, à la comparaison entre des sensations visuelles et tactiles d'origine et des impressions non spatiales d'origine. Si l'on fait abstraction des sensations de position et de mouvement de la tête fournies par les canaux semi-circulaires et les saccules à otolithes (p. 70), qui jouent ici un certain rôle mais plutôt secondaire, il faut considérer surtout deux classes de sensations : celles qui proviennent de la *mobilité de nos membres*, doigts et mains, bras et jambes, et celles qui proviennent de la *mobilité des yeux*.

Si j'étends le bras et tiens les doigts dans une certaine position, tout en les suivant des yeux, ou si je saisis un objet, j'éprouve deux sortes de sensations. D'abord des sensations kinesthétiques provenant surtout des articulations des membres en activité ou sortant de l'être, et ensuite la vue d'un déplacement dans l'espace ou de la position des doigts et de la main dans le champ de la vision. Il en va de même pour les mouvements des yeux. Tandis qu'ils passent d'un point à un autre, nous prenons conscience de la distance spatiale que nous voyons de façon immédiate, et de la situation respective de ces deux points. Mais, en même temps, se fait sentir le mouvement nécessité par l'éloignement des points et la direction suivie, et qui conduit l'œil d'un point à l'autre. En soi ces sensations kinesthétiques et celles du mouvement des yeux n'ont rien de spatial, ni les impressions visuelles rien des sensations de mouvement. Mais, comme ces deux sortes de sensations se produisent des milliers et des milliers de fois simultanément dans *des connexions toujours claires*, il est forcé qu'elles s'associent de la façon la plus étroite. C'est ainsi que tout espace vu, dont la grandeur et l'emplacement sont déterminés, acquiert peu à peu une certaine valeur de mouvement pour les membres et les yeux. Inversement tout mouvement senti, dont l'étendue et la direction sont déterminées, acquiert peu à peu une valeur spatiale pour la vision. Cela revient à dire que nous transportons les caractères les plus généraux de nos mouvements ou sensations de mouvement dans les sensations visuelles pures, même dans celles de l'œil au repos. Réciproquement nous transportons les caractères de l'étendue spatiale visuelle dans les mouvements qui, à l'origine, ne s'en accompagnaient nullement pour la conscience, tout comme si ceux-ci devaient en être primitivement doués.

C'est sur cette organisation que reposent des phénomènes très connus. Le fait que nous *voyons* les objets *droits*, par exemple, est un résultat de l'introduction par la pensée des sensations kinesthétiques dans les visuelles. Les directions, qui sont seulement vues, sont toutes au total bien équivalentes pour nous. Mais, en remuant nos membres et en recevant par suite des sensations d'effort et de pesanteur entre autres, nous éprouvons des différences sensibles entre l'élévation et l'abaissement, des mouvements en haut et en bas. Nous sommes obligés de reconnaître des différences dans les directions, et de distinguer en particulier la verticale, et naturellement nous appliquons cela aussitôt à ce que nous voyons. Pour prendre un autre exemple, nous ne reconnaissons par la vue *l'égalité ou la ressemblance de figures géométriquement semblables que* si elles sont orientées de même manière ou presque, ou encore disposées symétriquement. La raison en est évidemment que c'est seulement dans le cas d'orientation pareille ou de disposition symétrique que les mouvements des yeux, faits pour faciliter la comparaison, peuvent être sentis de façon immédiate comme semblables. Les choses que nous voyons sont donc, pour ainsi dire, comparées entre elles pour leur valeur de mouvement pour les yeux. Le phénomène inverse, l'interprétation optique des mouvements des yeux, vient vraisemblablement en aide, chaque fois que nous considérons des objets en remuant les yeux,

$$\frac{b}{a} \qquad\qquad \overline{c}$$

Fig. 16.

à la perception de leurs relations spatiales. Toutefois, comme ces relations sont en même temps vues directement, il n'est pas possible de prouver ce fait à coup sûr. On ne le peut que lorsque, par suite de mouvements extraordinaires ou d'ébauches de mouvements des yeux, l'espace perçu par la seule vision ne concorde plus avec celui qui est perçu avec le concours de ces mouvements. Ainsi dans les nombreuses illusions optiques, dites géométriques. Si dans la figure 16 je prolonge par la pensée la ligne *a* vers la droite, je n'arrive pas au fragment *c* qui objectivement se trouve juste dans son prolongement, mais en dessous. La ligne *b*, placée à côté de la ligne *a*, semble la repousser de sa position. Et il en va de même pour toutes les figures vues lorsqu'on fait place à leur côté à une excitation visuelle quelconque. La raison en est que l'excitation placée sur le côté influence le mouvement du regard. Tandis que je suis *a*, mon œil est attiré en même temps par la ligne *b* et détourné vers elle par un mouvement réflexe. Il faut surmonter cette déviation, puisque j'ai l'intention de suivre *a*. Et cela se produit par une innervation contraire, non plus réflexe, mais cérébrale. La conséquence en est naturellement une modification correspondante de l'impression spatiale.

Mais, sur ce point, le phénomène de beaucoup le plus important est l'enrichissement de notre perception de l'espace qui, à l'origine, n'est que superficielle, sa transformation en une perception corporelle, *la formation de la vision en profondeur*. En jetant un regard sur le monde avec sa plastique étonnamment sensible et saisissable, il est difficile de se figurer que la notion si claire du volume, de la rotondité des corps, de leur éloignement de nous et les uns des autres, dans le sens de la ligne visuelle, n'est pas quelque chose d'aussi originel et sensible que la notion de leur largeur, de leur hauteur ou de leur coloration, mais uniquement quelque chose qu'ajoutent notre imagination et la vivacité de nos représentations. Et pourtant il ne peut en être autrement. Car, si je ferme *un* œil, la profondeur du champ visuel est un peu diminuée, le modelé des corps plus faible, mais il ne se produit pas à beaucoup près le même changement que lorsque des sons perçus par l'oreille ou des aliments goûtés par le palais sont remplacés par de simples représentations. Des personnes ont pu perdre un œil sans remarquer de différence. Or, il est facile de se rendre compte que pour un seul œil la profondeur ne peut avoir de contenu sensible. Des objets placés à des profondeurs différentes, lorsque les images de la rétine sont nettes et de même grandeur, n'ont aucunement des effets différents sur un seul œil. Comment la différence de profondeur pourrait-elle être reconnue d'une façon immédiate ? Mais, même à une profondeur quelconque et la même pour tous, ils ne peuvent être vus de *façon sensible*, puisque l'œil ne voit pas l'un des points terminus de toute distance en profondeur, qui n'est autre que lui-même.

Nous ne voyons donc la profondeur et le volume que

par la pensée. Nous y parvenons par une double série
d'expériences et de transpositions en résultant. L'une de
ces séries consiste dans l'estimation spatiale des mouve-
vements de nos membres dont nous venons de parler. Nous
apprenons à évaluer en espace les mouvements de nos
bras et mains pour saisir, ou de nos jambes pour marcher.
Même sans les voir, nous les percevons aussitôt comme
ayant une certaine étendue spatiale. A cela nous ajoutons
encore quelque chose. En maniant les choses, en circulant
au milieu d'elles, leur aspect se modifie régulièrement de
certaines manières. Leurs images sur la rétine deviennent
plus grandes, les couleurs plus visibles à mesure que
nous en approchons ; là où ils semblaient se toucher et
leurs contours se couper, apparaissent souvent de larges
distances entre eux. Et il se produit surtout, à des profondeurs petites ou moyennes, des modifications dans l'aspect
légèrement différent qu'elles présentent à notre œil droit et
et à notre œil gauche. Toutes ces relations nous deviennent
toujours plus familières comme phénomènes régulièrement
concomitants de nos mouvements. Par suite, les images
d'une certaine grandeur, une certaine différence entre les
images de la rétine, etc., s'accompagnent avec une rapidité
et une aisance toujours plus grandes de la représentation
de certains mouvements. Finalement, ce chaînon intermédiaire sans intérêt disparaît, et nous avons une représentation claire de certaines grandeurs spatiales qui ne nous
sont pas données directement.

3° *Illusions des sens*. — L'importance qu'a pour la vie
psychologique le processus de la perception que nous
venons de décrire est évidente. Grâce à ces phénomènes,
l'âme s'efforce, pour ainsi dire, d'appréhender dans la
masse troublante des impressions de chaque instant les
plus importantes pour elle, et de les appréhender en même

temps avec leurs caractères non plus momentanés mais généraux. Elle atteint son but dans la très grande majorité des cas. Mais non dans tous. Dans certaines circonstances, elle manque ce qu'elle visait à proprement parler. Ces rouages si réglés ont des ratés, que l'on peut considérer comme *effets secondaires* inévitables, étant donnée l'inouïe complication des choses. Ce sont les illusions des sens.

Ce qui s'est déjà produit souvent, est aussi, comme nous l'avons dit, ce qui en règle générale se reproduira. Si donc l'âme, en percevant quelques impressions d'un des groupes qu'elle a souvent rencontrés, ajoute les autres sous forme de représentation, avant même que les causes sensibles aient pu agir sur elle, il y a là une prévision très utile de la réalité objective. Mais la nature a ses caprices. Si elle reproduit, *en règle générale*, ce qu'elle a déjà produit, elle fait pourtant des exceptions. Les complications des choses produisent parfois des écarts. Certaines circonstances d'un processus reviennent, mais dans une combinaison autre que la coutumière. Il est inévitable qu'alors l'âme commette une erreur. Elle interprète les impressions dans le sens de la combinaison habituelle. Mais, celle-ci faisant défaut, l'âme n'atteint pas la réalité objective. Vivant dans un pays de plaine, si je distingue nettement les couleurs des objets et les détails de leurs contours, c'est que je suis toujours à une faible distance d'eux. Si je marche vers eux, je puis les saisir après un temps relativement court. Mais dans une atmosphère très riche en humidité et par conséquent plus légère, où les poussières de l'air tombent à terre plus rapidement que d'habitude ; ou bien dans la montagne, où l'atmosphère contient beaucoup moins de poussières, les couleurs et les formes des objets peuvent encore être distinguées à de grandes distances. Or, si en m'appuyant sur mes expériences quotidiennes, qui sont les plus nombreuses, je leur attribue et suis obligé de leur attribuer un tel éloignement, je me trompe. Il y a donc contradiction entre la réalité objective, telle que nous la prévoyons d'après les lois psychologiques, et une de ses apparences exceptionnelles due aux lois de la nature. Tel est le type général de ces sortes d'illusions, que l'on peut appeler *illusions de l'association.*

Il en existe une seconde espèce. Lorsque certaines représentations remplissent l'âme, et qu'en même temps les excitations objectives des sensations correspondantes à ces représentations agissent sur elle, nous avons vu (p. 124) que ces sensations deviennent conscientes avec une facilité particulière. L'observation, et en particulier la perception consciente de détails ou de différences minimes repose sur cette loi. En même temps, l'entourage momentané de l'âme est mis en accord avec sa vie interne momentanée. Mais la relation étroite entre les représentations et les sensations, qui se manifeste ici, a son revers. En effet, si des excitations extérieures agissent sur l'âme, et si les sensations qu'elles produisent en soi ne correspondent pas exactement mais à peu près seulement à ces représentations, elles deviennent pourtant tout aussi facilement conscientes. Or, les impressions produites sont toutes un peu modifiées et déviées dans le sens des représentations existantes, si bien que les mêmes excitations objectives sont perçues différemment selon les pensées ou les connaissances relatives à celles qu'on possède déjà.

« Comme c'est lourd ! » disait un ami de Davy, en soupesant sur le doigt un grain de potassium, le métal que celui-ci venait de découvrir. Or, le potassium flotte sur l'eau. Mais la représentation évoquée par l'aspect métallique de quelque chose de lourd imprimait ce caractère à la sensation. Si je place à côté l'un de l'autre deux morceaux de papier gris, objectivement presque aussi clairs, mais de teinte différente, et si je me demande lequel est le plus

clair du jaunâtre ou du bleuâtre, aussitôt le jaunâtre me
paraît plus clair. Puis je me mets à douter, à me demander si je ne me suis pas laissé tromper par la nuance jaunâtre, et si « en réalité » il ne serait pas plus foncé, aussitôt j'ai conscience de le voir plus foncé. Il ne faut pas
dire que ce changement est purement « imaginaire », si
l'on entend par là qu'il existe premièrement une impression
juste, et deuxièmement, à côté de cela, une représentation
inexacte de cette impression. Rien de semblable à cette
dualité n'existe pour la conscience, si l'on fait abstraction de réflexions sur ce qu'on perçoit venant s'ajouter à
l'occasion. Il ne se trouve en elle qu'une seule notion une
et indivise. En réfléchissant à la formation de cette notion,
on s'aperçoit qu'elle a deux origines, l'une sensible, provenant des excitations périphériques, l'autre intellectuelle,
provenant des excitations centrales. Mais la perception qui
est leur résultat ne révèle pas plus cette double origine
que le fleuve à son embouchure les deux ruisseaux qui
l'ont formé. *C'est un caractère général de toutes les perceptions*, de dépendre et d'être déterminées non seulement par les excitations objectives, qui assurément jouent
le premier rôle dans leur formation, mais encore par les
représentations et les attentes que suscitent ces représentations. Plus ces représentations ont de vivacité, plus la
réalité objective se trouve influencée, modifiée ou même
faussée. A un haut degré, on appelle cela aujourd'hui
de la *suggestion*. Plus haut encore, le phénomène reçoit la
dénomination spéciale d'*illusion*.

§ 16. — Souvenir. Abstraction

Lorsque des causes appropriées agissent sur l'âme pour
reproduire sous forme de représentations des perceptions
antérieures, qui furent associées à ces causes, il se produit

un phénomène tout à fait semblable à l'effet des excitations extérieures. Ces causes ne produisent l'effet dont elles sont susceptibles en soi, à savoir la reproduction fidèle des événements antérieurs, que lorsque l'âme intervient en même temps avec sa nature particulière pour les déterminer aussi. C'est-à-dire que les *souvenirs*, exactement comme les perceptions elles-mêmes, qui en un certain sens reviennent en elles, sont toujours déterminés par les diverses lois de la vie psychique elles aussi.

Elles sont d'abord plus incomplètes et plus limitées que les perceptions et sous ce rapport s'écartent davantage de la richesse des excitations objectives, qui en sont la cause extérieure dernière. Qu'on se représente par la pensée un paysage, une scène de la vie, une personne connue. De nombreux détails font toujours défaut, même parmi ceux qui, lors de la perception elle-même, furent certainement conscients, qu'il s'agisse de traits ou de qualités qu'on peut dans la réalité détacher du tout ou non. Mais, en même temps, les souvenirs sont plus riches que les perceptions. Elles renferment des additions et interprétations, qui s'y introduisent par association, d'après d'autres perceptions semblables. Il arrive, par exemple, que le souvenir d'un paysage s'enrichisse d'une tour, celui d'un homme d'une barbe qui n'existait pas dans la réalité. Enfin ils sont influencés et plus ou moins transformés par d'autres représentations évoquées dans l'âme. Ainsi par des questions sur ce qui a été perçu, par lesquelles on rappelle certaines représentations (*questions suggestives*), par le désir de faire impression, d'en imposer, etc. Même sans exagération consciente, dans le genre des récits de Falstaff, les souvenirs se déforment peu à peu, de telle sorte que ce qu'ils ont d'extraordinaire, d'important, de frappant passe de plus en plus au premier plan, tandis que ce qu'ils ont d'ordinaire, de petit et d'incommode s'efface de plus en plus. Et, lorsqu'ils sont incomplets et indécis, ils ne peuvent que difficilement résister à l'effet de certaines questions évocatrices de représentations comme : « Ce monsieur était-il aussi grand que vous ? » Les souvenirs ne sont donc pas par occasion et par exception, mais, comme des expériences directes sur la fidélité des souvenirs l'ont montré récemment, des reproductions naturellement et régulièrement inexactes de ce qui a été perçu. Et quoique en règle générale, ils ne soient que rarement tout à fait incertains, on a coutume à juste titre de ne se fier entièrement dans les cas graves aux souvenirs d'un seul individu, que lorsqu'ils concordent avec les dépositions d'autres observateurs indépendants de lui. On ne peut d'ailleurs s'étonner que ces représentations éloignées de leur cause première subissent une telle déformation, alors que nous avons vu que les impressions, s'appuyant sur la base relativement solide des excitations extérieures, étaient influencées de tant de manières par l'activité particulière de l'âme. Cette déformation est particulièrement fréquente dans l'âme jeune, chez l'enfant. Ses expériences des rapports perceptibles, c'est-à-dire réels des choses, expériences qui par leur répétition amènent une reproduction toujours plus fidèle, ne sont pas encore aussi nombreuses chez lui que chez une grande personne. Il n'a pas non plus appris à apprécier autant qu'elle l'importance d'un souvenir exact. Aussi ne peut-on accorder à ses souvenirs qu'une confiance limitée.

Lorsque ces interprétations et transformations des souvenirs atteignent un haut degré, grâce à des représentations qui s'y introduisent par association ou existent à côté, on a coutume de parler d'*imagination*, et de les lui attribuer. On parle d'une imagination de l'enfant qui déforme ses représentations et va jusqu'au merveilleux et à l'énorme ; d'une imagination de l'artiste qui transforme les circonstances de la vie quotidienne de manière à produire par elles une joie esthétique. On tient, non sans raison, à ce que le savant possède quelque chose de l'imagination du poète, afin qu'il explique mieux les choses en y saisissant des ressemblances et des rapports lointains. Mais on voit que l'imagination n'est pas une fonction fondamentale nouvelle de l'âme, qu'il faille séparer des autres, mais un résultat des mêmes activités élémentaires qui, agissant de concert dans des conditions de force un peu différentes, fournissent le souvenir qui lui est ordinairement opposé. Toutefois nous ne voulons pas insister ici sur ce côté de la question, mais sur le caractère incomplet des représentations reproduites.

Comme pour les perceptions, cela provient tout d'abord du choix que fait l'attention. Tout n'intéresse pas également dans ce que nous percevons consciemment. Dans une montre par exemple, ce qui intéresse surtout l'enfant, même s'il remarque d'autres choses, c'est le tic-tac, ou le brillant du boîtier en or; dans un chien, ce sont les aboiements qui l'effraient ou ses quatre pattes; dans un uniforme, le rouge écarlate et les boutons de métal. Si les perceptions de la montre ou du chien se sont souvent trouvées liées à une autre impression, *toujours la même*, et sont reproduites plus tard comme représentations *lorsque ce signe revient*, ces reproductions ne contiendront de loin pas, en raison de la lutte avec de nombreuses autres exigences, tout ce qui, lors de la perception, était encore conscient au milieu de la richesse des excitations extérieures. Elles ne contiendront, pour ainsi dire, qu'un extrait, précisément ces détails particulièrement intéressants, la seule représentation du tic-tac par exemple, ou de la couleur rouge.

Une autre circonstance déjà citée (p. 157) a un même effet de choix. C'est le fait que les groupes d'excitation du monde extérieur, et par conséquent les perceptions évoquées par eux, ne sont jamais exactement les mêmes, ni tout à fait différents, mais reviennent sous forme d'un mélange de semblable et de différent. Les sapins d'un bois, le long duquel je passe, les chiens que je rencontre dans la rue, les sons d'un violon, tous se distinguent à y regarder de près par de nombreux détails; et pourtant bien des choses y sont presque identiques. Il va de soi qu'on perçoit bien plus souvent les traits concordants que les autres, puisque ceux-là existent dans tous les cas, et ceux-ci dans quelques-uns seulement. Or, ce qui a été perçu dans une certaine combinaison, comme nous l'avons montré plus haut (p. 157), redevient lors d'une nouvelle perception bien plus facilement conscient précisément dans cette combinaison. Il s'ensuit naturellement que, lors de la reproduction d'une perception, les traits qu'elle a en commun avec d'autres passent plus nettement au premier plan, et sont plus facilement représentés que les autres. En outre, lorsque plusieurs perceptions semblables *sont rattachées à un autre contenu conscient toujours le même* (lorsque, par exemple, des choses semblables sont désignées par le même mot), l'association entre cette autre représentation et les parties concordantes de ces perceptions devient toujours plus forte et plus sûre. En effet, chaque perception la répète et augmente sa solidité. Les parties non concordantes, au contraire, se nuisent réciproquement à cause de leur grand nombre. Des associations fermes ne peuvent se former aisément entre elles et cette représentation qui toujours accompagne la perception entière. Ainsi lorsqu'un signe, toujours le même, associé à des perceptions semblables, revient, la production des parties concordantes de ces perceptions est favorisée de toutes les manières. Au contraire, celle des non concordantes est empêchée. Les premières se séparent de plus en plus des secondes et sont représentées à part.

Ainsi, les lois de la vie psychologique, lois de l'attention, de l'habitude et de la mémoire, ont, de concert avec une particularité simple des phénomènes extérieurs, un effet

particulier sur la vie représentative de l'âme. Elles la détachent, dans une bien plus forte mesure encore que lorsqu'il
s'agissait de la perception, des combinaisons accidentelles
des impressions extérieures. Elles produisent des représentations soit seulement de certains traits saillants des choses
perçues (*représentations abstraites*), soit de traits communs
à un groupe de choses objectives (*représentations générales*)
ce qui souvent revient au même. L'âme forme ainsi — et
cela non pas arbitrairement, ou en poursuivant consciemment un but donné, mais par une activité désintéressée de
sa propre nature — des représentations qui dans leur simplicité et leur isolement n'ont pas d'originaux dans la
réalité, et dont pourtant l'existence en elle ne peut faire de
doute un seul instant. Telles sont, par exemple, les représentations d'une longueur pure, d'une couleur rouge pure,
ou d'une couleur en général, d'un chien, d'un arbre en
général, etc.

Ces créations ont une importance extrême pour toute vie
intellectuelle supérieure. L'âme s'éloigne par là des données objectives, mais, grâce à la nature de ses moyens, elle
ne réussit que mieux à se les approprier, et à les dominer.
L'abstraction a de ce point de vue deux conséquences
importantes.

Premièrement ce groupement des complexus qui nous
sont donnés par nos sens, et dont nous avons signalé les
débuts plus haut (p. 157) à propos de la perception, est
poussé plus loin. Les choses qui nous entourent et que
nous percevons forment la plupart du temps pour nous une
multiplicité bariolée et troublante, dont le hasard a bien pu
joindre les éléments. Or, lorsque par la pensée nous faisons
revivre nos impressions, certains traits seulement deviennent conscients, qui en même temps sont communs à une
pluralité de choses. Nous dégageons donc ce qui a un caractère *général*, et par là nous groupons les choses par classes

et par espèces. Nous les dégageons des circonstances accidentelles qui les environnent et des circonstances particulières de chacun des cas. Nous les rapprochons selon
leurs rapports intimes, leur parenté, comme on dit. Le
fouillis, impénétrable d'abord, où tout était placé côte à
côte, s'éclaircit, et fait place à une subordination bien
réglée. Selon les ressemblances plus ou moins grandes, il
se forme des groupes apparentés ou éloignés. Nous arri-
vons peu à peu à contempler par la pensée en *systèmes
ordonnés* toute la multiplicité inouïe des données objectives
dispersées de toutes parts et sans lien entre elles. En même
temps, il s'attache pour nous à la notion de général la connaissance du fait que les choses sont *soumises à des lois*,
ce qui nous permet de les dominer. Chaque cas individuel
et isolé est trop riche et trop compliqué pour cela. On
prend des morceaux de bois tels qu'ils se présentent pour
les mettre dans le feu. Les uns brûlent gaiement, d'autres
fument et se consument lentement, d'autres ne brûlent pas
du tout. A quoi cela tient-il? La simple répétition du phénomène, qui sans doute est nécessaire, ne suffira pas à
l'enseigner à celui qui considère tous les morceaux de bois
dans la totalité de leurs innombrables qualités. C'est seulement lorsque l'esprit aura, pour ainsi dire, brisé et décom-
posé ces totalités en leurs éléments, que l'on reconnaîtra la
présence ou l'absence de ces éléments dans chacun des
bois, et reconnaîtra facilement que leur faculté de brûler
ne dépend ni de la forme, ni de la couleur, ni de l'origine,
ni de bien d'autres particularités, mais de leur humidité ou
de leur sécheresse. *Ainsi la découverte d'un ordre et de
lois dans les choses* est un effet de l'abstraction.

Le second effet est de nous permettre *de franchir la
limite imposée à l'âme par l'étroitesse de la conscience*
(p. 119). Je pense à un arbre ou à des arbres. Ce qui
occupe en cela mon âme est extrêmement peu de chose.

Je pense au mot, peut-être à quelque chose de haut, de ramifié ; rien de plus. Tous les innombrables détails, qui caractérisent certains arbres ou une espèce d'arbres particulière, et de même la grande multiplicité de ces espèces sont loin de ma conscience et n'encombrent pas l'âme. Je puis donc très facilement manier cette représentation des arbres, la combiner avec d'autres et penser, par exemple, que les arbres atteignent un âge élevé ou ne viennent bien qu'à certaines hauteurs, etc. Mais, dès que le jeu de mes pensées amène une combinaison, qui ne s'accorde pas avec une quelconque des particularités des arbres, auxquelles je ne songeais pas, ou des espèces auxquelles je ne songeais pas, aussitôt celles-ci se raniment et rejettent ce qui les contredit. Donc, même si elles n'étaient pas représentées consciemment, elles n'étaient pas absolument inexistantes pour l'âme. L'idée générale présente à l'esprit a, pour ainsi dire, ouvert la voie aux détails, en compagnie desquels elle nous était parvenue par les sens, et dont elle avait été détachée. Ils sont, en quelque sorte, *sur le seuil de la conscience*, et, s'il survient un petit choc sur l'un ou sur l'autre, ils sont tous évoqués par association. Ils viennent à l'esprit, comme on dit. Ainsi, dans une idée générale, on ne pense pas seulement, en fait, le peu qui constitue son contenu, bien que cela ait lieu tout à fait consciemment. Mais de nombreuses représentations de détail, qui ont des rapports avec elle, sont de quelque manière pensées en même temps qu'elle. L'idée générale est comme *leur représentant dans la pensée*. Aussi longtemps qu'ils n'auraient pas une importance particulière pour la conscience, l'âme ne s'en préoccupe pas autrement. Mais, dès que c'est nécessaire, c'est-à-dire dès que d'autres représentations, qui ont des rapports avec eux, apparaissent, ils deviennent, en règle générale, conscients, et apparaissent eux-mêmes au lieu de se faire représenter par l'idée générale, comme cela suffisait jusqu'alors. Visiblement l'âme a ainsi tout ce qu'il lui faut. A tous les instants elle est capable d'embrasser consciemment une multiplicité restreinte d'impressions et de représentations. De tout temps, dans la masse écrasante du possible, peu de choses, les plus importantes, celles qui se sont produites le plus souvent, peuvent seules pénétrer jusqu'à l'âme. Mais, les quelques représentations qu'elle a, sont en même temps toujours des représentants d'un cortège énorme d'autres représentations y attenantes, dont l'apparition au moment voulu est préparée par les premières. Et, tandis que l'âme manie aisément à son gré ces représentations qui tiennent la place d'autres, elle domine et utilise cependant jusqu'à un certain degré toute la masse des autres, presque comme si elles étaient actuellement conscientes.

Dans le cas seulement où certains éléments d'une combinaison de représentations qui doit son origine à des processus d'abstraction sont donnés, ils ont naturellement la tendance de reproduire les autres, même s'ils apparaissent dans une combinaison tout autre que celle où ils apparaissent habituellement. C'est en cela que consiste l'acte important qu'on appelle *le raisonnement par analogie*. En allemand, les substantifs en *e* sont en général féminins; la seule terminaison *e* et l'article féminin se fondent en une seule représentation totale d'une certaine consistance, d'une façon tout à fait indépendante de la signification des mots. Il en résulte que, par exemple le soleil (*die Sonne*) est en allemand un féminin, malgré l'usage de toutes les langues de même famille, et lorsque des mots français en *e* passent en allemand, ils deviennent, en règle générale, féminins, même lorsqu'ils sont d'un genre différent dans leur langue d'origine, comme *étage*, *loge*, *blamage*. Certaines maladies comme la petite vérole, la scarlatine, la diphtérie ont certains traits de grande importance pratique communs, tels

que le mode de transmission, l'immunité qu'elles con-
fèrent lorsqu'on les a eues. Or, pour certaines de ces
maladies, on a découvert que de petits organismes microscopiques étaient les agents de la contagion et en
même temps trouvé le moyen de tirer des individus
malades des vaccins pour préserver les autres. Dès lors,
il est difficile, lorsqu'on connait ces faits, de penser à
d'autres maladies à peine semblables, sans se représenter qu'elles naissent de la même manière, et qu'il est
possible de se vacciner contre elles.

§ 17. — LE LANGAGE

1° *Son essence.* — Les animaux supérieurs ont sans
aucun doute des notions générales, puisque l'attention et
la mémoire qui en sont les fondements subjectifs ne leur
manquent pas. Un chien qui est « propre », a évidemment
une notion générale de « la chambre » et du « dehors »,
car on n'associe pas pour lui la propreté selon les exigences de l'homme à tous les endroits de la chambre, mais
à quelques-uns seulement. Néanmoins il se les représente
combinés avec la chambre en général, et même combinés
avec diverses chambres.

Quoi qu'il en soit, ces notions acquises par les seules
facultés des animaux ne peuvent atteindre une très haute
abstraction, ni une très haute importance. Car, pour que
des idées générales se forment, il est nécessaire, comme
nous l'avons montré plus haut (p. 169 sqq.), que les représentations intéressantes en partie seulement, ou ne concordant que partiellement entre elles, lorsqu'elles sont répétées,
soient éprouvées combinées fréquemment avec une autre
impression toujours la même, d'où résultera leur reproduction. Il est nécessaire qu'elles soient reliées à *un signe
toujours le même*, dont le retour les évoquera sous forme

de représentations. Mais, dans le cours naturel des phénomènes du monde extérieur, de telles combinaisons entre choses différentes ne se rencontrent que rarement. Où voit-on quelque chose qui accompagnerait toujours sous la même forme, régulièrement et cependant de façon aisément séparable, les perceptions de tous les arbres, livres, horloges, etc. ? Il serait bien difficile de nommer quelque chose. C'est donc un fait extrêmement important que l'homme possède une faculté qui supplée pour lui parfaitement à cette défectuosité du monde extérieur. Ce que la nature ne lui offre pas, à savoir des signes constamment semblables, régulièrement attachés aux perceptions à demi identiques et à demi variables, il l'a créé de lui-même. Il a trouvé ainsi un moyen pour pousser la pensée abstraite et l'amener au plus haut point de perfection imaginable. Cette création, c'est *le langage.*

Du point de vue psychologique qu'est le langage ? D'abord une union de deux éléments maintenue par des associations fermes ; d'une part, les phrases et les notes avec leur signification, et de l'autre, les choses. Les représentants de cette deuxième partie peuvent être tous les contenus psychologiques possibles : des sensations de toute espèce, des représentations, des sentiments ; et tous, soit sous forme simple, ou compliquée, soit qu'ils se pénètrent réciproquement. Par contre, les représentants de la première partie proviennent toujours de certaines classes de sensations mais toujours d'une petite catégorie de celles-ci. Si l'on fait abstraction de la langue lue et écrite, qui n'est qu'une acquisition assez tardive, et n'est apprise que par une assez faible minorité d'hommes, il y a lieu de distinguer encore deux éléments qui constituent l'essence même des phrases et des mots : des sons et des bruits produits par l'activité des organes vocaux, et d'autre part les sensations de mouvement ou de position provenant précisément de cette activité, donc des impressions auditives, et des impressions kinesthétiques ou vocales.

Il est aisé de comprendre que ces deux éléments des mots sont étroitement unis par des associations particulièrement fermes. Pour un homme normal quant aux sens, certaines sensations vocales sont toujours unies à certaines sensations auditives. Elles vont donc ensemble. Mais la représentation d'un objet, accolée à un ensemble de mots — abstraction faite des onomatopées relativement peu nombreuses (roucouler, gazouiller, teuf-teuf) — n'a avec lui aucun rapport saisissable. On voit tout de suite qu'il ne saurait être question d'une connexion étroite, nécessaire pour tous, entre le signe et l'objet désigné, lorsqu'on compare l'énorme diversité des langues innombrables avec la grande similitude des mouvements d'expression. Aussi a-t-on cherché de tout temps à savoir comment ces connexions de si haute importance ont pu cependant se produire, comment le langage a pris jadis naissance. Il n'est pas encore possible de donner sur ce point une réponse incontestée et entièrement satisfaisante, même bien que les divers facteurs soient au total bien connus. Un peu de lumière vient toutefois de la réponse à une autre question beaucoup plus simple, à laquelle on s'est consacré dans ces derniers temps : comment le langage déjà formé des grandes personnes se transmet-il à leurs enfants, qui en sont à l'origine absolument dépourvus ? Comment le langage se forme-t-il dans chaque individu ? Les milliers d'enfants qui naissent chaque jour entrent à un an dans le stade de l'étude du langage. On a donc là de fréquentes occasions d'observer exactement ce phénomène, ce qu'on ne peut faire pour l'origine du langage. Et si on ne les a largement utilisées que dans les dernières décades, cela vient sans doute de ce que l'on ne voyait pas là quelque chose qui nécessitât une explication. On pensait que l'enfant imitait les mots qu'il entendait autour de lui ainsi que leur emploi, et que cela suffisait. Mais, pour être capable d'imiter, ce que l'enfant fait sans doute, il faut qu'il ait d'abord appris à produire ce qu'il faut imiter, tout au moins dans ses éléments (v. p. 147). Et, même lorsqu'il en est là, il ne peut acquérir que l'imitation des mots de la langue, mais non leur signification.

2° *Formation du langage chez l'enfant.* — Le premier pas dans l'étude de la parole est une activité libre de l'enfant : un mouvement fait en jouant de ses organes vocaux. De même que, livré à lui-même et se trouvant à l'aise, il agite bras et jambes, il remue aussi d'une manière toute spontanée et sans provocation extérieure la langue et les lèvres, le gosier et la cage thoracique. Il produit ainsi une grande quantité de sons et de combinaisons de sons les plus divers, depuis ceux qui ont même un sens pour le langage de son entourage, jusqu'aux sons les plus extraordinaires. En les produisant, il les entend, et lorsque le son et la sensation de parler se sont associés d'une manière assez ferme, il est amené en vertu des lois citées plus haut (p. 146) à produire de nouveaux sons par le fait même d'en entendre. De là viennent la répétition monotone, si fréquente chez les enfants de certains balbutiements, et plus tard leur penchant à redoubler les syllabes ou les mots.

L'activité des adultes s'empare dès leur apparition de ces bégaiements que l'enfant n'imite pas, mais trouve lui-même. Et cela de deux manières. Tout d'abord pour limiter et choisir. Dans la grande masse des sons émis par l'enfant, les adultes retiennent ceux qui se rencontrent dans leur propre langage, ou lui ressemblent. Ils les disent et les répètent à l'enfant, les combinent aussi en petites phrases et entraînent l'enfant à répéter souvent ces sons et combinaisons qu'il est d'ailleurs en état de prononcer. Il y acquiert toujours plus de sûreté et d'habileté; tandis que les nombreux autres sons, qui n'ont point de sens pour l'entourage, disparaissent peu à peu et se perdent souvent si bien que l'on ne peut plus retrouver leurs innervations. On peut dire qu'en partant à peu près des mêmes bégaiements, un enfant est capable d'apprendre parfaitement n'importe quelle langue. Mais dans la suite on n'apprend en général une langue étrangère qu'avec un « accent », c'est-à-dire que l'audition et la prononciation des sons étrangers sont toujours déformées de quelque manière, d'après les sons répétés des milliers de fois de la langue maternelle. En second lieu, les adultes s'appliquent à accroître ces premiers sons et à les associer aux choses. Ces mots et combinaisons de mots qu'ils répètent sans se lasser à l'enfant, ils les lui répètent en présence des personnes, des choses ou des faits que l'on désigne par ces mots. Peu à peu ils associent à ces combinaisons de sons de l'enfant, qui dès l'origine comportent deux éléments, un troisième : un sens. L'enfant apprend ainsi peu à peu à comprendre, c'est-à-dire qu'il reproduit, en entendant, ou prononçant certains mots, la représentation des personnes ou objets qu'il a tant de fois perçus en même temps qu'eux. Il éprouve que les mots sont les signes des choses. Et, inversement, il apprend de la sorte à parler, c'est-à-dire qu'en voyant ou touchant et surtout en désirant les choses (au sens le plus large), il reproduit la reproduction des mots qui y ont été attachés, et qui lui sont familiers. Et, comme ces représentations verbales conduisent à prononcer les mots eux-mêmes, il exprime et fait connaître à son entourage ses représentations des choses, et surtout *ses sentiments et ses volitions qui s'y rapportent.*

Lorsque l'enfant en est là, et devine à demi l'importance de ces signes, il se met à imiter volontairement avec la plus grande ardeur — et c'est un troisième pas — le langage des adultes. Il imite d'une part les mots qu'emploient ceux-ci en tant que mots, souvent d'une façon mécanique et par

jeu, avec une compréhension nulle ou faible de leur contenu. Au début, ses imitations sont naturellement très
imparfaites, puisqu'il n'a pas encore appris à beaucoup
près à émettre spontanément tous les sons et ne peut imiter
aucun mouvement, dont il ne connaît pas les sensations
kinesthétiques. Mais, au cours de son babillage continuel,
il trouve peu à peu par toutes sortes de hasards et de glis-
sements les sons les plus difficiles eux aussi. Il trouve
aussi la position de repos des organes vocaux qui sont
caractéristiques pour la langue de son entourage, et particulièrement importante pour la prononciation. Après
quelques années, il a acquis, en règle générale, toute la
richesse de sons de sa langue maternelle. D'autre part, il
imite aussi toute l'activité des adultes qui désignent par
des mots les choses et les faits. En utilisant à propos le
vocabulaire dont il dispose déjà, et qu'il comprend, et par
analogie avec l'emploi qu'il en connaît, il crée lui-même
de nouveaux mots et combinaisons de mots. Il fait cela
encore en partie par jeu, surtout lorsque son entourage
prend plaisir à ce travail et à ses résultats souvent
comiques, mais en grande partie en employant consciemment la langue comme moyen de communication. C'est
ainsi qu'apparaissent des formes comme « je boivais » au
lieu de « je buvais », « marchand de jouets » au lieu de
« bazar », « fourchetter » au lieu de « piquer à la four-
chette ».

Tout en imitant, l'enfant s'écarte donc, en vertu de la
diversité des forces intellectuelles agissant en lui, de la
langue de son entourage. Mais la nature particulière de
l'âme, qui se manifeste dans toute parole, a encore en
même temps un autre effet. La compréhension du langage,
c'est-à-dire l'audition des mots, et la compréhension juste
des choses auxquelles on pense, est une perception dans
le sens indiqué plus haut (p. 153). Mais la perception

dépend, comme nous l'avons vu, de nombreuses circonstances, en particulier des choses qui intéressent les
individus qui perçoivent, et des expériences qu'ils ont déjà
faites. Or, ce qui intéresse l'enfant diffère totalement de ce
qui intéresse les adultes, et ses expériences sont infiniment plus restreintes. Comment pourrait-il donner aux
mots qu'emploient les adultes le même sens que ceux-ci
y attachent? Au début, c'est tout à fait impossible. Dans
la suite, lorsque l'enfant manie mieux la langue, on peut
jusqu'à un certain point remédier à cet inconvénient en
expliquant par des phrases le sens qu'il faut attacher aux
mots. Mais il ne saurait être question de recourir à ce
procédé avant que l'enfant ait déjà acquis une compréhension conforme d'une grande partie du vocabulaire. C'est
ainsi que l'enfant au début, même lorsqu'il parle déjà, ne
comprend pas un très grand nombre de mots employés par
les adultes : les mots abstraits, les termes relatifs (aujour-
d'hui, ici, je), tout ce qui est étranger à ses préoccupa-
tions. Et même les mots qui se rapportent à des objets de
son expérience, qu'il paraît comprendre, il les entend toujours tout autrement que les adultes. Une montre est pour
l'enfant quelque chose qui fait tic-tac et qui brille. Ce que
l'adulte entend par ce mot, il est impossible de le lui expliquer d'aucune manière, et il ne trouverait aucune analogie
entre une montre, un sablier et un cadran solaire. On sait
comment les enfants emploient parfois de la manière la
plus surprenante les mots qu'ils ont appris en semblant
bien les comprendre, comment ils étonnent souvent les
adultes par de singulières transpositions du sens des mots.
Le nom d'un objet comestible, par exemple, ils l'emploient
pour tout ce qui se mange, pour l'acte de manger, la faim,
etc. ; un petit garçon appelait père, mère, bonne, sœur,
biberon, et finalement tout objet frappant *dada*. On a bien
dit que l'enfant emploie ses mots dans un sens plus géné-

ral que l'adulte, ou qu'il a une tendance à une généralisation conceptuelle. Mais l'auréole d'une capacité logique particulière, dont on entoure ainsi l'âme enfantine, est tout à fait injustifiée. Sans doute les mots de l'enfant sont la plupart du temps plus généraux que ceux de l'adulte. Car la moindre compréhension de l'enfant fait que les noms employés par lui s'associent, en général, à moins de particularités des choses que chez l'adulte, et celles-ci se retrouvent naturellement dans un bien plus grand nombre de choses. Mais on ne définit pas ainsi ce qui caractérise vraiment l'emploi que font les enfants des mots. Souvent l'enfant emploie aussi ses mots, dans un sens plus restreint que l'adulte ; il lui sera difficile, par exemple, de désigner des insectes, des oiseaux et des chevaux par le même mot d'animal. La vérité est plutôt ceci : l'enfant emploie le mot pour un côté de la chose qui le frappe *lui*, ou une impression importante pour *lui*, et désigne toujours par là quelque chose d'autre que ce que l'adulte désigne par ce mot. Et, lorsque la particularité relevée par l'enfant, ou toute impression essentielle pour lui se renouvellent, il emploie à nouveau le même mot. Il n'est pas guidé par une conscience de leur ressemblance à aucun point de vue, qu'il aurait acquise en comparant les choses, mais exclusivement par ce fait que, d'après les lois de l'association, le même point de départ doit amener la reproduction des mêmes conséquences. Et l'adulte n'est surpris que parce qu'il ignore le sens du mot adopté par l'enfant, et le confond naïvement avec celui qu'il attribue lui-même à ce mot.

Ainsi, alors même que l'enfant imite dans les mots la langue de son entourage, ce qu'il produit est en grande partie sa propre création : il emploie les mots acquis par imitation à des formations nouvelles de son crû, et procède avec la même originalité dans la combinaison de ces mots

avec les représentations objectives. Dans la mesure où les
enfants, appartenant à la même langue et à la même civilisation, ont des expériences, et sont intéressés par des
choses semblables, leurs créations sont naturellement sensibles aussi. A côté de la langue des adultes, il existe
une langue générale des enfants, compréhensible à tous
les individus d'un même groupement. Par contre, dans
la mesure où les enfants ont des expériences, et sont
intéressés par des choses différentes, leurs langues le sont
aussi. C'est pourquoi la langue que parlent les enfants d'une
maison, n'est pas, si on y regarde de près, compréhensible dans tous ses détails pour une autre maison. Et il y
a là une indication claire sur l'une des raisons qui ont provoqué la différenciation profonde des langues dans les
peuples et les tribus. Naturellement, toutes ces différences
ne peuvent à la longue résister à la pression de la langue
une des adultes. L'enfant, qui apprend à parler, parcourt
donc un quatrième et dernier et long stade, au cours duquel sa langue se corrige peu à peu dans le sens de celle de
son entourage. Des malentendus qu'il commet, ou occa-
sionne par sa propre façon de parler, lui apprennent, ou
bien on lui enseigne directement dans quel sens il faut entendre les mots qu'il emploie, s'ils vont répondre à l'usage
général. Il en vient ainsi à se mettre peu à peu toujours
mieux d'accord avec cet usage général.

Assurément, l'accord parfait n'est jamais atteint. Le
langage de chaque individu conserve toujours quelque
chose de spécial dans le vocabulaire, dans le sens donné
à de nombreux mots, en particulier dans les nuances de
sens, et aussi dans la manière d'employer les mots. A
strictement parler, il n'existe donc pas de langue unique et
absolument identique de tous les individus d'une même
communauté linguistique, mais seulement une pluralité de
nombreuses langues individuelles qui coïncident en gros.

Pour la pratique, leur ressemblance est largement suffisante. Mais que de malentendus, discussions, querelles proviennent de leur différence ! Du point de vue de la grande fin pratique, que doit poursuivre le langage, à savoir la communication et l'entente entre les hommes, il se peut que cela semble un inconvénient. Mais on ne peut dire : *sit ut est aut non sit.* La nature de la vie intellectuelle, d'où le langage tire son origine et sa formation, entraîne nécessairement cette particularité de sa formation et de son caractère. C'est seulement à un plus haut degré de leur développement que ceux qui parlent arrivent à créer consciemment, avec attention et en vue de fins déterminées, un langage presque absolument concordant et pour ainsi dire supra-individuel, comme dans les formules mathématiques et chimiques. A ces formules on reconnaît d'ailleurs que cette imperfection n'est pas simplement une imperfection. Toute la force, l'art et la beauté du langage dépendent de la forme individuelle qu'il prend dans la bouche de ceux qui le parlent.

3° *Transformations du langage.* — De même qu'une langue n'est pas quelque chose d'absolument identique pour tous ceux qui la parlent, de même elle n'est pas quelque chose de constant. Cette forme qu'elle atteint peu à peu chez les individus, et qui, pour un certain temps, est malgré tout concordante, elle ne la conserve pas constamment. Elle vit et se développe en même temps que la vie de ceux qui la parlent. Selon leurs destinées, elle évolue plus ou moins vite vers des formes toujours nouvelles. Et cela dans les deux éléments à la fois, dont la réunion constitue son essence. Les mots et leurs flexions et combinaisons, qui servent à désigner certaines choses, certaines relations et certains faits, se transforment peu à peu. En même temps les nombreuses significations qui sont attachées à certains mots se modifient. Le premier phénomène, *celui de l'évolution des sons et des formes*, est provoqué en partie par des circonstances extérieures, comme la commodité de celui qui parle, l'acceptation par une communauté linguistique d'une langue étrangère à tournures différentes. Mais là, déjà, ce sont les lois de la vie psychologique qui en grande partie causent la transformation. Quant au second phénomène, celui de l'*évolution des sens*, il est causé exclusivement par elles. Les mêmes forces, qui de concert avec certaines expériences, certaines idées, certains intérêts à des choses, et certains besoins, ont donné à une langue une forme déterminée, entraînent nécessairement sa transformation par adaptation à d'autres expériences, idées et besoins.

Certaines circonstances peuvent faire, par exemple, que parmi les nombreuses particularités d'une personne ou d'une chose, certaines acquièrent une importance particulière, comme pour Jules César le pouvoir qu'il conquit, ou pour l'intendant Boycott la proscription qu'il subit en raison de sa sévérité. Naturellement ces particularités occupent le premier plan toutes les fois que le nom est prononcé. Celui qui parle songe surtout à elles. Et, lorsqu'il est nécessaire de désigner ailleurs d'un mot l'essentiel de ces particularités significatives, sans se préoccuper des circonstances avoisinantes, c'est ce mot, qui à l'origine était un nom de personne, et s'est déjà écarté de son premier sens, qui se présente de lui-même. Il perd une partie de son contenu, celle qui d'ailleurs était devenue la moins importante, pour gagner en échange en *extension*. De la même manière il peut se produire une *diminution* de l'extension. Dans une grande quantité de choses désignées par le même mot, certaines acquièrent une importance particulière pour celui qui parle, par exemple, parce qu'il a surtout affaire à elles. Lorsqu'on emploie ce mot, ce sont ces choses dont on a une conscience particulièrement nette. On n'ajoute plus les détails qui pourraient les distinguer des autres, d'autant plus que, s'intéressant aux mêmes points, la personne à qui on parle n'en a pas besoin, et le mot perd en extension. Ainsi le mot « ville » signifie d'abord pour tout paysan la ville la plus proche, le mot « gaz », pour les profanes, le gaz d'éclairage. De nombreux titres de fonctionnaires, comme ministre, général, préfet, ne sont que des mots qui ont perdu leur signification très générale. Un autre résultat un peu différent d'une telle action simultanée des lois de l'association et d'un déplacement de l'attention, ce sont les *métaphores*. Un mot passe de l'objet d'origine à un autre qui lui est semblable sous un rapport quelconque, comme celui de renard à un homme rusé (et en allemand à un cheval alezan) ou de pied à une partie d'une chaise ou d'une table. De même les *métonymies*, où le mot passe à quelque chose qui se produit simultanément, comme la foire qui désigne le marché, et aussi les distractions qui l'accompagnent, la toilette qui désigne successivement une petite serviette, la table qu'elle recouvre, l'action de s'habiller faite devant cette table, les vêtements dont on se sert à ce moment, etc.

D'autres déformations particulièrement intéressantes proviennent de certaines idées accessoires chez celui qui parle. On parle souvent pour obtenir quelque chose des autres. Pour cela, il faut s'assurer leurs bonnes dispositions et les traiter en conséquence. Il faut, par exemple, leur donner tous leurs titres et dignités, et en cas de doute faire plutôt trop que pas assez. Aussi toutes les appellations honorifiques ou sociales, les titres ont, surtout au féminin, une tendance à baisser et à perdre de leur valeur. « Sieur » est à l'origine celui qui est le supérieur des autres, et les commande ; aujourd'hui, le mot désigne presque tous les hommes adultes. Le mot allemand, « Fräulein » (mademoiselle) ne désignait encore chez Lessing (XVIIIᵉ siècle) qu'une

jeune fille noble, aujourd'hui toute jeune fille non mariée.
On parle aussi pour être entendu, non seulement matériellement, mais surtout pour qu'on fasse attention à vous, et
si possible, qu'on approuve vos paroles. Mais, étant donnée
la grande quantité des gens qui parlent, il est difficile de se
faire écouter, difficile surtout pour la génération grandis-
sante, pour la jeunesse. Car le grand public ne la connaît
pas du tout encore, et ne lui fait pas grande confiance, alors
qu'elle a tellement de choses importantes et neuves à dire.
Évidemment, elle ne peut pas parler simplement comme les
autres, et seulement pour être comprise ; il faut qu'elle
s'occupe de se faire jour, et d'attirer l'attention sur elle.
Et cela a lieu de différentes manières. Ou bien elle se met,
pour ainsi dire, sous la protection d'un auteur déjà connu
en l'imitant. Elle parle avec esprit comme Heine ou avec
sensibilité passionnée comme le Werther de Gœthe, ou en
antithèses éblouissantes comme Nietzsche. De cette façon,
elle met à la mode les façons de parler et les tournures d'un
auteur, et contribue à les propager. Ou bien elle parle
d'une façon surprenante, déconcertante, n'emploie pas
selon le conseil de Schopenhauer, des mots ordinaires, pour
exprimer des choses extraordinaires, mais dit au contraire,
des choses ordinaires en termes extraordinaires, qui lais-
sent reconnaître la pensée, mais ne sont pas habituellement
employés ainsi. On choisit, par exemple, des termes aussi
extrêmes que possible pour désigner ce qui est moyen ou
médiocre, et tels que des mots comme « divin et infernal,
ravissant et répugnant », ne peuvent modifier la nature des
choses elles-mêmes, ce sont les mots qui cèdent. Ils perdent
de leur force et deviennent plats. Ou bien encore on introduit l'argot dans la bonne société ; ce qui est plus distingué
et délicat, on le désigne par des termes vulgaires (l'étudiant boulotte au lieu de manger, habite une turne au lieu
d'une chambre), d'où il suit que peu à peu de nombreux

mots passent dans la langue courante en montant en dignité.

Aussi bien, n'est-il pas nécessaire de donner ici plus de détails. Ce qui importe est ceci : la parole est, comme la perception, une *affaire de l'âme entière*. La formation, la conservation et la transformation du langage sont le résultat naturel de toutes les forces psychologiques. En ce qui concerne la seule forme des mots employés, et de leur enchaînement extérieur, comme en ce qui concerne leur choix pour exprimer ses pensées, et leur groupement pour exprimer leur sens par un effet réciproque, celui qui parle est toujours déterminé par la manière dont il s'est exprimé antérieurement, ou s'exprimerait dans des circonstances analogues, par les notions qu'il a acquises sur les choses et qui lui importent surtout, enfin par les fins qu'il poursuit en général, et à chaque instant donné. Naturellement, il ne tient pas consciemment compte de tous ces éléments, mais ceux-ci agissent en lui à son insu, pour ainsi dire, parce que c'est la nature de l'âme d'être déterminée ainsi dans toutes ses activités. Le but principal que poursuit le langage, l'entente des hommes entre eux, agit naturellement avec une force particulière dans le sens d'un nivellement des différences primitives entre les langages individuels et du maintien, au cours des changements des générations, de ce qui a été acquis. Toutefois ces deux aspirations ne sont jamais réalisées entièrement par le langage abandonné à lui-même. Les différences entre les âmes individuelles et entre les circonstances, où elles apparaissent, les buts divers qui sont poursuivis se font sentir dans des particularités individuelles dans le maniement de la langue. Et les changements des individus, comme des circonstances et des buts, ont pour conséquence inévitable des modifications tantôt lentes, tantôt soudaines. L'existence d'une langue écrite ralentit beaucoup cette évolution. On peut essayer aussi d'y remédier artificiellement par l'introduction d'une langue purement conceptuelle, ou en imposant une langue normale à règles, et à formes fixes et immuables. Mais, en même temps, on sacrifie ou endommage certaines autres qualités précieuses du langage. Une langue, dont on maintient la constance par contrainte, devient bientôt, si elle ne l'est déjà, une langue morte. Et ce qui est mort se prête mal à exprimer le vivant. La force, la beauté et avant tout la *vérité* de la langue dans la reproduction des idées, on ne peut les obtenir, si l'on ne veut pas que la langue dépérisse, qu'au prix de ces particularités dues à la vie même de l'âme, bien que du point de vue de l'entente elles soient assurément plutôt nuisibles.

4° *Importance du langage*. — Mais ces recherches sur la vie des langages nous ont détourné du chemin qui nous avait amenés à étudier le langage. Revenons-y. Quelle importance a le langage non plus comme moyen essentiel de communication dans les sociétés humaines, mais uniquement pour la vie psychologique individuelle et son développement? Nous avons déjà dit l'essentiel plus haut. Le langage rend possible la montée de la pensée abstraite jusqu'aux plus grandes hauteurs accessibles, l'analyse la plus complète des perceptions, des idées et des sentiments jusqu'en leurs derniers éléments, et la formation de combinaisons nouvelles de ces éléments, semblables d'abord aux données premières, puis faites en vue des fins les plus diverses. Que seraient des représentations comme celle d'accélération, de hauteur de son, de nombres irrationnels, de calorie atomique, de justice, de félicité sans le langage? Elles sont absolument inconcevables sans lui. Mais cette montée de la pensée abstraite représente en même temps un accroissement de la puissance de notre pensée sur les choses aux deux points de vue indiqués plus haut (p. 171). Tout d'abord pour trouver les lois qui régissent les choses.

Il est difficile de dire à première vue comment les corps
tombent lorsqu'on les laisse ou les lâche : les uns tombent
vite, les autres lentement, d'autres pas du tout, d'autres
s'envolent. Mais, si par la pensée on supprime l'air et
crée le concept d'accélération, la chose devient très
simple et vaut pour les corps et célestes et terrestres : ils
tombent avec une accélération constante. Et cela dans des
cas innombrables. Les lois physiques, chimiques, linguistiques, psychologiques, etc..., dépendent en grande partie
d'abstractions élevées : sinus ou tangentes d'angles, force
électromotrice, poids moléculaire, évolution des sons du
langage, intensité de la sensation. Or, sans langage, il ne
saurait être question de semblables abstractions et partant
de la connaissance des lois qui s'y rattachent. En conséquence, l'abstraction équivaut à une extension des représentations, et à une augmentation du nombre des choses où se
retrouvent les quelques traits dégagés par la pensée. Et
cela équivaut à une plus grande richesse de la pensée qui
tient la place de nombreuses représentations. Qu'on prenne
une phrase quelconque, par exemple ce mot de Frédéric II :
« Jésus n'a point promulgué de dogmes, mais les conciles
s'en sont bien chargés » ; ou un vers d'une poésie : « Tu
remplis à nouveau la vallée et le bosquet silencieux
de ta lumière nébuleuse[1] » ; ou un renvoi général à des
choses groupées collectivement : « Les événements de ces
trente dernières années. » Quelle foule de notions, idées,
combinaisons, relations, états d'âme ne se trouve pas
exprimée là ! Très peu de tout cela est directement conscient ; il n'y a guère que ce qui est nécessaire à la compréhension des mots. Mais tout le reste de la richesse reste
au seuil de la conscience, à la disposition immédiate de
l'âme, et pour servir à ses fins, dans le cas où les circons-

---

1. Vers de Gœthe dans la poésie *A la lune : Füllest wi der Busch
und Tal still mit Nebelglanz.*

tances rendraient nécessaire une intervention, et sans
cependant l'occuper, tant que ces circonstances ne se présentent pas.

Ainsi, abstraction faite de son importance pour la vie
sociale des hommes, une prise de possession plus pénétrante et plus étendue des choses par notre pensée, telle
est la grande valeur du langage. En même temps, il rend
un autre service très important. Nous avons vu que les
représentations produites par les mêmes excitations extérieures, et unies par suite aux mêmes mots, sont très différentes aussi pour le même individu à des moments divers,
et qu'elles sont même à tel moment donné d'une incon-
stance et d'une rapidité toutes particulières. Tout cela a bien
sa valeur, dans la mesure où la pensée s'adapte, de cette
manière, d'une façon adéquate aux circonstances particulières des divers individus et des cas particuliers, et fait
face, jusqu'à un certain point, malgré sa puissance restreinte, à toute la richesse des choses par de rapides changements. Toutefois, cela ne va pas sans inconvénients
sérieux. On remarque souvent des caractères accidentels, et
peut-être secondaires des choses, au lieu des grands traits
fondamentaux et importants de leur être et de leur action.
Il devient plus difficile de communiquer et de bien comprendre les idées. Le langage permet sinon de faire disparaître, du moins de remédier à ces inconvénients. Il fixe le
sens des mots qui désignent les choses, en y ajoutant un
nombre de mots qui les expliquent et les déterminent,
c'est-à-dire en y ajoutant une *définition*. Par là, il fait des
représentations indéterminées et flottantes *une pensée conceptuelle*. Que de sens n'ont pas dans la vie quotidienne
des mots comme cercle, énergie, liberté, au sens propre et
aux sens figurés toujours plus nombreux (comme cercle
d'amis, affranchissement d'une lettre)? Mais le physicien
donne la définition suivante : l'énergie est pour moi la

faculté de fournir un travail mécanique, rien de plus ; le philosophe dit : « J'appelle libre celui qui, sans subir de contrainte extérieure, agit uniquement selon les lois de la nature. » Comme les mots définis sont pensés sous l'action des mots qui les définissent, ils ont toujours au milieu de ceux-ci un sens, le même pour tout le monde et constant. Assurément, on pourrait dire des mots qui définissent, la même chose que de tous les autres : leur sens n'est pas non plus absolument déterminé et arrêté ; il faudrait pour cela commencer par les définir, et ainsi de suite. Un concept ne saurait donc être conçu comme quelque chose de terminé, en tant que devant être une représentation parfaitement déterminée et éternellement identique. C'est un idéal, une exigence, quelques pas, ou quelques mouvements, qu'on fait pour satisfaire, surtout dans la pensée rapide, mais pour s'arrêter tout aussitôt. Néanmoins, le gain fait ainsi, en comparaison de la pensée non conceptuelle, est immense : tout savoir étendu et coordonné repose là-dessus.

§ 18. — Pensée et connaissance

1. *La pensée.* — Dans la perception, et en partie aussi dans le souvenir notre activité représentatrice reste en relation étroite avec les données des sens. Dans l'abstraction elle acquiert plus d'indépendance et s'en écarte dans une direction, celle de la hauteur pour ainsi dire. Mais, tout en faisant cela, elle peut aussi s'en écarter dans d'autres directions, en largeur et en étendue. Je reçois la lettre d'un ami. Je lis les mots et en comprends le sens ; des souvenirs généraux de la personne de mon ami, et des moments passés avec lui me reviennent. Mais, je n'en reste pas là. Je cherche à me représenter d'autres choses. Comment vit-il maintenant ? Comme moi, qui me trouve très isolé depuis notre séparation ? Ou bien avec sa vivacité naturelle a-t-il

trouvé de nouvelles relations? etc. De la perception sort d'une part l'abstraction, de l'autre, et sans se séparer d'elle, mais au contraire en s'en servant, la *pensée* et la réflexion.

Qu'est-ce que cela la pensée? c'est-à-dire la pensée ordonnée et continue? Peut-être le comprendra-t-on mieux lorsque nous aurons dit ce qu'elle n'est pas, et de quoi elle est le contraire. Elle l'est de deux choses.

Tout d'abord penser ce n'est pas rêver. Sans doute les parties d'un rêve sont la plupart du temps enchaînées les unes aux autres. Une partie est rattachée à la précédente par quelque ressemblance, ou par le fait qu'elles ont été vécues en même temps. Mais elles tiennent surtout ensemble à la manière d'une chaîne où chaque anneau est relié à ses deux voisins. Il manque quelque chose qui serait relié à *toutes* les parties, et non seulement cela, mais encore les réunirait en un même tout. Les représentations fugitives du fou montrent parfois cet enchaînement par anneau à son plus haut degré. « Connaissez-vous Gœthe? — Ah! oui, Gœthe et Schiller; la rue Schiller, la place Schiller; théâtre, opéra [1]; par les bois, par les champs. » Des assonances, des mots composés usuels, un rapprochement des objets dans l'espace, tout cela conduit d'une idée à l'autre, jusqu'à ce qu'une nouvelle impression sensible survenant, ou une représentation apparaissant soudainement, ce qu'on appelle une inspiration subite, interrompe une série et en commence une autre. Lorsque ces recommencements abrupts sont fréquents, on parle d'incohérence.

Ensuite, la pensée n'est pas la réflexion intense qui reste continuellement ou revient toujours sur une seule représentation qui se présente toujours de la même façon. Soit par exemple lorsqu'on est tourmenté par une attente anxieuse,

---

1. Le grand poète allemand Schiller a donné son nom à une rue, à une place et à un théâtre de Berlin. Le grand Opéra est tout proche.

lorsqu'on est poursuivi à son grand ennui par une mélodie, une expression, ou bien lorsque l'incertitude persistante sur le point de savoir si on a bien fermé sa porte empêche de s'endormir. Et là aussi nous trouvons le plus haut degré dans des cas de maladie mentale : dans les idées fixes des fous, par exemple dans le besoin ressenti sans interruption, de tuer d'autres gens, ou dans l'idée qui domine toute leur existence qu'ils sont méchants ou coupables.

La pensée ordonnée, pourrait-on dire, est un moyen terme entre la fuite des idées et les idées fixes. Elle consiste en une succession de représentations qui ne sont pas seulement — bien qu'elles le soient — rattachées les unes aux autres par association en tant qu'éléments d'une série, mais qui sont en même temps subordonnées et coordonnées à une autre *représentation qui les commande*. Elles ont donc toutes des rapports avec une *représentation supérieure*, par le fait même qu'elles en font partie comme parties d'un tout. Une *vision une* comme celle d'un paysage, d'un combat, d'une œuvre d'art, ou une idée une, comme l'idée de ma profession, de mes efforts, de l'avenir de mon pays, déploient dans la pensée dans une succession ordonnée, et soumise elle-même de nouveau aux lois de l'association, toute la richesse de leur contenu ; elles se divisent en visions et en idées partielles, qui sont contenues en elles, mais qui dans un seul acte de représentation ne parviennent pas à la conscience claire, mais peuvent n'être pensées tout au plus que par délégation.

Après que cette décomposition s'est produite, la représentation qui dominait à un moment donné fait place à une autre. La pensée va plus loin, et un autre tout se déploie. En même temps, ces représentations dominantes ou supérieures qui se succèdent ainsi, peuvent n'être rattachées entre elles que par séries, et même être évoquées par de nouvelles perceptions n'ayant aucun lien avec tout ce qui les précédait. C'est ce qui se produit dans la conversation ordinaire, lorsqu'on écrit une lettre, ou bien lorsqu'on se repose de son travail. Elles peuvent encore être subordonnées par groupes à des représentations supérieures plus élevées, celles-ci à d'autres encore et ainsi de suite, si bien que le tout arrive à former un tout très vaste et très riche de représentations dominantes et subordonnées à des degrés divers. Dans le cas de la pensée délibérée, c'est-à-dire en vue d'une fin, toutes les autres représentations, même déjà supérieures, sont subordonnées à la représentation supérieure de la fin poursuivie. Il en va de même pour un exposé bien fait, pour les phrases, paragraphes, chapitres, finalement pour tout un livre et même pour toute une série de volumes.

La pensée est en partie une œuvre de la mémoire. Le contenu des représentations dominantes aussi bien que de l'ensemble de ses représentations partielles, et surtout la manière dont celles-ci sont reliées à l'idée principale qui les réunit, reposent uniquement sur des expériences, alors même que ces expériences sont très entremêlées. De plus l'apparition des représentations dominantes et de leur succession sont, très souvent du moins, déterminées par les lois de l'association. Mais en même temps la pensée repose sur les lois de l'attention. Car l'un de ses caractères essentiels est précisément que chaque représentation supérieure occupe l'âme à l'exclusion des autres et reste active jusqu'à ce qu'elle ait mis au jour, c'est-à-dire ait reproduit suffisamment tout son contenu dans des représentations partielles. Il faut donc que la représentation supérieure remplisse les conditions générales dont dépend l'apparition dans la conscience de certaines données, et la préférence qui leur est accordée sur les autres (page 120). Elle doit avoir une valeur sentimentale suffisante, intéresser suffisamment. Si tel est le cas, il y a alors précisément pensée.

Il n'est point besoin de l'activité d'un être spécial ou d'une faculté spéciale pour la produire. Tout cela en supposant bien entendu un fonctionnement normal de l'âme. Si les associations l'emportent sur l'attention, ou si au contraire elles s'effacent trop devant celle-ci, alors se produisent ces deux anomalies opposées dont nous venons d'étudier les degrés extrêmes sous le nom de fuite des idées et d'idées fixes.

Le langage est l'auxiliaire le plus puissant de cette persistance des représentations dominantes, et partant de la pensée. La simplicité et la commodité des mots, leur application facile à tous les contenus possibles et aussi compliqués qu'on voudra, en font des moyens incomparables d'unité même pour les représentations supérieures les plus riches et un abri sûr au milieu de tous les enchevêtrements et les écarts des pensées. Des représentations extrêmement riches en relations, et dont on ne peut épuiser aisément par la pensée tout le contenu, comme celles de convenance, devoir, honneur, deviennent par la désignation verbale des idées qui se rattachent avec une facilité extrême à d'autres, et par là concourent presque toujours avec les autres à déterminer le cours des idées et l'action. Et plus que toutes les autres, une représentation, qui de par sa naissance même a une importance particulière, acquiert une importance capitale pour toute l'âme grâce à cet appui de langage : c'est la représentation du moi ou de la personnalité.

2° *Le moi et le monde extérieur.* — Parmi les impressions du tout jeune enfant il est un certain groupe, qui en raison de caractères communs et frappants, doit se séparer des autres et s'opposer à elles. Lorsqu'on porte l'enfant d'une chambre dans une autre ou dans la rue, ou bien lorsqu'il se traîne lui-même par terre, la grande majorité des impressions qu'il reçoit se transforme en d'autres : au lieu d'un mur orné de tableaux, il voit une fenêtre avec des rideaux, au lieu de tables et de chaises, des arbres, des maisons et des gens inconnus. Mais certaines impressions ne changent pas. Quoi qu'il aperçoive, il voit presque toujours en même temps un peu de ses mains et du bas de son corps. Dans quelque situation où il se trouve, il éprouve toujours des sensations provenant de ses vêtements, des mouvements de ses membres, des organes de la respiration, de la digestion, de la circulation. A cela s'ajoutent d'autres expériences remarquables, souvent les choses qu'il voit se déplacent. L'enfant perçoit donc des déformations et des changements dans ses images visuelles. Mais lorsque les choses qu'il emporte toujours avec lui, les bras et les jambes, se déplacent, il ne perçoit pas seulement ces changements *qu'il voit*, comme dans le cas des mouvements, des choses extérieures ou d'une autre personne, mais encore il en perçoit d'autres en même temps. Il éprouve des modifications de ses sensations kinesthétiques, et la plupart du temps aussi de ses sensations tactiles. Il fait en réalité des expériences doubles. Et la même chose se produit encore d'une tout autre façon. Lorsque les mains et les pieds de l'enfant rencontrent les choses, qui à chaque mouvement du corps se modifient, une sensation de toucher se joint à l'impression visuelle. Mais lorsque les mains et les pieds se rencontrent, ou touchent d'autres parties du corps toujours présentes, cela produit, indépendamment de ce qui est vu, de nouveau une sensation double. Et, sans aucun doute, cette sensation semble très curieuse, comme le prouvent bien l'enfant qui joue avec son orteil ou le chat qui se mord la queue.

Bref, pour des motifs divers les sensations visuelles, tactiles, organiques, etc., qui proviennent du corps même de l'enfant, doivent prendre peu à peu dans sa conscience une place toute particulière. En vertu de maintes particularités, elles se distinguent comme quelque chose de spécial de toutes les autres impressions produites par les objets extérieurs. En vertu de leur présence toujours simultanée, elles forment un groupement d'une solidité extraordinaire ; et en raison du fait qu'elles accompagnent toujours les autres, elles forment un groupement que l'on peut reproduire avec une extrême facilité en partant de n'importe quelle impression. Mais ce groupement — et il faut ne pas l'oublier si l'on veut éviter des malentendus et de fausses interprétations — n'est pas un agrégat, une réunion faite du dehors, d'impressions isolées à l'origine, mais est dans son essence même une *unité*, au sens indiqué plus haut (page 94). Il n'existe pas dès l'abord, pour l'enfant, de séparation entre les sensations ou des sensations rendues autonomes, comme cela est courant chez les adultes. Cela ne se fait que peu à peu, comme nous l'avons montré (page 157), à la suite d'expériences permettant de distinguer ce qui toujours coexiste régulièrement, de ce qui varie souvent. Et certainement, ces sensations de la peau, ces sensations organiques et kinesthétiques, que la conscience développée ne distingue souvent encore que d'une façon imparfaite, forment pour l'enfant un tout, vague et indéterminé assurément, mais ressenti néanmoins comme un tout unique, dans lequel tantôt certains contenus partiels, tantôt d'autres se détachent plus nettement, sans toutefois se séparer des autres. On ne peut guère considérer comme quelque chose d'ajouté du dehors à ce groupement, que l'image visuelle du corps, qui d'ailleurs en elle-même forme aussi un tout unique.

Dès qu'il est formé, le groupement des sensations visuelles s'étend aussitôt dans un autre sens encore. Les représentations et les idées, de même que les sentiments qui y sont attachés, ou s'y rapportent, accompagnent souvent ces sensations, et demeurent, alors que les choses extérieures se modifient par leurs propres mouvements ou par ceux du corps. Par là, ils apparaissent indépendants dans leur existence postérieure des impressions extérieures, auxquelles ils sont pourtant liés à leur apparition, et semblent plutôt appartenir au corps. Il en est ainsi en particulier des reproductions d'impressions très fortes qui reviennent très souvent, et qui se reproduisent dans les conditions extérieures les plus diverses, mais toujours en présence des mêmes sensations corporelles. Les idées et les sentiments doivent donc nécessairement être plus étroitement liés aux impressions provenant du corps, qu'à celles provenant des objets extérieurs. Nous les localisons dans le corps. Mais nous le faisons de manière que, étant donné la grande ressemblance de notre corps avec celui des autres personnes, et partant avec tous les objets extérieurs, il existe comme un abime entre la partie visible, matérielle de tout le groupement et ce complexus des idées invisible et immatériel. Le tout finit ainsi par être assurément étroitement uni, mais aussi par se développer en une formation comprenant une moitié corporelle et une moitié non corporelle.

L'enfant apprend maintenant à désigner par un simple mot ce tout extraordinairement riche, et se développant en même temps que l'individu étend le cercle de ce qui l'intéresse, et de ses rapports avec les choses. Il le désigne d'abord d'un mot choisi spécialement pour ce groupement, Paul, Marguerite. Plus tard, lorsqu'il comprend le sens et l'emploi des concepts de relations, d'un mot dont la signification objective change avec la personne qui parle : moi. L'union solide de toutes les parties des groupements, la facilité avec laquelle la pensée peut se le représenter malgré sa richesse presque inépuisable, et en particulier sa promptitude à devenir conscient à la première occasion, tout cela gagne en force grâce à ce mot. Comme le groupement accompagne fréquemment toutes les impressions qui se produisent, il peut être reproduit en lui-même avec facilité, comme nous l'avons déjà fait remarquer, en partant de tous les autres. Or, cet accroissement de l'unité, et son maniement facile font de lui quelque chose d'omni-présent. *La représentation du moi est à beaucoup près la plus capitale dans toute la vie psychologique.* Je ne vois rien, n'entends rien, ne pense à rien, sans penser en même temps, si rapidement que ce soit, que c'est moi qui suis en train de lire, de répondre, de faire des plans, etc. Dans le langage même, il m'est presque impossible de parler du contenu de ma vie psychologique sans parler en même temps de « je » ou de « mon ». C'est seulement dans les cas où l'âme est fortement occupée par une grande quantité d'impressions, ou par certaines impressions d'une grandeur écrasante, qu'il lui est impossible de faire encore quelque place à l'idée du moi toujours prête. On parle alors d'oubli de soi-même, on dit que l'âme est absorbée, ou en extase, tandis qu'on désigne son activité, lorsque la représentation du moi *se dégage nettement, sous le nom de conscience de soi-même.*

Naturellement, il nous est rendu infiniment plus facile de penser à ce qui existe en dehors du moi par des mots généraux comme « les choses », « le monde extérieur », le « non-moi ». Mais, l'ensemble de ces autres choses manque d'un noyau commun ; en outre elles n'apparaissent pas du tout toujours dans la même connexion, mais bien plutôt dans des combinaisons très changeantes. Il en résulte que cette représentation du monde extérieur, bien qu'elle soit le fond sur lequel se détache, et auquel s'oppose le moi, bien que souvent elle apparaisse très rapidement au moment même où nous pensons au moi, n'est pas à beaucoup près aussi facile à concevoir, et n'a pas l'omni-présence de la représentation du moi.

Assurément cette aide extraordinaire, et si capitale pour toute la vie psychologique que la représentation du moi reçoit du langage, a provoqué ou du moins contribué à développer de graves erreurs et de graves difficultés. Alors que la pensée suit sa marche habituelle et rapide, la représentation du moi, qu'elle ne fait presque qu'effleurer, n'a pas le temps de déployer même le minimum de son contenu d'une richesse illimitée. Elle apparaît toujours comme quelque chose de toujours simple, et pour ainsi dire indéterminé. Même lorsque la pensée va moins vite, lorsque, par exemple, j'arrête le cours des pensées pour me rappeler qui je suis, moi qui suis en train de vivre tout cela, ce sont au fond toujours les mêmes représentations qui arrivent : représentations d'une certaine apparence extérieure, d'un certain âge, d'une certaine position et de certaines aspirations de la vie, d'événements marquants pour moi, etc. Cette simplicité, et cette identité de la représentation ont servi mainte et mainte fois de preuve de l'existence objective d'êtres réels faits ainsi, qui dans cette représentation prendraient conscience d'eux-mêmes, de ces fétiches d'âmes simples et immuables, dont il a été question plus haut (page 54). C'est seulement de nos jours que cette conclusion illicite a perdu de son crédit. Elle n'est plus admise que par les restes encore existants d'une psychologie scolastique liée par des dogmes ecclésiastiques. En effet cette conclusion n'est pas plus juste que si de l'existence de la représentation vide de contenu et toujours semblable du « cela », on voulait conclure à l'existence d'une réalité objective correspondante.

Mais cette affirmation métaphysique a fait place à une autre affirmation assez voisine relative à la théorie de la connaissance. Le fondement dernier de toute notre pensée en ce qui concerne les choses, le point de départ fixe et le point de relation des formations et des faits psychologiques, serait un moi, qui ne se pourrait en aucune façon être rencontré ni décrit dans ses éléments, ni expliqué dans sa formation dans le même sens qu'un objet extérieur. Chacun a une conscience immédiate de lui-même dans l'expérience non influencée ; il s'en rend compte à chaque instant dans sa perception, sa pensée, son action, comme une condition première jamais absente de celle-ci. Mais il s'en rend compte comme d'une chose qu'il ne peut saisir par des analyses et des énumérations mais bien comme *la manifestation de son être particulier d'agissant et de voulant, comme d'une personnalité absolument une et indivisible.* Cette unité de « l'actualité » qui ne comporte pas d'éléments, est précisément l'unité du tout psychique. Sans elle l'âme se disperserait comme un fleuve en gouttes d'eau. Et ce sont de telles unités qui se manifestent dans la création des religions, des arts et des États. On peut dire que cette unité simple et indescriptible de la personnalité est au fond l'âme simple substance de jadis, plus spiritualisée pour ainsi dire, c'est-à-dire dépouillée de l'existence indestructible dans le sens traditionnel. Sans aucun doute la vie psychologique dans sa totalité est une unité : la manifestation active d'une certaine nature particulière, la réalisation d'une fin suprême et dominant tout. Mais précisément elle n'est pas cela sous la forme d'une unité simple et indéterminable, mais d'une unité d'une richesse inépuisable et dont on peut très bien décrire beaucoup de détails. C'est une unité qui ne s'oppose pas à ses parties comme quelque chose dont on peut la séparer, mais qui n'existe qu'en elles et par elles, tout comme l'unité d'un corps organique ou d'une plante. Dans cette unité vaste et pour ainsi dire objective il y a des unités plus restreintes, parmi lesquelles cette représentation du moi, dont il est question ici. Son unité non plus n'est pas simple, mais embrasse en même temps une pluralité, d'une étendue très variable d'ailleurs. Parfois cette représentation s'étend de telle sorte que sa richesse égale presque celle du tout psychique, lorsqu'elle en a le temps et que des circonstances favorables se présentent. Mais la plupart du temps au contraire, lorsqu'elle apparaît et accompagne les autres d'une façon toute fugitive d'ordinaire, elle est extrêmement pauvre, presque vide de contenu, une simple idée représentative. Supposer à côté de cela une troisième espèce d'unité, de qui dépendrait tout et qui contribuerait à déterminer tout, comme cette première unité objective, et qui en même temps serait absolument simple et sans qualités comme l'unité de la représentation du moi dans la pensée habituelle qui ne se développe pas davantage — ce serait hypostasier les qualités d'une représentation en réalités objectives. Ce ne serait pas tout à fait aussi exagéré, mais aussi injustifié que les interprétations qui font de la conscience du moi des âmes simples et immuables.

3° *La connaissance*. — Nous avons vu que la perception qui complète et interprète les impressions extérieures concorde souvent avec ce que nous pouvons apprendre par les sens, le reproduit d'avance, avant même qu'une action réelle ait pu se produire sur l'âme. Il en va de même pour la pensée qui se détache plus librement des impressions sensibles. Son contenu provient d'expériences et est influencé d'une manière particulièrement forte par les expériences qui se répètent très fréquemment. On conçoit que, étant donné l'uniformité des phénomènes objectifs, que ce contenu concorde dans certaines circonstances avec les expériences à venir en réalité, d'autant plus que évidemment les intérêts les plus puissants de l'homme le poussent à rechercher cette concordance. Au point de vue de ce rapport avec ce que nous pouvons apprendre les diverses formations de la pensée ont reçu des noms particuliers. Ce qui concorde avec les expériences possibles de celui qui pense — avec les expériences possibles non seulement du monde extérieur, mais aussi avec l'être et les phénomènes intellectuels — se nomme *vérité, connaissance*. Ce qui ne concorde pas : *erreur*. Les connaissances et les erreurs sont comme les perceptions et les illusions des sens des résultats produits par les lois du mécanisme psychologique. La complication des manifestations actives de l'âme et d'autre part le fait qu'elles dépendent à la fois et ne dépendent pas des phénomènes en dehors du monde propre de l'individu conduit nécessairement aux unes comme aux autres.

Mais sans doute la production de vérités dans des âmes différentes est extrêmement différente. La vieillesse est plus réaliste dans la pensée ; la jeunesse a plus d'imagination. En partie parce que la vieillesse a appris à apprécier davantage de penser à la réalité et s'y applique davantage. Mais en partie aussi parce que les reproductions de l'homme âgé doivent involontairement et sans intention s'adapter plus souvent et mieux à ce qu'il éprouve par la seule force de ses expériences plus nombreuses. Toutefois en faisant tout à fait abstraction de cette différence tardive, la faculté de la connaissance est dès le début un don naturel très différent chez les divers individus. Rien n'est plus connu. On désigne cette faculté sous le nom d'*intelligence, de finesse*. En quoi consiste-t-elle ?

Non pas uniquement en une bonne mémoire, si l'on entend par là la faculté de pouvoir reproduire très fidèlement et très longtemps après certaines choses vécues. En ce sens il n'y a point d'intelligence sans une bonne mémoire, mais cela n'est important pour elle que pour lui fournir des matériaux, pourrait-on dire. Même les personnes bêtes, les idiots font preuve souvent d'une capacité étonnante à retenir fidèlement des dates, des vers, etc.

Mais une bonne mémoire n'est capable d'adapter la pensée qu'aux combinaisons les plus simples et qui se répètent le plus souvent des phénomènes objectifs. Elle n'y suffit plus dans les cas compliqués. Il faut que quelque chose s'y ajoute.

Supposons qu'un domestique ait reçu un ordre à exécuter, mais pour une raison quelconque il lui soit impossible de l'exécuter. S'il est bête l'affaire est finie par là. Celui qui a donné l'ordre n'ayant pas prévu le cas d'impossibilité d'exécution, il n'y rattache aucune représentation, si ce n'est celle qu'il n'a plus rien à faire et peut retourner à la maison. La pensée du domestique intelligent est plus compréhensive. Elle ne reste pas collée à l'ordre seul, mais reproduit aussi le maître qui le lui a donné, et d'autres choses, qui d'après l'analogie de cas semblables, ont des points de contact avec cet ordre. Quel peut être le but de l'ordre ? N'y a-t-il pas d'autres moyens d'atteindre ce but même à peu près ? Quelle possibilité y a-t-il d'user de l'un de ces moyens, etc. ? Et peut-être le domestique intelligent réussira-t-il grâce à la plus grande mobilité de son esprit à tomber juste, c'est-à-dire ici à reproduire en esprit tout l'ensemble de circonstances réelles auxquelles l'ordre doit naissance et à agir en conséquence.

Ou bien supposons qu'il s'agisse de reconnaître une maladie. Différents médecins établissent des diagnostics différents. L'un est juste, tous les autres faux. Sur quoi repose la différence des appréciations ? Chaque maladie se manifeste par plusieurs symptômes. Les uns sont faciles à percevoir, s'imposent même. Ce sont les malaises du malade. D'autres sont cachés, mais n'en sont pas moins importants ; il faut les chercher. Or dans les cas difficiles, les seuls où la divergence des diagnostics se produise, ces symptômes sont en grande partie ambigus. La fièvre, le manque d'appétit, le vertige, la folie des grandeurs existent chacun en soi dans les maladies les plus différentes. Il se produit simplement ceci qu'ils n'accompagnent une maladie *déterminée* que dans un groupement déterminé et en partie à un degré de force déterminée. Deux choses donc sont importantes pour un diagnostic exact. Premièrement il faut que les symptômes existants soient trouvés aussi complètement que possible, en tenant compte, s'il y a lieu, de l'absence de certains symptômes. Pour cela il est nécessaire que la représentation des symptômes cachés soit évoquée par la perception des symptômes patents ; car si l'on n'y songe pas on ne peut pas les chercher. Deuxièmement il faut que les représentations des symptômes existants et non existants, en se complétant et en se corrigeant mutuellement, reproduisent la représentation de la maladie même, pour laquelle l'ensemble des symptômes existants est caractéristique. Cela nécessite une efficacité simultanée de toutes ces représentations, ou tout au moins, qu'elles soient toutes proches de la conscience, afin que, si la représentation d'une maladie qui n'est pas la vraie apparaissait, les représentations des symptômes qui ne s'accordent pas avec elle, s'animent aussitôt et la repoussent. Un diagnostic inexact, au contraire, ne s'appuiera que sur une partie des symptômes objectivement existants, sur les plus saillants par exemple, ou ceux qui révèleraient une maladie très commune, ou très familière au médecin qui apprécie. Les autres, plus rares, plus cachés, quoique ne restant pas inconnus, ne sont pas évoqués par les représentations existantes. Aussi n'ont-ils aucune efficacité.

D'une part, un horizon borné, et le cours des reproductions suivant les voies les plus habituelles, et d'autre part, au contraire, une *pensée étendue et agile, tout en retenant une idée dominante, ou une fin une*, tels sont les caractères distinctifs de la bêtise et de l'intelligence. Établir intellectuellement une liaison judicieuse entre les événements physiques ou historiques, les pensées philosophiques ou poétiques, en choisissant dans une multitude de faits, et en passant par dessus de nombreuses lacunes ou contradictions de la perception sensible ou de la tradition ; tenir compte simultanément de nombreux facteurs importants dans le choix des moyens propres à atteindre un but ; savoir les adapter ingénieusement aux changements des circonstances ; changer brusquement de face ; faire de nouvelles acquisitions ; en un mot savoir regarder de tous les côtés et mettre de nombreuses expériences au service d'une idée qui commande tous ces moments dispersés, et les unit, bien qu'elle n'apparaisse souvent que d'une manière provisoire et représentative — effectuer toutes ces opérations, voilà ce qui caractérise l'activité supérieure de la pensée compréhensive. Ce n'est pas uniquement la mémoire ni uniquement l'attention, qui en sont le fondement et la force première, mais *toutes deux à la fois et toutes deux avec un développement simultané et supérieur des différents aspects qu'on reconnaît en elles :* la fidélité, la richesse et la célérité de la mémoire, l'énergie de la concentration, et pourtant aussi l'étendue et l'agilité de la pensée attentive. Il n'est point nécessaire de montrer longuement qu'en présence des complications inouïes des faits objectifs, des dépendances compliquées à en troubler des choses entre elles, et de leurs relations réciproques, des divergences constantes avec la règle générale que présente chaque cas, une telle réunion et un tel développement des facultés psychologiques font que la pensée qui prévoit et reproduit, concorde plus facilement et plus souvent avec la réalité que nous pouvons connaître par expérience, c'est-à-dire font acquérir plus de connaissances, qu'un développement moindre et limité de ces mêmes facultés.

On a l'habitude de distinguer la raison de l'intellect. Dans la psychologie de la vie quotidienne, cette distinction n'a pas grande importance. Les deux concepts sont employés presque indistinctement l'un pour l'autre. Mais elle en a dans la psychologie théologisante. Là, l'intellect est une faculté inférieure de connaître, qu'ont aussi les animaux. Mais la raison est une *faculté distincte de celle-là,* supérieure, propre à l'homme seul, et à laquelle il doit ce qu'il y a de plus élevé en lui : la pensée conceptuelle, la conscience de soi-même, la conscience de Dieu, etc. C'est là une conception tout à fait fausse et puérile de la supériorité effectivement énorme de la connaissance humaine sur la connaissance animale. Cette supériorité ne repose pas sur l'existence d'une faculté supérieure, n'ayant aucun lien avec une autre faculté inférieure, qui, comme les outils d'un serrurier, ne permettrait que de faire des ouvrages grossiers, tandis que l'autre, comme les outils de l'ouvrier de précision, permettrait de faire des ouvrages supérieurs et précieux. Elle repose sur ceci, que l'œuvre toujours la même, accomplie par la pensée qui prévoit la réalité objective au milieu des circonstances qui compliquent et rendent le travail plus difficile, l'est chez l'homme à l'aide de moyens incomparablement plus parfaits, et donne par suite des résultats incomparablement plus parfaits. Les facultés d'isoler par l'abstraction, et d'enrichir par l'association, qui sont absolument communes aux animaux et à l'homme, atteignent dès le début chez celui-ci un développement infiniment plus grand. En outre, il possède quelque chose de nouveau et qui augmente singulièrement la portée de ces facultés : le langage. Telles sont les bases de sa supériorité. Tout le reste en découle nécessairement.

§ 19. — LA CROYANCE

Mais on demandera à quelqu'un qui nous aura suivi jusqu'ici : faut-il faire dépendre entièrement les vérités et les connaissances de quelque chose qui se trouve en dehors d'elles et qui est atteint ou manqué par une adaptation plus ou moins habile à ce quelque chose d'extérieur? Ne portent-elles pas leur confirmation en elles-mêmes? Est-ce que les vérités fondamentales n'apparaissent pas à chacun de nous avec une évidence immédiate, dès qu'elles lui sont présentées, et les autres ne doivent-elles pas en être tirées par une déduction d'une logique irréfutable ? Ou bien, s'il faut admettre des vérités inférieures qui ne le sont que par leur conformité avec l'expérience, est-ce que ces vérités d'une évidence immédiate ne sont pas les vérités supérieures et seules dignes de ce nom ? Comme par exemple les vérités logiques, mathématiques ou religieuses ?

En effet, ce que nous avons dit jusqu'à présent a besoin d'être complété. Il existe sinon deux espèces de vérités qu'on placerait simplement l'une à côté de l'autre, du moins deux sens dans lesquels nous employons les mots « vérité » et « connaissance ». Nous en avons parlé jusqu'ici dans l'un des sens. D'après cela, elles sont — en laissant de côté toute théorie de la connaissance susceptible d'apporter de la confusion — des formations intellectuelles, qui ont la propriété de concorder avec une réalité existant en dehors du monde des pensées de celui qui a des représentations et de concorder objectivement, alors que ce rapport est lui-même pensé ou non.

Dans l'autre sens, au contraire, elles sont des formations intellectuelles, qui sont *représentées subjectivement comme possédant cette concordance,* des idées accompagnées de la *croyance* à leur réalité, de la certitude qu'il existe objectivement quelque chose leur correspondant. L'opinion la plus répandue est certaine que les deux choses vont ensemble, que l'essence des connaissances consiste précisément à être objectivement exactes, et subjectivement irréfutables. Et c'est là ce qui explique que le langage désigne par le même mot ce qui a ces deux qualités. Toutefois, si la réunion des deux caractéristiques a lieu très souvent, elle n'est pas à beaucoup près sans exceptions. Il y a des vérités objectives, pour les appeler brièvement ainsi, qui ne sont pas crues le moins du monde. C'est le cas toutes les fois où l'on rejette une possibilité ou une théorie dont, dans la suite, l'exactitude est pourtant démontrée. Et inversement, il existe des vérités subjectives, que défend la croyance la plus vigoureuse, que l'on n'abandonne pas au prix même de sa vie, auxquelles pourtant ne saurait correspondre une réalité objective. Car, puisqu'il y a eu des martyrs chrétiens, juifs, païens et philosophes, dont les croyances étaient en partie contradictoires, il faut bien qu'ils aient donné léur vie pour des choses objectivement fausses. Exactitude objective et évidence subjective ne se couvrent donc pas, mais sont des propriétés, qui s'entre-croisent, de nos représentations, et l'existence de l'une ne garantit nullement celle de l'autre. Il faut donc les considérer séparément.

Or, nous avons vu comment l'âme atteint nécessairement l'une des deux, la pensée objectivement exacte, ainsi que ce qui la rend particulièrement habile à y parvenir. Comment alors arrive-t-elle à l'autre, à la pensée unie à la croyance et sous quelles conditions pense-t-elle ainsi ?

Nous venons de dire d'une manière très générale en quoi consiste la croyance : dans la représentation que quelque chose existe réellement, ou appartient à la réalité. Le contraire est la non-croyance ou incrédulité, la représentation de la non-réalité de quelque chose. L'une et l'autre peuvent se produire à propos d'un même contenu. Elles peuvent s'affaiblir réciproquement ou alterner par oscillation. Nous disons alors que « nous tenons quelque chose pour vraisemblable, pour possible, pour douteux, etc. ». Ces représentations ont, en quelque sorte, une coloration spéciale due à ce fait qu'à chacune se rattachent des sentiments déterminés : l'idée vive et sans restriction de la réalité par exemple est, abstraction faite de son contenu, extrêmement bienfaisante et apaisante ; le doute au contraire désagréable et pénible. Elles ont aussi des rapports déterminés avec l'action et avec la représentation de certaines actions. Mais nous faisons abstraction ici de tous ces phénomènes concomitants, si caractéristiques soient-ils, pour ne considérer que *le contenu représentatif* de l'ensemble, qui en forme l'essence propre. Il faut alors nous demander : « Qu'est-ce que la représentation de la réalité ? qu'est-ce qui s'y trouve représenté et d'où vient-elle ? »

Sans aucun doute, elle n'est pas quelque chose de primitif ? La réalité et la non-réalité sont étroitement unies, comme la droite et la gauche, le haut et le bas. Celle-là n'est point compréhensible sans l'opposition avec celle-ci. Or, comment la non-réalité pourrait-elle être une représentation primitive ? Le jeune enfant ne sait rien ni de l'une ni de l'autre. Il a des sensations et des représentations, mais il les a de façon absolue, sans l'idée accessoire de cette différence. Néanmoins, il fait bientôt des expériences qui lui imposent la notion de cette différence. L'enfant a faim. Il crie. En même temps il pense, par la reproduction d'expériences antérieures, à la nourriture qui calme la faim, et à sa mère, qui la lui apporte. Et voici que la porte s'ouvre. La mère entre effectivement avec la nourriture, semblable sous bien des rapports à la mère qu'il s'est représentée déjà, mais aussi très différente d'elle, par la vivacité sensible et l'empressement, par la netteté et la matérialité de sa personne et de ses paroles. A un autre moment l'imagination de l'enfant travaille. Le hasard de ses associations lui fait voir des figures singulières : des animaux à six pattes sous le ventre et sur le dos, si bien que, pour courir plus vite, ils peuvent se retourner, des princes charmants avec des couronnes dorées sur la tête et les mains pleines des présents les plus merveilleux. Mais qu'il s'y prenne comme il veut, les impressions sensibles correspondantes font toujours défaut ; celles qu'il

rencontre y *contredisent*. Les hommes qu'il voit matériellement, vont nu-tête ou portent des chapeaux, et ils ne dis-
tribuent guère de présents merveilleux. Naturellement
toutes ces impressions dans leur ensemble et leur connexion prennent place dans le reste de la vie représentative de l'enfant. S'il a plus tard l'occasion de crier pour
appeler sa mère, il ne se la représente plus tout simplement, mais se représente tout ce qui s'est passé antérieurement. Il se rappelle que la représentation floue et vague
a été remplacée par la perception sensible de sa mère, et
le rapport existant entre les deux. De même, pour ses
rêveries, il se rappelle la différence entre ce qu'il voyait
dans la suite de façon sensible, et ce qu'il avait pensé auparavant et l'incompatibilité des deux choses. Des centaines
et des centaines d'expériences, qui pour les intérêts de l'enfant ont la plus grande importance, doivent amener peu
à peu un double résultat. Tout d'abord, elles creusent un
sillon toujours plus profond dans le monde des pensées de
l'enfant. Son attention se porte là-dessus. Pour telles et
telles représentations il existe dans la vie, se dit-il, des
choses parfaitement semblables ou correspondantes, mais
qui ne sont pas de nature indécise, flottante et comme
incorporelle, mais tout à fait vives et pénétrantes et d'une
grande persistance. Pour telles et telles autres, rien de
semblable ne se produit jamais. Ce que nous voyons de
façon sensible est bien plutôt en contradiction avec elles,
elles n'existent que comme des fantômes fugitifs. En même
temps se produit une abstraction, parce que ces expériences sont faites non seulement pour des choses vues,
mais aussi pour des choses entendues et senties par le toucher, etc. L'enfant apprend que la différence caractéristique entre les deux groupes ne consiste pas en quelque
chose de particulier au domaine de la vie, mais en général
en ceci, que les formations appartenant à l'un des groupes

sont, *d'une manière ou d'une autre*, perçues par les sens, que sous n'importe quelle apparence elles ont ce caractère déterminé et net qui s'impose, et qui est commun à tout ce qui est vu, perçu par l'odorat ou le toucher, etc. Au contraire, les fonctions de l'autre groupe non seulement ne se trouvent pas parmi les perceptions des sens, mais sont tout à fait incompatibles avec elles. Par là l'enfant apprend à distinguer certaines de ses représentations comme réelles et d'autres comme irréelles. Car ces mots n'ont pas à l'origine d'autre signification (leur développement postérieur ne nous intéresse pas ici) que la suivante : choses qui appartiennent au monde des choses perçues par les sens, parce qu'étant de même espèce par certaines qualités importantes, ou choses exclues de ce monde, et limitées à celui des idées.

Lorsque l'enfant a acquis ces représentations du réel et de l'irréel, elles trouvent bientôt de nombreuses applications. Après les cas frappants, d'autres qui le sont moins amènent à former ces représentations, ou à les introduire. Finalement on les pense par analogie dans des cas, qui par eux-mêmes n'y auraient pas amené. C'est ainsi qu'apparaît une distinction de la plus grande portée pour toute la vie psychologique. *Toutes* les représentations proviennent en dernière analyse de la perception. Sans doute leurs combinaisons n'existent qu'en partie dans ce que nous percevons, et sont en partie en contradiction avec cela. Mais les éléments mêmes des combinaisons contradictoires ont été perçus et se retrouvent dans la perception sensible. On ne voit pas tous les jours des arbres à feuilles d'argent. Mais on voit des arbres et également des objets d'argent semblables à des feuilles. Puisqu'il en est ainsi, on est infiniment plus porté à croire à la réalité qu'à l'irréalité. Même si notre pensée se laissait aller à des imaginations pures, les détails de ces constructions réclament pourtant l'idée de réalité, et naturellement ils sont plus nombreux que les phantasmes irréels eux-mêmes, avec lesquels ils se combinent. Par suite il doit *se former une habitude beaucoup plus forte de croire à la réalité qu'à son contraire.* Et pour l'application par analogie aux cas neutres en eux-mêmes, c'est la représentation de réalité qui seule entre en considération. Cela signifie en d'autres termes ceci : *l'enfant, qui primitivement ne connaissait ni la croyance ni l'incroyance, mais a appris à les connaître toutes deux, devient d'abord extrêmement crédule.*

On sait que de jeunes enfants croient pour ainsi dire tout. « Dis à un enfant que la lune va tomber du ciel, et il regardera le ciel et attendra qu'elle tombe. » Leurs expériences limitées ne leur permettent que dans quelques cas de contrôler, pour les représentations évoquées en eux, la conformité ou la contradiction avec ce qui est perceptible. Mais alors ils ne restent pas neutres et réservés, mais font preuve d'une très forte tendance à tenir pour vrai. En cela ils sont soutenus d'une façon extraordinaire par le langage. Les mots, que l'enfant apprend les premiers à connaître, désignent tous des personnes, des objets, des faits, que les sens peuvent percevoir. Comme ces mots dominent toute sa pensée il est toujours arrêté sur ce qui est perceptible, c'est-à-dire réel. En outre les langues désignent en général par le même mot « être » le fait d'appartenir au monde réel, ou simplement au monde de la pensée. Ils amènent ainsi à cette supposition, qui semble toute naturelle, qu'une chose dont on pense qu'elle est jaune ou ronde, existe en tout cas, c'est-à-dire est réelle. Cette particularité a sans doute son origine dans la crédulité primitive des hommes. Mais, étant une fois donnée, elle contribue naturellement à accroître cette crédulité chez tous les individus grandissants. Cependant les expériences de l'enfant augmentent sans cesse. Et cette augmentation fait sur la quantité des choses auxquelles il croyait primitivement un double travail, qui se poursuit toute la vie durant, bien que très lentement à la fin.

Tout d'abord elle corrige et refoule la croyance. Ce qui contredit les expériences devenant toujours plus nombreuses, est rejeté hors du cercle de ce qu'on croit, et représenté consciemment comme un conte ou une fable. Des arbres aux pommes d'or ? Non, cela n'existe pas, disent les pommes réelles ; nous sommes toutes tendres et savoureuses, et non pas en métal dur. Un bonhomme Noël, qui apporte à la même heure à tous les enfants, dans tous les endroits, les cadeaux qu'ils attendent ? Non, cela est impossible, dit l'expérience quotidienne. On ne peut être à la fois ici et là-bas, et à mille endroits. En second lieu, cet élargissement des expériences procure à la croyance son soutien le plus ferme et son appui le plus sûr. Nous groupons par là de nombreuses expériences isolées et des croyances isolées en un *ensemble un*, et relions ainsi tout de la même manière à ce qui est la base absolue de toute réalité et la norme suprême de toute certitude : nos perceptions sensibles actuelles, et, en un mot, toute notre existence à cet instant. Si je pense nécessairement — d'une manière aussi rapide qu'on voudra, et par la pensée représentative la plus concise — que j'ai vécu à tel et tel moment précis, il y a tant et tant de jours, à un endroit déterminé, une chose avec la même matérialité et la même netteté que je vois maintenant ce papier devant moi et suis conscient des mots, qui se trouvent dessus, alors ma croyance à la réalité de cette chose est inébranlable. « Mon existence en ce lieu et en ce moment est le support dernier de toute réalité, par conséquent de toute connaissance. » (Lipps.) Et tout ce qui peut dans un rapport non contradictoire être coordonné conformément à l'expérience à ce point fixe, acquiert également une certitude ferme. Pourquoi puis-je pendant le

rêve croire à la réalité de ce qui m'arrive, mais non plus
dans l'état de veille? Parce que la conscience de la série
de nos expériences n'agit pas en entier, mais seulement par
fragments. Les bizarreries du rêve ne peuvent trouver place
dans l'ensemble de la série. Dès que la représentation de
cette série s'éveille, leur réalité disparaît. Je puis très bien
me représenter avec J. Verne que je suis lancé, en agréable
société, dans un obus géant jusque dans la lune. Je puis
me figurer très nettement ce qu'on verrait au départ de
l'obus, et quelle serait à peu près la vie dans son intérieur.
Mais je ne puis plus le faire dans la série de mes expériences. Mes représentations, bien fondées, des exploits
extrêmes dont la technique actuelle est capable, du froid
mortel de l'éther, etc., y contredisent. C'est pourquoi je ne
puis croire la chose.

On dit qu'une chose est « prouvée », lorsqu'on se la représente comme un chaînon dans l'ensemble des expériences.
On appelle « su », ce qu'on croit en vertu de cet ensemble. On
a même coutume, en raison de la solidité particulière de cette
croyance, d'opposer le savoir à la croyance. On restreint
alors le sens du mot « croyance » à ce que nous tenons pour
vrai, sans que cela soit fondé sur la série des expériences.
Le sens large et le sens étroit peuvent se justifier également.
Il existe justement, en même temps, une parenté et une
opposition.

L'œuvre de l'expérience consiste donc à rejeter certaines
idées hors du domaine de ce que nous croyons, et à le ren-
voyer dans celui de ce que nous ne croyons absolument
pas ; et, d'autre part, à réunir d'autres idées en un système
un de vérités solidement fondées, et auxquelles on croit
d'une façon inébranlable. Mais ces deux groupes n'enfer-
ment pas à beaucoup près la totalité des productions de
notre pensée. Un grand nombre d'entre elles se trouvent
entre ces deux extrêmes. On ne peut ni les prouver, ni

les réfuter. Quelle est l'attitude de l'âme à leur égard?

La grande leçon que l'homme doit sûrement tirer de ses expériences, est qu'il y a dans le monde beaucoup moins de choses croyables qu'il ne se le représentait au début. Car sa croyance primitive éprouve surtout des pertes et des déchets. Sans doute bien des choses sont confirmées. Mais comme il y croyait déjà, cela n'est pas en réalité un gain. D'autres choses très nombreuses au contraire sont perdues pour la croyance et reconnues incroyables. Il est beaucoup plus rare que des erreurs primitives se transforment en vérités. Par ses expériences l'homme devient donc nécessairement plus réaliste objectivement, et plus sceptique et plus prudent subjectivement. Cette attitude a maints avantages pour l'adaptation au monde extérieur, et en prendre en quelque sorte possession. Aussi cherche-t-on à la favoriser par divers moyens.

La culture scientifique, par exemple, comme la donnent nos universités, ne consiste pas tant à transmettre des connaissances — on pourrait les trouver dans des livres ou se les faire « seriner » — qu'à habituer à être objectivement circonspect, à faire preuve subjectivement d'esprit critique, à voir les hommes et les choses avec toute la richesse de leurs rapports, et à leur demander, pour ainsi dire, leurs papiers.

La tendance illimitée au début à croire tout, se trouve ainsi peu à peu singulièrement amoindrie, à des degrés divers selon les individus. Néanmoins elle ne disparaît jamais, à quelques très rares exceptions près. Et cela certainement est dû en partie, à ce que des circonstances semblables à celles d'où elle est sortie, lui apportent toujours un nouvel aliment. Son existence limitée — qui, comme nous le verrons, rend à l'âme des services précieux — se manifeste en ceci, que *dans certaines circonstances*, où les représentations ne peuvent être ni démontrées ni réfutées par l'expérience, *et sont particulièrement vives, et se font valoir dans l'âme avec une énergie particulière*, cette tendance conserve toute son efficacité. Or, les représentations acquièrent ce caractère grâce à deux causes qui sont d'une extrême importance pour la croyance.

« Ce qu'on répète trois fois au peuple, il le croit ». « Αὐτὸς ἔφα, le maître l'a dit », telle fut, dit-on, la référence des disciples de Pythagoras pour justifier leurs théories. En tout cas ce fut la référence de nombreux disciples d'autres maîtres jusqu'à nos jours. « N'importe quel prophète, s'il possède une voix forte, un geste vif et une parole assez puissante est capable de mener la croyance des masses, comme on fait passer un torrent de montagne dans une conduite. » Et la croyance de la masse, des amis, des égaux, a le même effet qu'une répétition fréquente. Ce qui, dans l'âme des autres, concorde avec ma propre pensée, donne plus de force à cette pensée, et y ajoute par là la croyance. Et puis : comment tant d'autres pourraient-ils tous se tromper ? Les plus sublimes vérités ont été fondées de préférence sur le *consensus omnium*, le consentement universel, la *vox naturæ* comme l'appelle Cicéron. Et inversement « le désaccord des philosophes entre eux », est un argument de prédilection contre les vérités incommodes.

L'autre cause, ce sont les *besoins* de l'homme, et surtout ses besoins les plus forts et les plus profonds. Aussi longtemps qu'ils existent, et n'ont point trouvé à se satisfaire, ils reproduisent toujours de vives représentations des moyens qui, d'après l'analogie d'expériences antérieures, sont propres à les satisfaire. Et, dans la mesure, où des expériences contraires ne s'opposent pas, ou ne s'opposent pas trop vivement à ces représentations, elles trouvent créance. On désigne la croyance ainsi formée sous le nom de *croyance qui naît de la pratique, croyance qui naît de la nécessité, croyance qui naît du sentiment.* Comme

les autres, elle court à travers la trame de toute notre vie.
Tous les hommes croient à leur avenir, toutes les mères
en leur fils. Napoléon croyait à son étoile. Un général, qui
ne croit pas qu'il va gagner la bataille imminente, l'a déjà
à demi perdue. Le général peut-il prouver, c'est-à-dire
établir d'après l'ensemble de ses expériences, qu'il doit la
gagner ? Il n'y songe guère. Naturellement il fera tout ce
qui, conformément à l'expérience, est nécessaire pour lui
donner la victoire, mais son savoir lui répète constamment
que la chose est douteuse. Néanmoins il croit, il doit
croire qu'elle ne l'est pas. Toute son existence en dépend.
Son honneur, son avenir, sa patrie, tout est perdu s'il est
battu. Il ne peut pas penser cette représentation jusqu'au
bout, l'autre réapparaît toujours. Elle seule peut lui donner
le calme et la circonspection dont il a besoin en ce moment. Ou bien la mère, qui est profondément persuadée
que son fils fera quelque chose, le croit-elle en vertu de ses
expériences? Les expériences allaient jusqu'ici plutôt à
l'encontre : elle le croit néanmoins. Les circonstances
étaient jusqu'ici vraiment trop défavorables à son fils : ou
le père ne sait pas le prendre, ou bien il faut pourtant lui
permettre de jouir de sa jeunesse. Non, ce n'est pas son
expérience qui sert de base à sa croyance, *c'est la croyance
qui interprète l'expérience*. Et cette croyance repose sur le
fait, qu'elle en a besoin. La représentation d'un fils tournant
mal, ôterait pour elle toute joie et toute valeur à l'existence ; c'est pourquoi cette représentation ne peut se maintenir. Et l'autre représentation la repousse avec une énergie
telle, qu'elle s'impose à la croyance. Ainsi tout malheur,
qui évoque toujours des représentations d'aide accompagnées du désir le plus impatient, a une faculté extraordinaire de développer la croyance. Au début de son
traité théologico-politique, Spinoza dit : « Qui a vécu parmi
les hommes sans voir que la plupart d'entre eux — même

les plus bornés — sont dans le bonheur si pleins de sagesse, qu'ils se croient offensés si quelqu'un s'avise de leur donner un bon conseil, mais ne savent que faire dans le malheur, implorent des conseils de tout le monde et n'en reçoivent pas de si sots et de si insensés qu'ils ne les suivent aussitôt? »

Encore une observation. Les trois espèces de croyance, la croyance expérimentale, la croyance d'autorité et la croyance par besoin, sont différentes dans leur fondement. Dans la pratique elles se confondent, mais de telle manière que, dans les systèmes de dogmes, une espèce forme le noyau essentiel et particulier, tandis que les autres n'en sont que l'encadrement et la conformation. Il est évident que la croyance expérimentale est obligée de céder beaucoup de terrain à la croyance d'autorité. Qui pourrait vérifier tout par lui-même pour échapper au danger de répéter des erreurs? Il est non moins évident que toute croyance par besoin doit se conformer à chaque moment à notre savoir. Nos besoins, et les moyens de les satisfaire sont, dans le domaine de l'expérience ; comment nos souhaits, même les plus hardis, pourraient-ils s'écarter tout à fait d'elle? C'est dans cette conformation et ce revêtement empiriques, qu'il faut chercher la raison des manifestations souvent si diverses de la même croyance qui naît du besoin et de leurs modifications. Ce que chaque individu sait de la coordination objective des choses est différent et variable ; et l'on peut en dire autant du savoir moyen, pour ainsi dire, des communautés. Mais, c'est d'après le niveau de ce savoir que se détermine ce que nous pensons, et par conséquent croyons possible pour la satisfaction des désirs les plus ardents. Une croyance née du besoin, que les autres ne partagent pas, et dont la forme empirique contredit le savoir, ils l'appellent *superstition*. Or, la diversité et les variations faciles des représentations superstitieuses, par

exemple concernant les moyens de s'embellir, de guérir
des maladies graves, de retenir l'infidèle, sont bien connues.
Là seulement, où le revêtement empirique d'une superstition ne peut être contredit que difficilement, ou pas du tout,
par des expériences, lorsque, par exemple, par la nature
même de ce revêtement elle s'est d'avance mise en garde
(spiritisme), et surtout lorsqu'elle se couvre de l'autorité
d'un grand nom, cette superstition est tenace même dans
sa forme concrète, et difficile à ébranler.

₀ Mais, de même que la croyance qui naît du besoin fait
appel à l'expérience, de même — et c'est une remarque
importante — la croyance d'expérience fait appel à la
croyance qui naît du besoin pour se compléter. Pourquoi
croyons-nous à la théorie des planètes de Copernic et non
à celle de Ptolémée ? Parce qu'elle est infiniment plus
simple. Si nous voulions nous accommoder de ses complications extraordinaires, nous pourrions nous servir de la
théorie de Ptolémée. Est-ce que la nature a le devoir de
réaliser précisément ce qui est simple ? Dans bien des
cas, elle le fait évidemment. Dans d'autres, elle se joue
de nos hypothèses simples, et montre qu'elle ne craint
pas les combinaisons les plus irrationnelles, ni les plus
embrouillées. Mais, la simplicité est ce que nous souhaitons,
et ce dont nous avons besoin. Un enchaînement simple de
phénomènes variés nous plaît ; nous le trouvons beau. Il
est plus facile à embrasser d'un coup, et nous le pensons
avec moins d'efforts intellectuels, ce qui nous le recom-
mande encore. Aussi, là où les expériences permettent le
choix, nous nous décidons sans exception pour le simple.
Et la croyance qui naît de la nécessité complète la croyance
d'expérience dans beaucoup d'autres cas encore que les
incertains : aux confins du savoir, par exemple, et dans les
lacunes qui s'y trouvent encore, là où les expériences
n'atteignent plus, ou n'atteignent pas encore.

B. — La vie sentimentale et active.
Causes des complexités sentimentales.

Les systèmes de perceptions et de représentations, dont il a été question jusqu'ici, n'existent que rarement ou jamais dans l'isolement, où nous avons dû les exposer d'abord pour montrer leur structure. Toujours ils sont accompagnés, ou mêlés de sentiments. La Méditerranée sous un ciel sans nuages n'est pas seulement quelque chose ayant autre apparence, quelque chose de plus tempéré, qui évoque d'autres idées que la plaine du Nord couverte de neige. Elle nous dit en même temps autre chose, nous met dans d'autres dispositions. Je puis voir dans un même fait, par exemple une course en mer, ou une promenade en automobile, soit un danger, soit un plaisir; voir dans la même affirmation une vérité établie ou quelque chose de douteux. Assurément mes représentations dans de tels cas sont très différentes, mais tous les autres aspects de ce que nous éprouvons le sont encore bien plus : peur, abattement, inquiétude, d'un côté; plaisir, joie, assurance, de l'autre. Il est bien connu que ces sentiments qui accompagnent les complexus de perceptions et de représentations sont parfois si forts, ou tellement au premier plan de la conscience, qu'on désigne d'après eux tout le complexus sous le nom de sentiment, et qu'ils sont difficilement saisissables et analysables. De ce point de vue, on ne peut dire que peu de choses satisfaisantes à leur sujet. Toutefois on peut indiquer au moins les causes qui les produisent. On peut en distinguer trois, qui ont été déjà signalées brièvement plus haut (p. 112).

1° *Contenu et forme.* — Tout d'abord les sensations, représentations, perceptions, etc., n'agissent pas pour évoquer des sentiments uniquement par ce qu'elles sont en elles-mêmes, par leur contenu absolu, pourrait-on dire, mais en même temps à un haut degré par le genre de leur coexistence, de leur succession, en général des relations qu'elles ont entre elles. Les couleurs les plus belles en soi peuvent donner un vilain tapis, et les points gris les plus insignifiants être groupés en une décoration charmante. Un morceau de musique est beau, non seulement par la beauté de son de chaque note supposée prise isolément — quoique cela ait bien son importance — mais aussi par ses mélodies et harmonies, et là encore non pas par celles-ci prises isolément, mais dans leurs rythmes, leurs entrecroisements et l'ensemble de la construction.

Le principe général de ces sentiments formels ou de relations est bien connu : une multitude de contenus quelconques, abstraction faite de tout autre effet sentimental, est uniquement agréable, parce qu'elle se fond en même temps d'une manière ou de l'autre en un tout, et que, malgré toute la multiplicité et l'isolement des éléments, il existe dans ou au-dessus de leur variété une *unité*, qui fait disparaître leur isolement. Par contre, une multitude sans liaison et sans cohésion est troublante et pénible, une unité sans diversité et trop simple paraît ennuyeuse ; toutes deux sont donc désagréables. Cette réunion et unification des éléments multiples est possible de maintes manières. L'unité peut, par exemple, être un *caractère commun* à tous les éléments, c'est-à-dire une forme ou un ordre qui se reproduisent de façon semblable ou analogue dans tous les éléments, et qui ne sont considérées comme quelque chose de commun que par l'abstraction. Ainsi pour les barreaux de forme semblable d'une grille en bois, pour les coups de tambour qui accompagnent l'assaut, pour des choses de conformation symétrique ou disposées symétriquement, pour des parties d'une construction stylisées de la même manière.

Ou bien elle peut être *supérieure*, c'est-à-dire être un élément du tout qui, malgré une certaine ressemblance de forme, conserve cependant une certaine indépendance à côté, et en dehors des parties qui l'entourent, qui se distingue des autres, et semble les dominer. Ainsi, par exemple, pour certaines barres d'une grille plus travaillées que les autres, qui les dépassent à des intervalles réguliers, pour les temps forts dans un rythme, pour les tours et coupoles dans les monuments, etc. Ou bien enfin, l'unité peut être *collective*, c'est-à-dire un tout qui n'apparait comme tel que par la réunion de parties n'existant pas par elles-mêmes, et souvent très diverses, et se distingue de toutes ces parties, comme pour les membres d'un organisme, les moyens pour atteindre un but, le sens d'une phrase ou d'une conférence. Naturellement plusieurs sortes d'unité dans la diversité peuvent se rencontrer dans les mêmes choses ; plusieurs d'entre elles peuvent également se superposer pour ainsi dire, de telle sorte que les éléments soient groupés d'abord en unités supérieures ou suprêmes, comme dans une cathédrale gothique, une symphonie, un drame. Et, grâce à toutes ces possibilités, la variété et la complication des sentiments qui, de concert ou en opposition les uns avec les autres, ou avec les sentiments fondés sur un contenu, peuvent être éveillés par une pluralité d'impressions, sont évidemment extrêmement grandes. Mais elles le deviennent encore plus grâce à un second fait.

2° *Association*. — Pourquoi un paysage printanier nous met-il en joie ? Qu'a-t-il de plus que le même paysage vu en un jour de novembre ? Peut-être le vert tendre de la nouvelle végétation nous plaît-il mieux, en tant que couleur, que le brun des feuilles fanées et foulées aux pieds ? Peut-être la rondeur vallonnée des arbres en feuilles dépasse-t-elle en beauté les ramifications fines des branches sans feuilles? Mais ce ne sont là que des éléments secondaires pour la valeur sentimentale différente des deux impressions. Il est bien plus probable que l'un des paysages nous fait songer à la vie, à la chaleur, aux promenades, aux réunions en plein air, aux voyages lointains, l'autre à la mort, au froid et à l'humidité, aux repas dans des salles surchauffées. Les effets sentimentaux que toutes ces choses, en tant que vécues par nous, ont sur nous, se font sentir maintenant, au moment où leurs représentations sont évoquées, même de la façon la plus fugitive. C'est pour la même raison que le froid d'un cadavre fait sur nous une toute autre impression que le même froid dans les objets qui nous entourent. C'est pour la même raison encore que ce n'est pas la même chose pour nous de voir couler du sang ou du jus de cerises ou d'airelles ayant la même couleur, ni, à un degré plus faible il est vrai, de voir couler du jus de cerises, ou du lait, ou du jus de citron. Partout nous mêlons aux choses une masse de souvenirs laissés par nos expériences antérieures, ou bien nous sommes conduits par l'intermédiaire de tels mélanges à nous représenter d'autres choses (p. 127). Le caractère agréable ou désagréable, plaisant ou pénible, inhérent aux divers souvenirs est transporté lui aussi, il est *introduit par sentiment* (eingefühlt) dans les choses qui évoquent les souvenirs, comme on dit récemment, et leur effet sentimental s'en trouve parfois infiniment enrichi ou compliqué.

Il est encore remarquable que ces sentiments, qui reposent sur l'intermédiaire de représentations associatives, apparaissent dans l'âme, lorsque les impressions se répètent assez souvent, avec plus de netteté et de vivacité que les représentations mêmes, par lesquelles ils ont été introduits à l'origine. Ils semblent ainsi faire partie inhérente de ces choses auxquelles ils étaient primitivement étrangers. Une maison dans laquelle j'ai assisté une fois à une scène désagréable, me devient elle-même désagréable. La représentation de cette maison peut devenir tout à fait pénible, tandis que la conscience de ce qui produit cela peut s'atténuer peu à peu, ou manquer entièrement. Ce passage du sentiment à un nouveau contenu est particulièrement frappant lorsqu'un certain caractère sentimental est attaché à une chose par de *nombreux intermédiaires de différente espèce*. Dans ce cas, en effet, les divers intermédiaires s'empêchent mutuellement de devenir conscients, tout autant que les sentiments de même espèce qui les accompagnent se renforcent.

L'exemple typique de ce fait est l'argent, et comment se développe le plaisir qu'on y trouve. Dans des cas innombrables et des façons les plus variées, l'homme qui grandit constate que c'est l'argent et toujours l'argent qui lui procure ses joies, et lui permet de satisfaire ses désirs. Il ne lui est bientôt plus possible, en voyant l'argent, ou en se le représentant, de revoir toutes ces expériences. Elles se confondent, en raison précisément de leur masse, en une représentation totale diffuse, sur laquelle se détachent seulement parfois certains souhaits d'avenir. Mais les sentiments de plaisir qui étaient unis à ces expériences ne disparaissent pas pour cela. Ils sont aussi condensés, en une résultante. Mais, à cause de la nature semblable des composantes, il ne peut en résulter que quelque chose de semblable : un sentiment de plaisir nettement marqué et renforcé. Et, comme il n'y a pas d'autre contenu, ce sentiment s'attache à l'argent. Il en va de même pour la naissance de l'amour, d'autres choses ou d'autres personnes, l'amour des parents, des amis, de la patrie, etc. Un enfant respectueux et aimant trouvera sans doute brutal qu'on lui dise, que son amour pour ses parents repose uniquement sur les bienfaits, au sens le plus large, qu'il a reçus d'eux, que c'est un précipité de toutes les joies qu'il a éprouvées grâce à ce

qu'ils ont fait, et à la vie en commun avec eux. L'enfant a
raison en ce sens que, dans la conscience qu'il a de son
amour, la conscience nette de ces bienfaits ne joue absolument aucun rôle, et que la représentation de certains
bienfaits quelconques, ainsi que le souvenir de la joie les
accompagnant, sont quelque chose d'infime en comparaison de son amour, qui repose sur leur totalité, qui pour
cette raison est infini et ne saurait être entièrement expliqué par aucune analyse. Néanmoins, rien n'est plus certain :
son sentiment n'a pas d'autre origne. Car, si des enfants
sont élevés dès la plus tendre enfance par des parents adop-
tifs, qui s'occupent d'eux avec le même soin que des parents
naturels, ils les aiment aussi du même amour.

Nous avons montré plus haut (p. 198) que, la représentation du moi est presque constamment présente à notre
pensée et par conséquent d'une importance presque continue
pour la vie sentimentale. A la moindre occasion elle vient
s'ajouter à ce que nous percevons, et aux représentations
qui s'y rattachent étroitement. Ou plus exactement, la plupart du temps, elle ne fait pas que s'ajouter, si l'on entend
par là une simple adjonction et une existence qui reste
séparée ; mais, au contraire, cette représentation, pour peu
qu'il existe quelque ressemblance entre le donné et l'une
de ses propres déterminations, est pensée, en vertu de
cette communauté, comme faisant un avec le donné, se
fond avec lui en un tout déterminé à la fois par le donné
et par ses propres particularités. Naturellement cela peut
se produire de deux façons opposées. Ou bien le donné,
bien qu'enrichi associativement par d'autres déterminations du moi que celles qui lui sont communes avec le
contenu de celui-ci, conserve néanmoins la première place
dans la conscience comme quelque chose qui existe en
dehors du moi, et se distingue de lui. C'est le phénomène
que l'on désigne sous le nom d'*animation* ou encore *péné-*

tration sentimentale de l'objet par le moi (Einfühlung des Ich in das Objekt). Cela se produit par exemple, lorsque nous saisissons et comprenons les mouvements, les gestes, la voix d'une autre personne ou même d'un animal comme des manifestations de vie psychologique, ou lorsque nous disons qu'un pont s'élance hardiment par-dessus un abîme, qu'une montagne s'élève fièrement dans les nuages, que des poutres reposent lourdement sur une colonne, que des lignes se pressent ou s'ajustent, que des sons se cherchent ou se fuient. Nous mettons dans les choses une vie, des sentiments, une activité psychologique tirés du contenu de notre moi, et nous répondons ensuite à la notion de ces pénétrations objectives par de nouvelles réactions de notre vie sentimentale. Ou bien, au contraire, c'est la représentation du moi qui se met au premier plan de la conscience, mais comme une représentation déterminée par les particularités spéciales du donné et remplie par elles (*pénétration sentimentale du moi par l'objet*). Il en est ainsi, par exemple, lorsque la douleur du héros souffrant, que je lui prête moi-même primitivement, n'éveille pas seulement ma pitié ou mon admiration, mais se fait sentir comme ma propre douleur ; lorsque, dans les aspirations d'un Faust, je prends conscience de mes propres désirs et de mes propres efforts ; ou lorsque la joie de la musique retentit en moi-même, lorsqu'un abîme vertigineux m'attire en bas, ou le rocher qui se dresse m'attire en haut.

Après la représentation du moi c'est donc la représentation contraire du monde extérieur, en tant que formant une totalité ou une unité, qui se présente la première à nous. Nous faisons abstraction des particularités des cas individuels et nous les saisissons comme une manifestation du général que nous y ajoutons. « Ainsi vont les choses en ce bas monde » est une idée qui s'impose très aisément et très souvent. Et la représentation que les choses vont ainsi, non en ce moment et en ce lieu, mais dans le monde en général, d'une façon aussi judicieuse et généreuse, aussi insensée et cruelle, a pour effet de faire naître certains sentiments particuliers et parfois directement opposés à ceux qui proviennent d'ailleurs.

3° *Irradiation*. — Dans ce passage facile des sentiments d'un contenu, auquel ils étaient attachés primitivement, à un autre qui n'est relié à celui-ci qu'associativement, se manifeste une indépendance particulière de l'activité sentimentale de l'âme. Le sentiment n'est pas sans un contenu intellectuel, mais il peut dans certaines circonstances en changer, se détacher pour ainsi dire de son contenu naturel et passer à un autre qui y est rattaché. Cette faculté de se détacher apparaît encore plus nettement dans un autre phénomène, que l'on appelle *irradiation* du sentiment. Une mauvaise nouvelle arrive par le premier courrier peut vous gâter toute la journée, tandis qu'au contraire la nouvelle d'un succès, de l'heureuse issue d'affaires incertaines, donne à toute l'existence, pour un certain temps, quelque chose de relevé et de joyeux. Ce n'est pas que l'on se souvienne pendant tout ce temps de la cause agréable ou désagréable. Sans doute on y songe de temps à autre. Et à ce moment il se peut que le sentiment soit plus fort qu'à d'autres. Mais il reste vivant sans lui, non pas isolé, mais attaché à un autre contenu. D'ailleurs il ne s'attache pas uniquement à d'autres contenus qui étaient associés à la cause primitive ou lui sont semblables, mais à n'importe quoi, comme cela se présente. Ou bien il a pour effet de renforcer, et de rendre réelles parmi toutes les possibilités variées de sentiments que peut évoquer tout événement, en vertu de la richesse de son contenu ou de la variété de ses relations, celles qui concordent avec lui, tandis que les autres qui seraient peut-être plus fortes passent au second plan. On

a eu l'occasion de se fâcher à propos d'un ordre non exécuté
et des désagréments qui en sont résultés, et l'on est mé-
content de tout : d'une question innocente d'un enfant, de
la visite d'un ami ordinairement bienvenu, du visage réjoui
du voisin, d'une mouche qui marche sur le mur, et non en
dernier lieu de soi-même, parce qu'on est assez sot pour
ne pas se mieux maîtriser, et se laisser aller à ce mécon-
tentement.

Telle est la variété des causes qui donnent naissance
aux phénomènes complexes de notre vie sentimentale. Ils
dépendent du contenu des impressions, de leurs relations,
de leurs liens avec le passé, de ce qui remplit la conscience
à chaque moment donné ; ils dépendent de tout.

§ 21. — ÉMOTIONS ET ÉTATS D'AME

Comme nous l'avons déjà dit, il est peu encourageant
et souvent, surtout dans un espace limité, impossible d'étudier en détail les faits sentimentaux résultant des complications que nous venons de décrire. Néanmoins, nous voudrions examiner brièvement ici quelques-unes des classes
que l'on distingue fréquemment.

Des sentiments qui reposent sur l'intermédiaire de représentations éveillées par association, et apparaissent aussitôt avec une force relativement grande, s'appelle *émotions*.
Cette dénomination a pour la théorie le défaut que l'on ne
peut distinguer nettement, ni une formation rapide d'une
autre plus progressive, ni un sentiment plus fort d'un autre
plus faible. Mais le caractère particulièrement impétueux
de certains états sentimentaux, qui ne reposent pourtant
pas sur une excitation sensible, immédiate, est en fait
quelque chose de particulièrement frappant et pratiquement important. Aussi n'est-il pas inutile de leur donner
un nom spécial. Des émotions désagréables typiques sont :

le dépit, la colère, la fureur, qui reposent sur la représentation d'une injustice éprouvée, puis la crainte, la peur,
l'effroi qui reposent sur la représentation d'un danger
menaçant ; des émotions agréables typiques sont : la joie,
la jubilation, l'admiration, l'enthousiasme. Comme le sentiment et la représentation de sa cause toujours présente
occupent toute l'âme, la conscience a, sinon toujours, du
moins très souvent, dans l'état d'émotion quelque chose de
borné, de myope. Même lorsque l'activité représentatrice
n'est pas directement suspendue comme dans certaines
émotions, mais se trouve au contraire excitée, il lui manque
la plupart du temps la cohésion et l'unité normales, la considération étendue des choses qui sont en rapport immédiat avec la cause de l'excitation ; bref, il lui manque ce
qu'on appelle « être raisonnable », et naturellement cela
entraîne des inconvénients pour les actes qui s'ensuivent.
De là vient l'intérêt que depuis longtemps l'éthique prend
aux émotions.

D'autres sentiments qui, comme ceux que nous venons
de décrire (p. 228), peuvent se détacher des représentations
qui les ont provoqués, et continuer à exister en s'attachant
à d'autres faits vécus quelconques, et en transformant
d'après leur propre nature les sentiments propres à ces
faits, sont désignés sous le nom d'*états d'âme*. A la suite
sans doute de cet éloignement de leurs premières causes,
les sentiments d'états d'âme sont, la plupart du temps, d'une
force relativement faible, mais en échange d'une très
longue durée. Ravivés de temps à autre par le souvenir
des faits qui les ont causés, ils peuvent durer des heures
et même des jours entiers. Au reste ils correspondent dans
leur caractère tout à fait aux émotions, et ne sont pour
ainsi dire que des émotions tirées en longueur, et par là
même affaiblies. Au dépit et à la colère, par exemple, correspondent comme états d'âme la contrariété et l'irritation,

à la crainte l'anxiété et le souci, à la commotion douloureuse la tristesse et le chagrin, à la joie la gaieté et la bonne humeur.

Comme tous les sentiments, les formes particulières des sentiments d'origine représentative, dont il est question en ce moment, ont les rapports les plus étroits avec des phénomènes de mouvement. Ce qui est particulièrement caractéristique pour eux, ce ne sont pas tant les mouvements — qui naturellement ne manquent pas — tendant vers une fin extérieure facilement discernable, c'est-à-dire s'efforçant de réaliser ou d'écarter les causes des sentiments représentés, que bien plutôt ces mouvements, où il n'est pas possible, au premier abord du moins, de reconnaître la poursuite d'une fin, ceux qu'on appelle *mouvements d'expression* au sens le plus large. Ils accompagnent toujours avec la plus grande variété, mais en combinaisons déterminées, particulières à chaque formation psychologique spécifique, aussi bien les émotions que les états d'âme, et en devenant conscients leur donnent une couleur spéciale très caractéristique. Nous trouvons par exemple des mouvements des organes externes : on ferme le poing, saute, rit, fronce le sourcil, ou bien encore les membres s'arrêtent et se figent, ou bien il se produit à l'intérieur des mouvements des fibres musculaires lisses (chair de poule), des modifications dans la respiration (suspension, ralentissement, respiration plus profonde), dans la circulation du sang (battements de cœur, pâleur, rougeur) dans les sécrétions (larmes, sueurs). Il se produit aussi des phénomènes dans d'autres organes internes, qu'on ne peut considérer comme des mouvements, mais qui s'en rapprochent, comme le manque d'appétit, le malaise, l'oppression, la fatigue, l'excitation.

L'importance de ces phénomènes souvent négligés par l'ancienne psychologie, mieux appréciés depuis longtemps par les médecins et les physiologues, a été dans ces derniers temps un peu exagérée. On a dit qu'ils n'étaient pas des phénomènes concomitants, ou des conséquences des émotions, *mais ces émotions elles-mêmes*. L'émotion ne *consisterait* en rien d'autre que dans la totalité des sensations causées par ces phénomènes de mouvement, de circulation et périphériques (théorie de James et Lange). La perception sensible ne provoque pas l'émotion comme phénomène de la vie représentative et sentimentale, et celle-ci à son tour les modifications corporelles, mais ce sont au contraire les processus périphériques qui sont les effets réflexes directs de l'impression sensible. Les sensations organiques par lesquelles l'âme prend conscience d'eux, en partie en les discernant nettement, en partie en les percevant comme une totalité diffuse, constituent précisément l'émotion. D'après cela, nous ne pleurons pas parce que nous sommes tristes, nous n'avons pas peur parce qu'on nous menace d'un pistolet, mais nous sommes tristes parce que nous pleurons, et avons peur parce que la vue de l'arme nous fait trembler. On donne deux raisons pour justifier cette conception. Premièrement : si l'on supprime par la pensée tous les phénomènes corporels concomitants, il ne reste rien, même de l'émotion la plus forte, qu'un état intellectuel parfaitement neutre. Une colère où l'on ne ferme pas le poing, ne court pas, ne tempête pas, où la veine frontale ne se gonfle pas, mais où l'on reste tranquillement assis, la mine réjouie, n'est plus une colère ; elle s'est dissipée. Deuxièmement : lorsqu'on imite ces mouvements corporels arbitrairement, ou lorsqu'ils sont provoqués par des narcotiques ou des maladies, l'émotion est produite aussi. L'eau-de-vie rend joyeux et brave, sans qu'aucune impression réjouissante ou encourageante n'intervienne ; la fausse oronge ou une attaque de folie mettent en fureur tout comme une grave offense. Mais ces deux faits ne sont pas probants pour la prétendue identité : ils se produisent même lorsqu'on sépare dans l'émotion le contenu représentatif des sensations concomitantes, en tant que conséquences nécessaires des lois de l'association. Lorsque le contenu représentatif et sentimental d'une émotion a été éprouvé un grand nombre de fois en même temps que certaines sensations de mouvement et organiques, il est naturel qu'il puisse jusqu'à un certain point être évoqué en partant de ces sensations. Elles reproduisent d'abord une représentation qui les explique et les motive, et celle-ci éveille le sentiment correspondant. Et inversement, lorsqu'on enlève à une émotion les sensations organiques qui ont toujours été liées à elle, et que même on les remplace par d'autres appartenant à un tout autre état sentimental — par exemple lorsqu'on reçoit avec un sourire forcé une visite qui vous trouble et vous agace — alors il n'y a pas lieu de s'étonner que l'émotion en souffre. Mais cette théorie de l'identité ne peut pas même prétendre se faire accepter comme une conception simplement possible ; la conscience immédiate révèle trop clairement que l'émotion est bien plus riche.

Au reste, cette liaison étroite avec ces phénomènes périphériques amène encore une différence générale dans le caractère des émotions : elles sont en général unies à des sensations d'agitation, d'excitation ou d'abattement, de dépression dont les extrêmes sont reliés par des sensations pour ainsi dire, intermédiaires de repos. La différence est particulièrement nette dans les émotions de déplaisir : la colère et la crainte sont les représentants typiques des deux classes. Mais elle n'est pas tout à fait absente dans les émotions de plaisir : la joie, même intense, du souvenir ou de la reconnaissance a quelque chose de calme, pour ainsi dire, d'élégiaque, comparé à la joie de l'attente, ou au ravissement causé par une jouissance immédiatement présente. Les fondements matériels de ces sensations sont peut-être, abstraction faite des attitudes différentes des organes moteurs, certains phénomènes qui se produisent à l'intérieur du système des vaisseaux, si bien que le cours des représentations dans les deux extrêmes affecte une forme très différente.

Deux autres concepts, qui ont des rapports avec la vie sentimentale, le tempérament et la passion peuvent être rapidement effleurés ici. Les *tempéraments* sont essentiellement des dispositions innées à la manifestation de la vie sentimentale, selon ses diverses caractéristiques générales. On en distingue habituellement quatre : les dispositions sanguines, colériques, mélancoliques, flegmatiques. Ces dénominations reposent sur des spéculations primitives touchant l'influence des liquides du corps (sang, bile), les expressions des sentiments, et les distinctions elles-mêmes sur une observation non sans valeur. On peut, en effet, établir de tels types des expressions des sentiments, bien qu'ici, comme ailleurs, les formes pures soient l'exception et les formes intermédiaires ou mixtes, selon les circonstances de la mise en œuvre, de beaucoup les plus nombreuses. De très nombreux essais ont été faits pour établir une relation entre ces quatre tempéraments et les différences à reconnaître généralement entre les sentiments. Kant par exemple distingue d'une part la prédominance d'une vie sentimentale pure, ou la prédominance de l'activité, et d'autre part l'excitabilité ou l'affaiblissement de la force vitale, et entre-croise ces contraires. Wundt rattache la différence entre des sentiments faibles et forts à un changement rapide ou lent des sentiments. Mais, dans les deux hypothèses, la différence caractéristique pourtant de sentiments où prédomine le plaisir ou la douleur n'est pas prise en considération. A notre avis, la systématisation suivante conviendrait mieux. Les hommes sont au total plus ou moins portés par nature vers l'optimisme ou le pessimisme ; ils penchent par nature à découvrir dans les choses les côtés bons et agréables, ou les désagréables et les désavantageux. D'un côté ce sont les sanguins et les flegmatiques, et de l'autre les colériques et

mélancoliques. D'un autre point de vue, la vie sentimentale
se manifeste aussi bien à l'intérieur de l'âme que dans les
phénomènes concomitants extérieurs, soit plus impétueu-
sement et vivement, soit d'une manière plus retenue et plus
durable, c'est-à-dire plus dans la manière des émotions ou
davantage dans la manière des états d'âme. C'est ce qui
produit ici la différence entre les sanguins et les colériques,
et là entre les flegmatiques et les mélancoliques. Il faudrait
donc définir le sanguin : un optimiste émotionnable, etc.

Les passions sont des dispositions fortes et acquises, c'est-
à-dire contribuant à déterminer toute action dans de grandes
proportions, à produire certaines émotions de plaisir. Elles
sont, pour ainsi dire, l'émotion voulue d'avance, reposant
sur de nombreuses expériences relatives à sa haute valeur
de plaisir, ainsi qu'aux moyens de la réaliser, l'émotion restant toujours aux aguets pour ainsi dire afin de produire à
nouveau cette réalisation. Par exemple, la passion du joueur,
du fumeur, du collectionneur, de l'amoureux. Elles sont
aussi, pour ainsi dire, l'émotion devenue permanente. Kant
compare assez justement l'émotion à une ivresse, la passion
à une maladie. En raison de la forte domination que la passion exerce sur toute l'attitude de l'homme, on appelle, au
sens figuré passionnées les manifestations de l'émotion elle-
même, lorsqu'elles refoulent tout le reste, et passionnés les
hommes qui sont prédisposés à de telles manifestations.
L'animal lui aussi connaît des émotions : la joie, la crainte,
la fureur. Mais il n'a sans doute pas assez de prévision pour
pouvoir éprouver des passions.

§ 22. — Complexités de l'action

Nous avons montré plus haut (§ 14) comment des actes
voulus et prémédités sortent de réflexes innés des sensations produites pendant leur cours, et de l'association de
celles-ci avec d'autres impressions. De tels actes s'unissent
en une sorte de chaîne pour former une action plus continue. Le résultat produit par l'exécution d'un premier mouvement évoque aussitôt la représentation d'un second mou-

vement, l'exécution de celui-ci celle d'un troisième et ainsi de suite. Il se produit des séries d'actes élémentaires de même espèce ou non, rattachés les uns aux autres, souvent d'une assez grande durée : par exemple, marcher, manger, s'habiller, manier les objets les plus divers, écrire, coudre, ramer, etc. A mesure que nos expériences sur l'enchaînement des choses objectives s'accroissent et que nous avons une plus grande habitude d'exécuter les mouvements, ces actes deviennent plus parfaits à divers points de vue. Nous les adaptons, avec une *prévision allant toujours plus loin*, à des conséquences plus éloignées et ne devant se produire que des jours ou des semaines plus tard. Nous les faisons aussi, avec une accommodation toujours *plus étendue et plus ciconspecte* à des circonstances concomitantes données dans le présent, et qu'à l'origine les réflexes négligeaient, et en réglant toujours mieux les mouvements dans le sens de la direction, de la rapidité et de la dépense de force. Nous les exécutons ensuite toujours *plus vite et plus économiquement*, en évitant les ratés et en supprimant les mouvements concomitants, produits par réflexes, mais superflus et par conséquent dissipateurs de force. Qu'on songe aux actes à si longue échéance du commerçant, du médecin, du diplomate, ainsi qu'aux mouvements d'un bon danseur ou patineur dans une foule, à la rapidité et à la sûreté d'un copiste, d'un calculateur, d'un pianiste entraîné — tout cela en face des actes et des mouvements de l'enfant ou du débutant.

Du point de vue matériel, il est naturellement indispensable pour l'exécution de mouvements volontaires, que tout d'abord les organes qui amènent au cerveau les impressions objectives, ainsi que ceux qui exécutent les mouvements eux-mêmes, soient en parfait état. Mais cela ne suffit pas encore : il est nécessaire que les régions dans lesquelles à l'intérieur du cerveau les excitations transmises passent dans les nerfs centrifuges fonctionnent normalement. Si ce n'est pas le cas, il se produit un trouble particulier : on se représente, et on veut, en général, les mouvements et les actes, mais ils ne peuvent être exécutés par certains membres, comme par exemple le bras droit ou la jambe droite — sans que ceux-ci soient paralysés

Fig. 17.

(*apraxie*). On peut considérer comme un cas particulier de ce trouble l'incapacité d'exprimer ses pensées par des mots articulés, alors que la compréhension du langage des autres, ainsi que le mouvement des organes vocaux subsistent (*aphasie motrice*).

Nous avons déjà dit (p. 136), et c'est une chose bien connue, que les éléments conscients d'une série de mouvements *fréquemment pratiqués* s'effacent peu à peu, mais que les mouvements isolés provoqués par eux à l'origine, ou du moins les suivant pas à pas, n'en sont pas altérés, mais s'enchaînent immédiatement les uns aux autres, et se succèdent automatiquement. Une autre circonstance est ici encore intéressante, qui éclaire nettement la cause véritable et interne de ces mouvements. Même là où une représentation ou une sensation consciente des éléments intermédiaires n'est plus nécessaire pour le déve-

Fig. 18.

loppement d'une série de mouvements fréquemment pratiquée, *on ne peut se passer, si elle doit se développer en ordre, des excitations centripètes, qui à l'origine étaient rattachées à des sensations conscientes.* La présence seule d'une représentation anticipatrice peut bien, lorsque les muscles intéressés fonctionnent normalement, introduire un mouvement. Mais elle ne peut le mener à bout sans des excitations centripètes constantes, provenant de l'exécution de chacune des phases du mouvement. Le mouvement s'arrête, ou n'atteint pas le résultat anticipé dans la représentation et devient une agitation inutile.

Si l'on tranche à un animal tous les nerfs sensibles d'une extrémité, des lèvres, du tronc, sans toucher en quoi que ce soit aux nerfs moteurs ni aux muscles, cette partie du corps n'en est pas moins paralysée. Un cas intéressant et instructif de cette espèce chez l'homme a été observé et décrit par von Strümpell. Un ouvrier avait reçu dans une bataille plusieurs coups de couteau, dont l'un dans la moelle épinière supérieure. Après la guérison des blessures, et la disparition de quelques autres phénomènes maladifs, il ne resta comme trouble unique qu'une insensibilité totale de l'avant-bras droit et de la main droite. Toutes les sortes de sensations de la peau, de même que les sensations kinesthétiques (position et mouvements des membres, pesanteur) faisaient défaut. Par contre, la force et le fonctionnement des muscles étaient conservés bien qu'un peu affaiblis. A la suite de cette absence de sensations, tous les mouvements et positions même peu compliqués de l'extrémité droite, comme par exemple tenir les doigts écartés, diriger l'extrémité d'un doigt vers un point donné, lever les doigts comme pour jurer, etc., étaient troublés de façon caractéristique. Le blessé pouvait les exécuter d'une façon à peu près normale, tant qu'il regardait et contrôlait avec les yeux le cours des mouvements et leur résultat ou le maintien de la position. Mais, dès qu'il fermait les yeux, il en était tout à fait incapable. Les figures 17 et 18 montrent son attitude lorsqu'on lui commandait de former un rond avec le pouce et l'index, dans le premier cas avec les yeux ouverts, et dans le second avec les yeux fermés. Malgré la volonté de faire un mouvement, et la capacité des muscles à l'exécuter, les organes centraux refusent donc leur concours, s'ils ne reçoivent pas pour le déclanchement des différentes phases de mouvement des excitations périphériques habituelles quelconques. Peu importe si celles-ci, comme lorsqu'on apprend le mouvement, se révèlent à l'âme comme sensations conscientes, ou si, comme dans le mouvement devenu automatique par répétition, elles restent inconscientes.

Lorsque, au delà de ce qui est immédiatement présent, nous avons par anticipation la représentation d'un résultat à obtenir par des mouvements, il se produit naturellement souvent qu'un mouvement, qui dans l'enchaînement réel des choses forme le dernier chaînon d'une série d'autres, pour des raisons quelconques n'est pas encore possible. Si la représentation de ce résultat est assez forte, ou possède une valeur sentimentale suffisante, il se produit un renversement curieux de la succession des représentations, par rapport à celle qui existait auparavant. La représentation du but souhaité, que nous retenons ou ramenons toujours, à cause de son importance particulière, déroule en commençant par la fin les unes après les autres toutes les représentations de choses ou de mouvements, qui primitivement la précédaient et lui étaient associées, jusqu'à ce qu'elle arrive à la représentation d'un mouvement actuellement exécutable. Et, comme ce mouvement est d'abord exécuté, la série des autres éléments intermédiaires est ainsi rendue possible. Cela veut dire que la représentation d'un résultat souhaitable, mais inaccessible directement, reproduit les représentations des *moyens* qui, d'après des expériences antérieures, sont propres à le réaliser, et conduit par eux précisément à cette réalisation. Supposons que quelqu'un d'inexpérimenté voie qu'on débouche une bouteille et qu'on verse un peu de son contenu dans un verre, et qu'on lui donne à goûter la boisson savoureuse. Lorsqu'il revoit la bouteille, la représentation de cette jouissance et du boire, qui l'avait produite, est évoquée avec vivacité. Il veut de nouveau boire. Cependant la bouteille est rebouchée, il n'a pas de verre sous la main ; ce qu'il veut est impossible. Mais, si le souvenir du goût agréable a

vraiment de la force, il reproduit la représentation du tire-
bouchon employé, de l'endroit où on l'a pris, des mouvements qui l'ont apporté, de ceux qui sont nécessaires pour
s'en servir et de même pour le verre. Or, après que les
mouvements directement exécutables ont complètement
changé toute la situation, les représentations de verser et
de boire, qui pendant tout ce temps ont été conservées,
peuvent finalement produire la réalité qui leur correspond.

§ 23. — Le libre arbitre

Lorsque les expériences sur les enchaînements, les complications, les conséquences des choses s'étendent, il faut évidemment que les représentations éveillées par une impression quelconque et relatives à la meilleure manière de se
comporter à l'égard de celle-ci, se présentent en quantités
toujours plus grandes. Des représentations de conséquences
proches ou lointaines, vraisemblables et invraisemblables,
représentations de moyens directs ou indirects, propres ou
impropres à amener ces conséquences, des représentations
enfin de difficultés et de résistance, de circonstances favorables et d'aides, tout cela va chercher à se manifester dans
l'âme, lorsque la faculté de prévoir se sera développée,
s'entrecroisera consciemment en elle dans une succession
rapide, ou contribuera, tout proche de la conscience seulement, à déterminer le cours de l'action. Selon les rapports
de ces représentations entre elles, on a les divers états
connus sous le nom de : *calcul, réflexion, choix, disposition à faire une chose ou non, intention, décision*. L'acte,
qui dans chaque cas finit par se produire, dépend de la
force plus ou moins grande des circonstances qui précisément contribuent à le produire. L'impression extérieure
n'aura, en règle générale, qu'un rôle secondaire. Elle met
en mouvement le jeu des représentations qui sans doute

proviennent d'impressions antérieures, mais sont devenues
maintenant la propriété de l'âme, et en font partie inté-
grante. Mais ce que ces représentations produisent conformément aux bases innées de notre action, c'est-à-dire
à notre *caractère*, est la plupart du temps quelque chose
de tout à fait autre que l'acte réflexe correspondant primitivement à cette impression. Des actes qui sortent ainsi
de la vie propre de l'âme, *dont les causes déterminantes se
trouvent* DANS *l'âme et non* EN DEHORS *d'elle*, s'appellent
actes *libres*. Ils s'appellent ainsi, parce qu'ils sont affran-
chis, non pas d'une cause suffisante les déterminant d'une
manière parfaitement nette, mais de la contrainte des
impressions extérieures immédiatement actuelles, qui
caractérise les mouvements réflexes primitifs ou presque
toujours les actes de l'enfant et de l'animal.

La psychologie scolastique et, sous son influence, l'opinion
populaire connaissent assurément encore une autre liberté.
Une âme, ayant des dispositions et des expériences déterminées, aurait, sous l'action de certaines circonstances extérieures et de certains motifs intérieurs, la faculté de se
décider toujours autrement dans ses actes qu'elle ne le
fait en réalité. Elle s'ajouterait, avec un vouloir absolument
dépourvu de fondement, à toutes les causes extérieures et
intérieures possibles d'un acte, comme une force particulière et libre, capable aussi bien d'accomplir l'acte que de
ne pas l'accomplir. Il est inutile de dire que d'après nos
conceptions fondamentales — selon lesquelles l'âme n'est
pas un être à part à côté de tous les événements de sa vie,
mais le résumé de ceux-ci, et selon lesquelles il ne se
manifeste de façon immédiate dans la vie intellectuelle, que
ce qui, vu par l'intermédiaire des sens, s'appelle cerveau
et système nerveux — il ne saurait être question d'une
telle liberté. Toutefois, il est utile d'examiner rapidement
quelques-uns des sophismes les plus importants que l'on

avance pour affirmer cette liberté arbitraire, et par conséquent combattre le déterminisme de l'action que nous soutenons ici. Il y en a trois principaux.

On renvoie d'abord au témoignage de l'expérience immédiate. Aussi bien avant de se décider, qu'au moment même de la décision, si forts que soient les motifs d'accomplir un certain acte, tout le monde a la conscience, la plus claire et la plus nette, de ne pas prendre sa décision par contrainte. Et la décision une fois prise, chacun peut — et c'est une preuve éclatante de la justesse de ce sentiment — renoncer sans autre difficulté au choix fait, et choisir une autre possibilité. Puis la représentation du déterminisme paralyse l'énergie de notre action. Pour les phénomènes du monde extérieur, il faut assurément admettre l'existence de lois invariables. Mais, s'il en va de même pour le monde spirituel, tout est déterminé dans le monde d'une manière inéluctable. Tout suit le chemin qui, d'après les circonstances données, *doit* être suivi. L'avenir ne fait que dérouler ce que le présent contient déjà. L'idée de pouvoir acquérir de l'influence sur les choses et les hommes, de les diriger, par exemple, par l'instruction et l'éducation, dans certaines voies, et de les amener à agir d'une manière donnée, n'est qu'imagination pure. Enfin et surtout, en niant cette liberté absolue, on détruit toute possibilité de rendre l'homme responsable de ses actes, comme chacun de nous le fait cependant pour lui-même, alors que son attitude lui procure de la satisfaction ou des regrets, et comme cela se fait vis-à-vis des autres sous forme d'éloge ou de blâme, de punition ou de récompense. C'est folie de mettre sur le compte de quelqu'un ce qu'il ne peut changer, étant donné son caractère, et les réactions de celui-ci quand des impressions extérieures l'atteignent. Et c'est de plus une cruauté de le punir pour cela. Les théories déterministes font chanceler tout l'ordre juridique et moral.

Aucun de ces arguments ne nous semble probant.

Nous venons justement de montrer (p. 238) que l'expérience interne immédiate n'est pas un témoin parfaitement sûr de la véritable cause de nos actes. A qui enseigne-t-elle que, pour exécuter un simple mouvement de la main, il faut non seulement la volonté de l'accomplir, mais encore des renseignements continuels sur le cours des diverses phases ? Avant certaines expériences psychologiques, et avant que l'on connût certains cas pathologiques, personne n'en a rien soupçonné. Et pourtant rien n'est plus sûr qu'il en soit ainsi dans toute l'exécution d'un mouvement. La conscience immédiate dit à l'homme ivre ou fou, avec la même clarté et la même netteté qu'à l'homme normal, qu'ils peuvent dans toutes les circonstances se décider sans raison de telle ou telle manière. Et cela fait sourire celui qui a toute sa raison. Il est absolument sûr que ceux-là se trompent, qu'ils n'ont simplement pas conscience des facteurs qui déterminent nécessairement leurs paroles et leurs actes. Il en va de même pour tous les cas. Lorsque l'homme ne connaît pas suffisamment les causes, ou lorsqu'il ne peut démêler les raisons complexes qui déterminent nécessairement un fait, il considère l'action comme libre au sens d'une puissance qui la produirait en agissant sans raison aucune. Telle fut jusqu'à ce jour la très grande majorité des explications données aux maladies, aux résultats des guerres, aux phénomènes atmosphériques, aux résultats des moissons, etc.

La théorie déterministe paralyse, dit-on, la force de notre action, en faisant paraître inutiles toutes les tentatives pour agir sur les choses et les hommes. Mais, il me semble d'abord que toutes les théories générales ont peu d'importance pour la manière dont se manifeste l'activité des hommes. Ce sont d'autres raisons qui les déterminent à la paresse ou à l'activité, et on déforme sans peine les théories de manière à expliquer cela. Un homme mou et veule peut, en entendant des théories déterministes, se croiser les bras et dire : « laissez aller les choses comme il leur est prescrit ; il n'y a rien d'autre à faire ». Mais ce qui le conduit à dire cela, ce ne sont pas ses opinions, mais une tendance à la paresse qui existe indépendamment d'elles. Car l'homme actif et énergique a conscience, ayant les mêmes opinions, d'être l'outil désigné pour donner aux destins du monde leur réalisation. C'est ce que confirme l'expérience historique. L'Islam fataliste perd, à peu près sans bouger, un morceau de son domaine après l'autre. Mais d'abord il a conquis avec le même fatalisme un monde à pas de géant et tenu pendant des siècles les peuples de l'Occident en une sainte terreur. Et de nos jours, est-ce que la théorie de la prédestination qui n'est pas identique au déterminisme, mais lui est parente, pour la détermination de l'avenir, a rendu les Boërs moins actifs et énergiques que n'a fait la croyance orthodoxe à la liberté pour les Espagnols ?

Mais, si les deux théories sont, en gros, à peu près équivalentes, c'est-à-dire neutres, pour notre attitude à l'égard des choses, dans les cas particuliers la théorie déterministe est nettement supérieure. Qu'y a-t-il de plus judicieux pour un éducateur, et de meilleur pour la conservation de la joie qui lui est nécessaire? Est-ce de se dire : tout ce que tu fais pour cet homme, tout ce que tu fais agir sur lui par la leçon, la punition, l'exemple, contribuera d'une manière quelconque à former sa vie intellectuelle ; rien de tout cela n'est absolument perdu. Donc, si tu entreprends la chose d'une manière bonne en général, et bonne pour cet individu donné, tu peux être sûr que ton travail portera les fruits voulus. Ou bien de se dire, au contraire : tu fais ici ton devoir aussi bien qu'il t'est possible, et tu peux espérer que ton action ne sera pas vaine ; mais tu ne peux assurément pas exiger une certitude, car ton élève a la faculté de se soustraire toujours, d'une façon imprévisible, au moment voulu, aux résultats de ton action et de se décider autrement, absolument sans raison.

Reste l'affirmation que la négation du libre arbitre rend impossible toute responsabilité, toute punition et par conséquent le droit et l'ordre dans l'État, la conscience et la moralité. On peut lui opposer un mot de Bismarck dans une lettre à sa sœur : « Le loup n'en peut mais d'avoir été créé par Dieu tel qu'il est; n'empêche qu'on le tue quand on peut. » Le calcul, le châtiment et la récompense, veut-il dire, sont parfaitement possibles et de circonstance, là où l'on est convaincu qu'une conduite est déterminée de façon parfaitement certaine par l'ensemble de ses causes, et ne pouvait être autre qu'elle est. On rend un individu responsable non pas de ce qu'il a accompli une action interdite pour des raisons quelconques, et que dans les mêmes circonstances il aurait pu ne pas accomplir, mais de ce que sa nature est telle que dans les circonstances données il *n'a pu s'empêcher* de l'accomplir. On envisage la responsabilité sous un autre point de vue : elle porte non sur un acte isolé, mais sur tout le caractère, tel que l'ont fait les dispositions premières, les expériences, l'éducation, et sur les fruits, c'est-à-dire la conduite dans les cas particuliers qu'il produit. On peut se demander laquelle de ces deux conceptions de la responsabilité est la plus plausible, et lequel des deux points de vue correspond le mieux à la raison objective, pourrait-on dire, qui punit et récompense, c'est-à-dire à la fin, qui est le fondement réel de ces mesures, sans que même celui qui punit ait besoin d'en avoir conscience.

Qu'est-ce que le châtiment dans la conception indéterministe? Quelqu'un commet un acte répréhensible, après s'y être décidé par un mouvement absolument sans motifs et arbitraire. Pourquoi le punirai-je? Il est clair que je n'aurai rien fait pour le coupable, puisqu'à la prochaine occasion semblable il pourra de nouveau se décider sans motif. Par rapport à lui, le châtiment est aussi dénué de sens que si je voulais châtier la roulette qui a donné à un autre le gain que je souhaitais. Le châtiment ne peut donc avoir de sens que pour moi. Et, en effet : si on me frappe, j'éprouve le besoin très vif de frapper à mon tour. Si j'y réussis, j'éprouve une vive satisfaction : celle de la vengeance. Le châtiment dans la conception indéterministe est un acte de représailles et de vengeance. Or, les châtiments donnés en réalité correspondent sans aucun doute à cette représentation. Chez l'individu isolé, comme aussi dans de petites communautés, la vengeance joue un grand rôle dans les châtiments. Mais dans les *grandes* communautés le châtiment a presque entièrement perdu cette signification. Les institutions si minutieuses d'un grand État en vue de fixer et faire exécuter avec justice les peines n'ont plus pour but, si ce n'est d'une façon très accessoire, de procurer aux membres de la communauté lésés par une injustice le doux sentiment de la vengeance, ou de l'expiation par la conscience de représailles. Les communautés humaines ont bien plutôt découvert dans le châtiment, quelle que soit son origine, un moyen indispensable à leur propre défense contre des tendances destructrices, et c'est dans ce but qu'elles s'en servent. Mais *cet* emploi n'est absolument possible et intelligible que dans l'hypothèse que nos actions sont entièrement déterminées. La communauté fait apparaître la peur de la peine qui menace et le souvenir de la peine expiée, dans le monde des représentations de ses membres, afin de retenir par l'action de ces représentations les natures qui, dans des circonstances données, doivent nécessairement commettre des actes nuisibles à la communauté. Elle adapte la rigueur des peines aux diverses dispositions naturelles. Les natures hautement

nuisibles à la communauté, pour lesquelles la peine suffisante en général ne suffit pas, se voient menacées plus
sévèrement et toujours plus fortement, à mesure qu'elles
récidivent plus souvent. Si quelqu'un se montre finalement
d'une nature si antisociale, qu'aucune peine ne suffit plus
pour atteindre le but poursuivi, on le met pour toujours
dans l'impossibilité de nuire. Mais les enfants, les alcooli-
ques et les fous, on ne les punit pas, parce que pour eux
l'hypothèse sur laquelle tout repose, à savoir que la représentation de la peine a joué un rôle efficace parmi les motifs
déterminants de l'action, n'est pas justifiée. Tout cela a un
sens et est parfaitement nécessaire dans la conception
déterministe, mais par contre inutile et inconcevable dans
l'autre conception. Ainsi, non seulement la responsabilité
et la justice ne sont pas ébranlées par la première, mais au
contraire c'est par elle seule qu'elles acquièrent un sens
compréhensible.

Au total : la doctrine d'une liberté sans motifs de l'âme,
inacceptable pour des raisons générales, ne reçoit aucun
secours des affirmations émises spécialement en sa faveur.
Priestley en dit : « Indeed, there is no absurdity more gla-
ring to my understanding. »

CHAPITRE IV

LA VIE SUPÉRIEURE DE L'AME

§ 24. — LES INCONVÉNIENTS DE LA PRÉVISION

Grâce à l'extension et à l'accumulation des expériences, l'âme atteint par la pensée en arrière et en avant, dans l'espace et le temps, des distances toujours plus éloignées. Elle arrive à connaître les noms et les actes des rois assyriens ou la conformation des continents et des mers il y a des milliers et des milliers d'années, et à calculer les éclipses de soleil et de lune, et l'aspect des étoiles au ciel pour un avenir quelconque. Et, naturellement, le pouvoir suit le savoir. Sa vision des choses la rend capable de s'y accommoder avec toujours plus de succès, comme d'intervenir dans leur marche et, avec une prévision qui porte sur des années, de les contraindre à favoriser sa propre conservation. La *science* et la *technique*, au sens le plus large, sont les grands résultats de cette activité intellectuelle de l'âme. Et, pourtant, ce n'est pas uniquement un don heureux qui lui est fait là. Les complications de son essence sont si grandes, que précisément en créant son propre bien-aller, et en écartant les choses immédiatement nuisibles, elle en suscite d'autres, qui à leur tour exigent de nouveaux moyens de défense. « La prévoyance, dit Rousseau, voilà la véritable source de toutes nos misères. » Sans doute, il faut exagérer pour faire de l'effet. Mais, si certainement *toute* notre misère ne vient pas de la prévision et de ses conséquences, elle en vient cependant pour une bonne part. On peut distinguer trois espèces d'effets invoontaires et désagréables de la prévision.

Notre savoir et notre pouvoir s'élargissent, mais, ce faisant, ils nous rendent douloureusement sensibles aux limites qui nous sont imposées. Pour l'enfant qui ne sait et ne peut pas grand'chose, l'impuissance est l'état prédominant et pour ainsi dire normal; il ne s'en aperçoit pas, et il vit sans soucis et joyeux. Mais l'homme fait, qui a conscience de son savoir et de ses forces, et en connaît en détail tous les avantages, qui voudrait alors savoir et connaître tout, et au lieu de cela est obligé de se rendre toujours plus nettement compte qu'il n'y parviendra jamais, trouve dans sa faculté de prévoir beaucoup de plaisir mais aussi beaucoup de douleur. Car, que de choses importantes restent obscures pour lui! Il ne peut même pas prédire à coup sûr le temps qu'il fera demain, ni le résultat du combat qui va s'engager, ni ce que pense la femme qu'il aime. Et combien de choses auxquelles il se sent inférieur! Des ennemis puissants, les animaux féroces, les tempêtes, les tremblements de terre, les incendies, les famines, les maladies et par-dessus tout la mort inévitable. Il voit toutes ces terreurs suspendues sur sa tête, et il voit en même temps qu'il ne saurait leur échapper. Tout cela peut bien lui gâter les joies de l'existence, et remplir sa vie d'angoisse et de soucis. « Ne te souhaite pas un regard trop perçant, car si tu venais à voir les morts sous terre, tu ne pourrais plus voir les fleurs. »

A cela s'ajoute une autre chose, qui provient moins de la prévision elle-même, que de l'action qui lui fait suite. Les actions humaines ont d'abord deux fins de première nécessité : conservation de l'individu du jour au lendemain, et conservation de l'espèce. La faim et l'amour en sont les ressorts. Mais, si elles se bornent à atteindre ce minimum d'existence, l'homme s'étiole. Si ses facultés doivent toutes en dernière analyse servir à sa conservation, elles ont tout de même plus d'ampleur et de richesse et ne sont pas uniquement destinées à entretenir son existence pendant un temps limité, d'autant plus que dans certaines circonstances cela se fait d'une façon très uniforme. Or, si ces facultés plus vastes ne sont pas exercées, elles dépérissent, et finalement le simple entretien de l'existence lui-même en souffre. Et nous possédons là-dessus des indications certaines dans nos sentiments, puisque ceux-ci, comme nous l'avons montré plus haut (p. 112), ne sont que les signes subjectifs de ce qui est objectivement favorable ou nuisible à l'organisme. Tout le monde aime la splendeur des couleurs saturées, le rouge ardent du pavot, le bleu profond du ciel sans nuages, l'éclat scintillant du diamant. Ils n'ont aucun rapport saisissable avec l'entretien de la vie; les substances comestibles ou vénéneuses, les animaux nuisibles et utiles ne sont pas en général d'une couleur particulièrement saturée. Néanmoins la vue de ces couleurs doit, pour des raisons quelconques et cachées, avoir quelque chose d'utile, sans quoi elle ne nous ferait pas plaisir et nous ne la rechercherions pas. Ce sont, en particulier, les sentiments formels étudiés plus haut (p. 222), qui nous procurent un vif plaisir de ce genre, révélant donc sans aucun doute de forts besoins. Ce plaisir nous vient, non pas de certains contenus ou de certaines activités, mais de ce fait que plusieurs contenus et activités quelconques se combinent en un tout un. L'homme se préoccupe déjà de tels besoins qui dépassent la conservation au sens strict du mot. Il prend des couleurs voyantes, des bandelettes étincelantes, de hautes plumes dans son combat pour la conservation, soit pour se faire désirer par l'autre sexe, soit pour effrayer ses ennemis. Il donne à ses ustensiles une forme symétrique, même lorsque leur fin ne le demande pas directement. Il danse, chante, et travaille même, lorsque c'est possible, en communauté avec d'autres hommes et en mesure. Il réunit donc ainsi en un tout les manifestations isolées de sa propre activité grâce à l'unité du rythme, et en même temps l'activité de tout le groupement grâce à l'unité d'*une seule* fin ou grâce à la domination d'*une* seule volonté.

Mais les actes de conservation, à mesure que l'intelligence sur laquelle ils reposent a plus d'étendue, ont très fréquemment un autre défaut, auquel il n'est plus possible de remédier par une simple transformation ou un simple enrichissement de ces actes. Ils procurent à l'homme, même lorsqu'ils n'atteignent pas le but poursuivi, et en restent à l'effort, beaucoup de joies ; ils ne lui procurent pas facilement *une tranquillité durable*. A peine a-t-on atteint le but souhaité, si tentant qu'il ait pu paraître, que la possession semble toute naturelle ; la joie qu'on en éprouvait diminue ; on s'aperçoit qu'il n'est pas sans défauts, et la pensée, qui convoite toujours, va déjà vers un autre but et ainsi de suite sans trêve. « Pourquoi gagnes-tu de l'argent, commerçant ? » — « Afin de pouvoir en gagner davantage. » La femme d'un pauvre pêcheur demeura huit jours dans la hutte confortable que le prince enchanté lui avait donnée, puis elle lui sembla bien petite, et elle désira un château ; le lendemain déjà, elle voulait devenir reine ; et ce souhait exaucé, elle n'eut plus de repos jusqu'à ce qu'elle fût impératrice. Certainement il n'en est pas toujours ainsi dans tous les cas et chez tous les hommes, et déjà le conte nous présente le mari satisfait à côté de la femme convoiteuse. Mais certainement il y a, dans la nature des pensées et des sentiments humains, des éléments qui poussent à ce qu'il en soit ainsi. Dans beaucoup de cas, une fois un but atteint, il ne s'en présente pas tout de suite un autre — la chasse aux phoques et aux rennes des Esquimaux a une

morte-saison, tout comme la fabrication des articles soumis
à la mode — ou bien il se présente si peu de chances de
l'atteindre que l'idée qui apparaît est aussitôt refoulée par
la conscience de cette difficulté. Mais, là encore, le résultat
n'est pas une jouissance tranquille, mais l'absence d'un
nouveau but est pénible et désagréable, et fait naître l'ennui. On peut donc dire que les actes de conservation au
sens étroit ont une double tendance à produire du déplaisir : ils produisent l'étiolement de certains côtés de la
nature humaine, en particulier parce qu'ils ne donnent pas
assez l'occasion de satisfaire le fort besoin d'unité ou d'unification ; et, deuxièmement, ils ne procurent pas aisément un
contentement durable, mais de l'agitation ou du vide.

Un troisième groupe de conséquences pénibles provient
également de la prévision et des actes en résultant. Mais
elles ne proviennent pas de ses effets pour les individus
agissants eux-mêmes, mais aussi, et en première ligne, des
effets pour les autres. Les moyens naturels des divers individus dans la lutte pour la conservation, la force et
l'adresse physique, la beauté, les dons de l'esprit, l'expérience sont extrêmement différents. Cela produit des résultats très différents dans la lutte pour la conservation.
Lorsque les circonstances extérieures sont très défavorables, ou dans les petites communautés les plus primitives,
dans lesquelles les hommes vivent ensemble pour mener
ensemble la lutte pour la vie et pour la conservation de
l'espèce, dans la famille, ces différences restent sans grande
importance. L'individu n'a pas d'existence à part à l'intérieur de son groupe. Il est une partie du tout. Ce qu'il
acquiert et conquiert, c'est pour ce tout. Mais les divers
groupes sont presque aussi pauvres l'un que l'autre. Toutefois, lorsque les circonstances sont plus favorables, à mesure
qu'une pensée plus étendue domine mieux la nature, et
surtout à mesure que les groupes s'accroissent et se rap-

prochent les uns des autres, il se forme des contrastes. Ce que l'individu fournit en moyens de conservation, ne peut plus profiter à la communauté. Cela reste pour lui-même ou pour son entourage immédiat. Il acquiert du bien ; par là-même les divers membres de la communauté deviennent jusqu'à un certain point ses adversaires dans leur lutte pour la conservation. Or, certains réussissent mieux que que les autres, grâce à une plus grande intelligence ou à d'autres dons naturels. Ils savent augmenter leur avoir plus vite que la grande masse, et peuvent faire passer d'autres hommes à leur service et accélérer avec l'aide de ceux-ci l'accroissement de leur avoir. Il se creuse un fossé entre les maîtres et les serviteurs. Or, comme l'homme est porté par toute sa nature à rechercher la com-munauté, et ne peut en outre s'en dispenser pour sa con-servation même, la lutte pour la vie qui menace l'existence de cette communauté est, à l'intérieur de celle-ci, enfer-mée dans de certaines limites. Mais cette lutte se poursuit contre ceux du dehors, les étrangers, continuellement comme quelque chose de naturel. Les voler tous à la fois, les dépouiller, ou même leur faire la guerre, est absolu-ment la même chose que prendre aux plantes leurs fruits et aux animaux la vie. Les possessions acquises ainsi s'amas-sent naturellement dans la main de ceux qui sont favorisés par leurs dispositions, et leur servent à eux et à leurs descendants à accroître encore leur puissance. Il finit par se produire des contrastes inouïs : à la fortune de quelques maîtres s'oppose la misère d'esclaves mille fois plus nombreux. Le bilan général est mauvais : une sur-production de déplaisir et de douleur, c'est-à-dire un ralentissement de vie, pour la totalité comme résultat des progrès de la lutte pour la conservation.

Naturellement les maîtres, et ceux qui ne sont pas encore des maîtres mais sentent en eux l'étoffe nécessaire pour le

devenir, seront enclins à dire : pourquoi pas ? Les porte-
paroles de la jeunesse seront enclins à les approuver. Si
nous sommes plus favorisés que la grande masse, ce n'est
qu'un tribut naturel en raison de notre capacité particulière
à soutenir la lutte pour la vie, qui nous distingue ou a
distingué nos ancêtres des autres. Et pourquoi ne serait-il
pas plus profitable à la totalité, et pourquoi n'avancerait-
elle pas plus vite, si les hautes facultés nécessaires à sa
conservation et à son progrès avaient, grâce à des circonstances favorables, l'occasion de se déployer plus richement et de se transmettre à un degré toujours plus élevé,
que si tous restent au même niveau relativement moyen
d'existence ? Mais la médaille a un revers, ou plutôt quelques revers. La pensée et les sentiments de l'homme sont
soumis aux lois de l'association. La vue de la souffrance
chez les esclaves provoque chez les maîtres des représentations de cette souffrance. Ils sont obligés de compatir,
quand ce ne serait qu'à un faible degré. La douleur qui
provient d'eux se retourne contre eux. Elle trouble un
peu la jouissance pure de leur situation privilégiée et pèse
sur elle. Jamais, d'ailleurs, ce trouble n'est trop fort. En
outre, si l'on se détourne et n'y porte les yeux que volontairement, cette douleur ne produit ce trouble que de temps
à autre, et on finit aussi par s'y habituer. Mais ceci est beaucoup plus grave. Les esclaves ne peuvent absolument pas
s'associer à cette justification de l'état des choses, dans lequel
ils souffrent, que donnent les maîtres. Leur expérience ne
justifie qu'en partie cette supériorité des maîtres. Ils ne
sont pas enclins à trouver juste qu'on récompense les
fils, jusque dans les générations les plus éloignées, des
mérites des pères. Leur croyance par nécessité, soutenue
par leurs vœux les plus ardents, et entretenue en particulier par la comparaison avec le bien-être des maîtres, fait
naître plutôt en eux des représentations d'une améliora-

tion prochaine, ou même de leur passage du côté des maîtres. Et la croyance par autorité à l'excellence de l'état des choses, et même l'habitude qu'ils en ont, et que des générations ont fortifiée, ne peuvent que difficilement résister. Au total, tout cela forme un terrain sujet à agitations et pas très sûr pour l'existence des maîtres. Il faut donc tenir les esclaves par la crainte ou par d'autres moyens. Cela désagrège en tous les cas la communauté, dont l'homme, comme nous l'avons dit, n'aime pas à se passer en temps qu'animal sociable, et ne peut se passer sans danger pour son existence. Cela déchire la communauté par l'exaspération et la lutte de classe, et amoindrit par là sa force de résistance contre le dehors. Les communautés les plus fortes sont celles qui prennent pour devise : tous pour un, un pour tous. Tôt ou tard elles triomphent des autres. Mais il arrive qu'on ne puisse maintenir les esclaves. La tension de la misère méprisée et foulée aux pieds, et des représentations et tendances d'affranchissement en résultant, devient trop forte et une explosion des passions déchaînées balaie les maîtres.

En résumé : déplaisir causé par l'ignorance et l'impuissance, déplaisir causé par l'insuffisance d'activité et l'insatisfaction ; misère causée par l'oppression des puissants, ébranlement de la communauté et peur des révoltes des opprimés, tels sont les maux qui proviennent de la lutte pour la conservation en même temps que tous les bienfaits qu'elle apporte. L'âme peut-elle y remédier ? Oui, elle le peut. Non pas en ce sens qu'elle les fait entièrement disparaître, mais en ce sens qu'elle les limite et les surmonte en partie.

§ 25. — La religion

L'âme se crée dans la *religion* une aide contre l'avenir impénétrable et la puissance invincible des forces ennemies.

Sous la pression de l'incertitude, et dans les terreurs des grands dangers, certaines représentations s'imposent naturellement à l'homme, d'après l'analogie des expériences qu'il a faites dans d'autres cas d'ignorance et d'impuissance. Elles lui montrent comment on peut là aussi se tirer d'affaire, de même que dans l'incendie on songe à l'eau, et dans le combat au camarade qui vous vient en aide. La chose lui est facilitée par une autre transposition par analogie très facile, comme le prouvent les enfants : l'homme considère primitivement toutes les choses comme vivantes et douées d'une âme comme lui-même, et tout ce qui arrive par analogie avec sa propre manière d'agir intentionnelle ou capricieuse. Or, il apprend de très bonne heure à se connaître lui-même, par une interprétation d'expériences nombreuses correspondant à sa pensée primitive, comme un être double composé du corps extérieur, visible à tous et pesant d'une part, et d'autre part d'un être mobile, fin, immatériel qui y réside, l'âme. Dans le rêve, par exemple, il croit reconnaître nettement l'indépendance des deux êtres. L'âme quitte le corps, s'envole ailleurs dans des régions connues ou inconnues, et voit les choses les plus étranges. De même, dans le phénomène saisissant de la mort. Aujourd'hui l'homme parle, s'agite, est utile ou nuit à quelqu'un, et demain il gît inanimé et il n'est plus question de rien. Sans doute on ne peut voir ce qui a produit cette énorme différence, mais il existe certainement quelque chose, qui se trouvait chez le vivant, était le véritable support de ses forces, de ses besoins, de ses amitiés ou inimitiés, et qui maintenant s'est envolé et réside, invisible, quelque part ailleurs. N'y a-t-il pas aussi des possédés, qui ont la sensation immédiate qu'un autre être est entré en eux, et les contraint à se tordre en convulsions sur le sol, ou à se jeter sur d'autres ? qui soudainement se mettent à parler en extase et à prophétiser avec une voix altérée et au bout d'un certain temps se calment à nouveau, lorsque ce démon les a quittés ?

Par une transposition de ces représentations, l'homme peuple toutes les choses entre ciel et terre, non seulement les animaux et les plantes, mais encore les blocs de rocher et de bois, les mers et les cours d'eau, les phénomènes atmosphériques et les astres d'une quantité de démons, d'âmes envolées, de spectres, qui, doués de forces analogues à celles de l'homme, mais de beaucoup supérieurs à son propre savoir et pouvoir, interviennent dans tout ce qui se passe. Mais il ne procède pas ainsi par le plaisir qu'il prend à des spéculations théoriques, pour satisfaire un besoin d'éclaircissement comme on dit ; cela gêne si peu l'homme primitif. Mais la raison en est l'intérêt pratique le plus vivant : il le fait *afin de pouvoir manier les choses*, afin de savoir s'en servir selon sa connaissance enfantine ou plutôt son ignorance d'elles. En effet, en humanisant les choses, il lui devient possible de se conduire à leur égard comme il est accoutumé à le faire à l'égard des hommes ; il peut s'assurer leur faveur et leur aide dans sa poursuite de certains buts, et acquiert ainsi une certaine puissance sur elles. Et comme il en a un besoin urgent, ces esprits acquièrent sans peine une existence réelle pour lui. De même que le besoin de se soutenir et de ne pas désespérer produit chez la mère (p. 219) la foi en l'avenir de son fils, de même il produit ici la foi en la réalité des esprits nés du jeu des associations de pensées. Il faut qu'ils existent, parce qu'ils sont absolument nécessaires. Sans eux, ce ne serait partout que perplexité et impuissance.

Naturellement, il en naît tout de suite de deux espèces. *Ce sont les deux mêmes espèces qui distinguent les hommes aussi dans leur conduite à l'égard les uns des autres.* Les uns sont hostiles, malicieux, méchants. Ils

apportent aux hommes les calamités, des maladies et des
dangers, dont on ne peut se défendre par ses propres
forces. Le plus qu'on puisse obtenir d'eux, c'est qu'ils
cessent de nuire. Les sentiments qu'ils inspirent sont la
crainte et l'angoisse ; on tremble devant eux. Les autres, au
contraire, sont propices, secourables et bons. Ils aident
l'homme à se défendre contre les maux causés par ces
mauvais esprits, l'assistent dans les luttes avec ses semblables, lui permettent aussi de participer à leur science
des secrets de l'avenir. On peut s'abandonner à eux avec
confiance et espoir. On leur est reconnaissant et on peut
les aimer. Aux degrés inférieurs de la civilisation, où
l'homme se sent encore très impuissant et guetté à tous les
pas par des dangers sinistres, on conçoit que le sentiment
de la peur l'emporte de beaucoup, et partant la croyance
aux mauvais esprits et aux démons. A des degrés plus
élevés par contre, où une vue plus profonde de l'enchaine-
ment des choses et une puissance plus grande sur elles
donnent à l'homme plus de confiance en soi et plus d'espoir,
c'est le sentiment de la confiance en ces puissances invisi-
bles qui passe au premier plan, et, par là, la croyance à des
esprits bons et bienveillants. Mais dans l'ensemble les deux
sentiments, la peur et l'amour, restent à côté l'un de l'autre,
caractéristiques des sentiments de l'homme à l'égard de ses
dieux, et seule leur proportion respective varie avec les
circonstances.

Pour obtenir de ces dieux l'aide qu'on en attend, il faut,
continue logiquement la foi, s'adresser à eux exactement
de la même manière qu'aux hommes dont on veut gagner
la faveur. Il faut les prier instamment, les flatter, peut-être
aussi les menacer, leur promettre, pour le cas où ils accordent leur aide, des offrandes en retour, une adoration continue et une obéissance fidèle, mais surtout ne pas manquer
de leur faire d'avance des offrandes. Donc la prière, le vœu et

le sacrifice sont, selon les circonstances, les moyens à employer. De très bonne heure vient s'ajouter une autre idée. Dans le cas où l'influence des démons est particulièrement certaine pour la pensée primitive, en particulier dans le traitement des maladies et surtout des maladies mentales, certaines personnes font preuve de plus d'habileté que d'autres. Visiblement ils entendent mieux l'art du commerce avec ces esprits, peut-être parce que leur propre nature se rapproche de la leur. En tout cas il est bon de se servir de leur intermédiaire. C'est ainsi que du rebouteux sort le prêtre, qui bientôt, par des cérémonies variées et des pratiques mystérieuses, ou même par la nécessité de comprendre les écritures saintes, fait du commerce avec les dieux une affaire compliquée et familière à lui seul. Mais, pour avoir de l'autorité, il faut aussi qu'il fasse la double chose qu'on attend des dieux. Il faut que les prêtres puissent *prophétiser* et *enchanter*, prédire l'avenir, et fournir des secours contre les grands dangers. Telle est leur fonction, et aussi leur justification. Les apôtres se légitimaient par des prédictions et des miracles.

Telles sont les origines de la religion. Elle est *un phénomène d'adaptation de l'âme à certaines conséquences funestes de la prévision*, et en même temps une défense contre ces conséquences à l'aide des moyens dont l'âme dispose. La peur et la nécessité sont ses fondements. Et bien que, pour la plus grande partie, elle se transmette par autorité une fois qu'elle est née, elle serait morte depuis longtemps, si elle n'était pas sans cesse engendrée à nouveau par ces deux sentiments. Les églises se remplissent, et les pèlerinages se multiplient pendant les guerres et les épidémies. Au cœur de la bataille, au cours d'une maladie grave, sur le vaisseau qui coule, une prière suppliante échappe à plus d'une bouche qui d'habitude n'en prononçait pas. Mais, même lorsqu'elles ne sont pas très fortes, la peur et la nécessité sont toujours là. Les connaissances les plus étendues et la puissance la plus forte ne peuvent jamais que reculer un peu les frontières au delà desquelles elles commencent, mais non pas les faire disparaître. Aussi *reproduisent-elles toujours à nouveau la religion, comme cela eut lieu de tout temps*, à moins que bien entendu on ne les contrarie maladroitement.

Naturellement, pour que la croyance aux dieux subsiste, il faut qu'elle concorde avec l'expérience, ou du moins ne la contredise pas trop fortement, surtout dans la question des résultats de l'action des dieux. Si les révélations de l'avenir coïncident avec le cours des choses, si l'on surmonte heureusement le danger menaçant, on a ainsi la preuve la plus manifeste de l'assistance du dieu, de sa puissance et du bien fondé de la foi en lui. Or, souvent, le résultat des prières et des sacrifices ne répond pas à l'attente. Mais, comme l'aide qu'on demande aux hommes, ceux-ci ne l'accordent pas toujours, l'expérience nous fournit là facilement une explication. Peut-être la prière n'était-elle pas assez forte, le sacrifice pas exécuté dans les formes prescrites ni à l'endroit voulu. « Jérusalem est le lieu où il faut adorer. » Ou bien le suppliant a offensé, irrité Dieu. C'est bien fait, s'il en est puni par l'insuccès de ses vœux. « Penses-tu que Dieu juge injustement ? » Ou bien, s'il croit pouvoir se présenter sans crainte devant Dieu qui pourtant connaît ses errements même les plus cachés, peut-être Dieu a-t-il voulu lui envoyer une épreuve, pour savoir si sa foi tiendra bon, si sa piété ne s'affaiblira pas en n'étant pas récompensée par la santé et les biens extérieurs. Ou bien, enfin, les voies et les jugements de Dieu sont insondables. « Qui a saisi la pensée du Seigneur ? » Qui lui a fait l'avance de dons en échange desquels il peut demander une récompense ? Dieu agit selon sa sagesse ; l'homme n'a qu'à s'incliner humblement. Parfois, sans doute, cette soumission et l'adaptation de la foi à des expériences contradictoires sont très difficiles. Lorsque le croyant, qui sert Dieu de façon irréprochable, souffre sans cesse, tandis que les impies et les blasphémateurs de Dieu ne sont pas inquiétés, mais au contraire « sont heureux en ce monde et s'enrichissent », il n'est pas facile d'empêcher les pensées de chanceler et de ne plus savoir s'il faut croire en Dieu. Néanmoins la foi trouve une solution, non pas partout, mais dans beaucoup de cas, et depuis des siècles elle a cessé d'être une simple doctrine secrète de quelques sectes helléniques pour se répandre sur le monde entier : même l'espoir en Dieu, qui jusqu'au moment de la mort n'a pas été satisfait, trouve encore sa pleine réalisation. La foi fait passer, par-dessus le tombeau, l'espérance de l'au-delà. Précisément, ce qu'il y a là d'inconcevable est l'ordre voulu par Dieu. L'homme pieux *doit* souffrir. Sa vie actuelle n'est qu'une introduction, une partie secondaire de toute son existence. L'âme vit éternellement, liée pour un moment au corps et à ses besoins, et pour toujours débarrassée de lui après la mort. Or, celui qui veut goûter dans l'existence immatérielle de l'au-delà les félicités, qui y sont préparées, doit s'y préparer dans la vie actuelle, en se tournant vers Dieu et en se détournant de la chair et de ses jouissances, c'est-à-dire précisément en souffrant. Il en sera récompensé là-bas par des joies éternelles, bien différentes de celles que peut procurer le monde, par sa participation à la félicité parfaite de Dieu. Au contraire, des peines éternelles attendent l'impie.

Lorsque les représentations de l'essence des dieux prennent une forme plus déterminée, la croyance, comme nous l'avons dit plus haut de toute croyance par nécessité, est en relation très étroite avec le savoir de chaque instant, et d'une manière générale avec l'ensemble des notions de chaque instant, et tout le degré de civilisation. Cela produit d'énormes différences entre les diverses religions, si

bien que les études qui se limitaient surtout aux formes
supérieures plus proches de nous, n'avaient pas reconnu
jusqu'à l'époque moderne la véritable essence de la totalité
des manifestations religieuses. Dans des conditions primitives, où chacun doit pourvoir à ses propres besoins, où l'on a
peu de connaissance de l'enchaînement régulier des choses,
où le tout forme une multitude inarticulée de petites unités
indépendantes, il en va de même pour les dieux. Chacun
d'eux peut en substance tout, même s'il ne réussit peut-
être pas aussi bien dans tout, et emploie sa puissance selon
son humeur et son bon plaisir. Certains sont plus forts,
d'autres plus faibles, mais sans grandes différences. Au
total ils forment une masse inorganique d'individus égaux
en droits, se faisant la guerre, concluant des alliances, tout
comme les hommes à l'image desquels ils sont créés. Les
petites unités en forment de plus grandes, des familles, des
clans ; en même temps les dieux deviennent des dieux
de familles, avec de grandes différences entre eux, selon
les diverses conditions de vie de leur famille. La société
s'organise ; depuis le haut jusque dans le bas, il y a des
maîtres et des serviteurs de différents degrés ; aussitôt les
dieux forment aussi un royaume hiérarchisé. Différentes
professions se distinguent les unes des autres : ouvriers,
cultivateurs, commerçants ; à nouveau les dieux en font
autant : l'un s'occupe de la guerre, l'autre de la vigne, etc.
De nombreuses complications de détail, la soumission d'un
peuple et l'assimilation de sa religion, l'élargissement de
son horizon par des relations commerciales, modifient peu
la marche de cette évolution. Mais deux circonstances sont
très importantes pour elle.

Premièrement la formation d'une conscience morale supérieure : l'accroissement des exigences morales au delà des
limites nationales qui lui avaient été primitivement tracées,
l'appréciation des actes d'après l'intention. Ce que l'homme

en vient à considérer comme un idéal pour lui, il le place aussitôt dans ses dieux, afin que cela lui serve de modèle à lui-même, : les dieux deviennent des êtres moraux. Et cela a pour eux une double conséquence. D'abord de rendre leur être plus profond et plus intérieur. Leur ressemblance extérieure avec les hommes, l'anthropomorphisme inférieur disparaît. Les dieux ne demeurent plus dans des temples bâtis par la main des hommes; ils ne voient plus, n'entendent plus, ne se déplacent plus comme des êtres humains; ils sont de nature purement spirituelle. De même l'adoration extérieure, l'observation étroite de prescriptions artificielles vont en diminuant. Ce que les dieux veulent, ce n'est pas le sang des animaux immolés, et la célébration de fêtes à certains jours, mais un cœur pur et aspirant au bien, une conduite pieuse et de bonnes actions. Et, en même temps que les dieux deviennent plus moraux, il se produit une unification. Il n'existe qu'une moralité, et, lorsqu'elle devient l'attribut principal des dieux, ils perdent de leurs différences. Si, en outre, la moralité cesse d'être applicable aux individus d'un même peuple seulement, si l'on doit être juste même envers ses ennemis, les frontières nationales disparaissent aussi pour les dieux, supports de cette moralité. Ils perdent alors très facilement leur pluralité : ils se fondent *en un seul* dieu. C'est pour cette raison que les grands hommes qui ont approfondi et intériorisé la religion, les prophètes juifs, Zarathoustra, Platon, sont aussi les apôtres d'une divinité unique. D'autres raisons viennent s'ajouter : une forte conscience de la nationalité chez les Juifs — notre Dieu est plus fort que le vôtre, votre Dieu n'est d'ailleurs pas un Dieu — des considérations théoriques chez les Grecs. Ainsi les religions supérieures tendent au monothéisme, bien qu'il leur soit difficile, comme les conceptions de demi-dieux dans le christianisme le prouvent, de l'atteindre en dépit des besoins contraires de la foule.

La seconde circonstance tout à fait importante est l'extension du savoir. L'homme remarque peu à peu que les choses sont souvent bien loin d'avoir été mises ici et là d'une façon capricieuse et arbitraire, comme il en peut d'ailleurs faire la remarque sur lui-même. Il apprend à connaître des règles toujours plus nombreuses, qu'elles suivent, et qui lui permettent, s'il les observe, d'acquérir sur les choses le pouvoir qu'il désire. De hardis pionniers de la pensée affirment bientôt qu'il en est ainsi, non pour la majorité des choses, mais pour toutes sans exception, et que non seulement le monde matériel, mais aussi le spirituel obéissent à des lois fixes et immuables. De nouvelles expériences confirment cette affirmation. Il devient bientôt difficile de ne pas en reconnaître la justesse. Il semble alors que cela ôte à la religion toute raison d'être. Car, si la divinité n'intervient pas arbitrairement dans le cours des choses et dans le cœur humain, comment peut-elle venir en aide? Cependant le besoin religieux resté intact peut aussi s'adapter à ces notions nouvelles. Les formes et les concepts, par lesquels il s'est exprimé, se transforment, changent de sens, et en partie perdent ce sens. Alors apparaît la forme suprême de la religion, celle qui a été élaborée avec plus ou moins de conséquence par maints philosophes. Mais sous une forme nouvelle l'essence intime reste la même et conserve aussi la même signification.

La prière, par exemple, acquiert pour le suppliant une valeur purement spirituelle. Elle le remplit d'espoir, de confiance, de courage, et peut-être accomplit-il alors réellement par ses propres forces, ce pour quoi, désespérant de lui-même, une aide étrangère lui semblait nécessaire. Les prédictions deviennent l'affaire des savants, non plus dans le même sens que jadis assurément. Mais le christianisme les limitait déjà dans le sens religieux primitif — et évidemment à juste titre — aux prophètes et aux apôtres.

Faire des prodiges au sens primitif devient impossible aussi. Mais, dans une acception nouvelle, ce sont encore les savants, et surtout les techniciens qui s'en chargent. Ici aussi le Christianisme a déjà préparé les voies, bien qu'avec plus d'hésitation que pour les prédictions, car, pour les besoins pratiques, la magie est plus importante. Il ne connaît pour ainsi dire plus d'interventions miraculeuses dans les phénomènes du monde extérieur, si ce n'est comme un attribut des saints. Par contre, il limite la puissance du prêtre à des effets purement spirituels : dans les sacrements, il accomplit une sorte de sanctification magique. La divinité enfin, qui est en danger, si l'on nie les interventions arbitraires dans le monde, de devenir tout à fait étrangère à celui-ci, est bien plutôt introduite dans celui-ci, conformément à un vieux désir de nombreux croyants. Dieu *est* le monde, c'est-à-dire le monde saisi à la racine unique de son existence, la foule des choses saisies à leur source. Les lois, suivant lesquelles se comportent les choses, ne sont pas des effets extérieurs de l'action divine, mais les manifestations les plus personnelles de Dieu. Et de même les lois de l'âme; Dieu est en toi, en moi, partout. L'aide qu'il accorde ne consiste pas en avantages extérieurs, mais en un gain intérieur : compréhension de l'essence de Dieu, de l'enchaînement des choses en lui, de la nécessité où elles sont de provenir de lui, et par suite reconnaissance et admission de toutes les choses, même lorsqu'elles nous apportent des maux, ou bien encore (interprétation mystique) : se plonger en Dieu, s'élever jusqu'à lui, se fondre en lui, l'être supra-sensible, et s'affranchir par là des choses sensibles et de leurs souffrances. Mais, si colossale que soit la différence entre la croyance de Luther (qui pose carrément la question à son Dieu et lui rappelle énergiquement qu'il doit absolument tenir ses promesses, et exaucer la prière pour la guérison de Mélanchton, s'il veut qu'on continue à lui accorder sa confiance, qui exprime au diable son plus parfait mépris par un geste de lansquenet) et la croyance de Spinoza (dont le Dieu est à celui de Luther « ce que la constellation du Chien est à un chien terrestre aboyant », dont la vie en Dieu est équivalente à la considération de l'enchaînement raisonnable de toutes choses), ce que tous deux cherchent dans leur croyance, *et ce qu'ils y trouvent*, est exactement la même chose, ce qui précisément est commun à toute religion : une défense contre l'inconnu inquiétant et contre la terreur des puissances plus fortes que nous, le repos pour le cœur agité.

Mais la vie est une hydre. L'âme abat avec l'aide de la religion deux têtes menaçantes, deux autres repoussent aussitôt, plus difficiles à vaincre que les premières. Par quelques-uns de ses caractères fondamentaux, la religion s'oppose à d'autres créations de l'âme, ou s'entend avec elles, et cela grâce d'une part à ses rapports particuliers avec la science, et d'autre part grâce à son action. Dans les deux cas il se produit une nouvelle série de difficultés.

1° Pour des raisons faciles à concevoir, la religion a plus que toutes les autres créations de la vie psychologique une tendance à l'inertie. Ses doctrines, ses prescriptions et ses usages sont revêtus d'une autorité divine, et Dieu est immuable. Mais la science n'est pas immuable. Qu'admettons-nous de ce qu'on admettait il y a 1 000, 500, 100 ans ? Or, la religion s'est attachée à différentes sciences, en hésitant peut-être, en les suivant d'un pas un peu boiteux. Mais ce qu'elle a une fois pris et érigé en doctrine, il faut qu'elle y tienne avec ténacité et le défende énergiquement. Dans une religion ancienne, on retrouve ainsi par couches des restes des sciences et conceptions de générations depuis longtemps passées, qu'elle ne peut rejeter sans une rupture violente. Ainsi se produit un désaccord, qui au fond est toujours béant, et peut parfois l'être tout au plus un peu moins. Toujours les savants ébranlent la croyance simple et vénérable des aïeux, qu'ils ne peuvent plus partager à moins de mener une double vie, et toujours les prêtres proclament que seuls ils possèdent la vérité éternelle, et que ceux qui croient savoir tout mieux que les autres, n'émettent que des hypothèses discutées. Quels divers combats n'a-t-il pas fallu pour se débarrasser de la conception géocentrique du monde, et avec quelle âpreté et quelle absurdité on combat aujourd'hui la théorie biologique de l'évolution ! Quels essais ridicules et lamentables et toujours renouvelés ne fait-on pas pour interpréter la puissante poésie du mythe juif de la création, adopté par le catholicisme, dans un sens conforme à la cosmologie et à la géologie modernes, ou pour ne pas admettre que c'est simplement un mythe ! Vers la fin des temps anciens, on se représentait la divinité dans ses rapports avec les choses, comme susceptible d'être à la fois ici et là en même temps. Cette notion, on la voyait réalisée de façons sensibles dans de nombreux phénomènes, par exemple dans le soleil, qui envoie les flots abondants de ses rayons sur le monde entier, et pourtant demeure inépuisable et toujours le même, ou dans la plante, dont les forces se répandent à travers toutes les parties, les branches, les feuilles et les fleurs, et cependant restent en même temps, sans se perdre ni diminuer, rassemblées dans la racine. Les théologues chrétiens se montrèrent des hommes modernes, capables d'utiliser les plus hautes pensées de leur époque, en utilisant pour leurs fins cette représentation, et en formant le concept de la Trinité. Avant eux, la philosophie de Philon connaît une espèce de dualité, et la philosophie néo-platonicienne de leur époque une quadri-unité. Mais les notions se sont modifiées. Cette représentation de réalités rayonnant tout autour d'elles et cependant restant en même temps intactes, a disparu et n'a plus d'importance pour nos idées des choses. N'importe quel enfant sait que l'énergie rayonnante, qui émane du soleil, est une perte pour lui, et que celui-ci finira par en périr, s'il ne peut être alimenté par ailleurs. Et ainsi la trinité est devenue pour nous une formule morte. Quelques rares personnes savent historiquement ce qu'elle exprimait à un moment donné ; elle n'a plus pour personne de force vraiment vivante et agissante sur notre manière de considérer les choses. Elle empêche d'incorporer aux dogmes chrétiens d'autres représentations, conformes à *notre* pensée. Mais il est hors de doute que l'on ne pourrait, sans se heurter aux plus grosses difficultés, la retrancher du dogme.

2° La religion est pour celui qui la possède, comme nous l'avons montré, une arme dans la grande lutte pour la conservation. Mais, comme tout ce que produit l'âme, elle devient aussitôt après son apparition, *pour les autres* aussi, une arme dans la lutte pour la conservation. Et cela sans se préoccuper s'ils la possèdent eux-mêmes, et s'ils jouissent eux aussi de ses fruits, pour ces raisons générales dont nous avons parlé. Qu'elle le devienne pour les prêtres, cela va de soi. Elle le devient au même titre que la science médicale pour le médecin, le service militaire pour le soldat. Le fait aussi que son emploi comme moyen amène ces derniers à se servir d'aides singulières, cela est explicable, et on peut en trouver des exemples parallèles dans d'autres professions. Mais un autre point est beaucoup plus important. Par sa nature, et on peut ajouter pour son malheur, la religion est un excellent moyen de combat dans cette lutte entre les maîtres et les esclaves, dont il a été question plus haut (p. 256). Elle donne de la tranquillité à l'homme. Or, des hommes tranquilles sont plus facilement contents de leur sort que d'autres, et par suite plus faciles à manier. Elle enseigne dans certaines circonstances qu'il ne faut pas se préoccuper de la splendeur et de la richesse dans cette vie, qu'au contraire les malheureux et les opprimés n'en seront que plus heureux dans la vie future qui les attend. Elle insiste même sur ce fait, que ceux qui ne croient pas à un tel dogme et n'obéissent pas à ses préceptes subissent un jour de lourds châtiments, bien que ce dogme ait été fait, non pas pour provoquer la peur, mais au contraire pour la vaincre. Tel n'était assurément pas le sens premier de ces dogmes qui furent créés peu à peu pour venir en aide aux malheureux et aux opprimés, afin de leur permettre de résister au milieu de leurs maux. Mais, il est hors de doute qu'on peut les interpréter ainsi. C'est pourquoi les maîtres se sont de tout temps emparés avec empressement de la religion, comme d'un moyen puissant pour maintenir sous leur domination les esclaves qui s'agitaient, plus efficace que la force brutale, parce qu'elle provoque moins aisément de violentes réactions. « Comment défendrons-nous nos gens contre les socialistes, s'ils ne vont plus à l'église ? » dit le hobereau. « Un soldat qui ne craint pas Dieu, n'est qu'une chiffe molle », dit le général. « Le trône et l'autel », telle est la devise des rois. Cette immense importance pratique de la religion réagit naturellement sur ses représentants. La puissance, qu'ils possèdent déjà en euxmêmes, se trouve portée au plus haut degré, et comme par suite, ils entrent d'un autre côté en conflit avec d'autres puissances, c'est ainsi que se produisent les complications et les problèmes les plus graves de la vie sociale.

On ne saurait dire si, ni comment l'âme surmontera un jour toutes ces difficultés par de nouvelles adaptations, puisqu'elle n'y a pas encore réussi. Peut-être cela se produira-t-il un jour, lorsque les serviteurs de la religion en viendront à considérer comme la première et la plus évidente sagesse que, pour conserver la religion, ils doivent cultiver non pas la géologie, l'astronomie, la biologie, et encore bien moins la psychologie et la politique, mais la religion.

§ 26. — L'ART

Le second groupe d'inconvénients, auxquels l'âme avait à remédier, était l'insuffisance de l'activité déployée par l'âme entière dans la simple lutte la plus nécessaire pour la conservation, insuffisance qui avait pour conséquence l'agitation et l'insatisfaction. Elle trouve le remède là contre dans l'*art*, c'est-à-dire la contemplation des œuvres d'art, et la jouissance qu'elles lui procurent.

L'œuvre d'art réjouit en intéressant de nombreuses facultés de l'âme, comme nous le verrons, mais ne fait que réjouir. Des mets délicats, des vêtements neufs, une profession rémunératrice réjouissent aussi, les uns par leur parfum, les autres par leur aspect, tous par la considération qu'ils procurent. Mais, en outre, ils réjouissent encore par quelque chose d'autre, par leur rapport avec une fin située en dehors d'eux : j'ai absolument besoin d'eux pour mon existence. Et, par rapport à cette extension d'un autre côté, ils ne réjouissent pas : ils font aspirer à en avoir plus ou fatiguent, parce que le plus n'est pas accessible, ou parce qu'on en a trop pris, etc. On tirera aussi de la contemplation de l'œuvre d'art un avantage pour la vie au sens le plus large. Mais celui qui jouit de l'œuvre d'art n'en sait rien. Pour sa conscience, il n'existe que la joie produite par ce que cette œuvre lui offre en soi comme son riche contenu. Il éprouve de la félicité, non de la béatitude. Je ne puis rien *faire*, au sens ordinaire du mot, d'un tableau ou d'une chanson. Ils me réjouissent, lorsqu'ils le font, non pour une autre fin quelconque, ni comme la vérité, en raison de la place qu'ils viennent prendre dans un vaste ensemble. Ils ont en eux-mêmes leur fin et leur unité. Chaque œuvre est un tout reposant sur lui-même, complet par lui-même. C'est ainsi que l'œuvre d'art nous donne de la tranquillité au milieu d'une vive activité; elle n'entraîne pas l'âme plus loin. Elle délivre des arrière-goûts amers dont s'accompagnent toutes les joies acquises en poursuivant la conservation ou le bonheur.

On peut considérer l'œuvre d'art comme l'accomplissement d'une exigence, que l'artiste n'a pas plus besoin de connaître que celui qui parle n'a besoin de connaître les besoins du langage, et dont on peut cependant prouver qu'elle est ce qui domine objectivement dans ses créations. Ce que nous demandons à toutes les œuvres d'art, c'est ceci : *réjouis-moi sans me faire convoiter ;* donne-moi la jouissance sans le désir de posséder, sans jalousie, sans joie maligne et autres mouvements du même genre. Cette joie sans convoitise, la jouissance sans envie porte le nom de *joie esthétique*, de *plaisir esthétique*.

Comment les hommes en sont-ils venus à cette façon particulière de se procurer de la joie ? L'art apparaît toujours étroitement lié à la religion, et l'aide considérable qu'il doit à cette liaison est patente. Les temples des dieux et les églises sont des œuvres d'art et couverts de riches ornements artistiques. La vie et les hauts faits des dieux forment le contenu de nombreuses œuvres d'art. On est donc porté à supposer que l'art est né de la religion, et sans doute il y a du vrai dans cette supposition Toutefois, leur rapport n'est pas définitivement éclairci par là. Peut-être faut-il admettre, par exemple, que ces démons secourables des religions primitives (p. 260) sont rattachés parfois à des animaux ou à une certaine espèce animale par analogie avec l'âme qui habite dans le corps. A l'aide de ces animaux on peut naturellement accomplir des prodiges. Malheureusement, on ne peut les emporter avec soi ; on n'ose surtout pas les tuer, puisqu'ils sont sacrés. Or, tout ce qui a quelque rapport avec un être participe, et cela non pas seulement dans les représentations primitives, à l'essence de cet être, est constamment en relation avec lui, est, pour ainsi dire, un morceau de lui-même. Ainsi, par exemple, un bout de son vêtement, et même son nom. Les mots : « Au nom de Dieu », « au nom de Jésus », étaient à l'origine des formules magiques. Cela devait faire naître l'idée que, plus que tout, une *image* de l'être conservait cette relation étroite, que par conséquent les forces de l'original étaient efficaces encore dans l'image, et que, inversement, on pouvait agir sur l'original en partant de l'image. On en vint ainsi à rendre ses armes plus efficaces en y gravant l'image de l'animal protecteur, à se rendre invulnérable en portant sur soi une image semblable, ou à fabriquer des idoles de ses dieux, auxquelles on faisait des dons ou infligeait des châtiments. La joie causée par les produits de cette activité tout d'abord purement imitatrice conduisit plus loin. Elle détacha l'œuvre d'art de la religion, c'est-à-dire en fit autre chose qu'un moyen magique pour des fins extrêmement nécessaires — dans les tableaux de madones et de saints, il en reste quelque chose — et lui donna sa valeur propre. L'œuvre d'art ne fut plus chargée de rendre par la magie les armes plus puissantes ; le fer s'y entendait mieux. Mais elle enseigna aux hommes la magie d'une jouissance sans envie, et leur devint par là agréable et convoitable pour elle-même. Par là elle fut ramenée aussitôt à la religion, bien que ce fût dans une relation différente de la primitive. Comme les hommes s'efforçaient de procurer à leurs dieux comme à eux-mêmes des jouissances, ils leur consacrèrent entre autres choses des œuvres d'art. Comme ils remarquaient, en outre, que l'effet de ces œuvres d'art croissait en raison de la grandeur de leur contenu, ils continuèrent à leur donner surtout les dieux comme contenu, précisément la chose la plus grande que les hommes possédaient : leur propre personne à une plus haute puissance.

Quoi qu'il en soit, la religion ne peut avoir été qu'*une* des causes de la naissance de l'art, ou une cause ne valant que pour certaines catégories d'art. Car nous connaissons avec une netteté parfaite d'autres sources de l'art qui en partie proviennent de plus loin que la religion. L'une d'elles est le jeu.

Le jeu est cet instinct, commun à l'homme et aux animaux, d'exercer les forces nécessaires dans la lutte pour la conservation, mais qui toujours, ou momentanément, ne trouvent pas suffisamment l'occasion de s'exercer dans cette lutte même. Naturellement il se manifeste souvent sous les mêmes formes que l'instinct de conservation. L'acte de jeu apparaît ainsi comme l'imitation de l'acte de conservation. Seulement il est sans utilité pour la conservation, du moins directement, et dans la conscience de celui qui joue. C'est par là que le jeu a un sens pour l'art. En lui, l'activité humaine commence à se détacher du besoin, à s'affranchir de la considération constante des nécessités de la vie. Sans doute, ce n'est qu'un commencement. Le jeu n'est pas encore un art, parce que l'affranchissement ne va pas assez loin. Il est encore trop sérieux, ses joies restent encore trop enfermées dans la réalité des nécessités. L'enfant qui joue avec ses camarades au voleur et au gendarme, ne *joue* pas le voleur comme un acteur, il *est* le voleur. Son idéal serait de pouvoir jouir en réalité par son jeu de tout ce qu'il représente comme les avantages de la vie des voleurs, l'indépendance, la puissance sur les autres et leur argent; l'acteur n'y songe pas. Même lorsqu'il joue un roi, dont il prendrait volontiers la place en tant qu'homme, il ne veut pas en tant qu'acteur *être* le roi, mais *jouer* le roi. Le jeu est donc quelque chose d'intermédiaire entre l'art et la vie, mais au demeurant un premier degré de l'art.

D'autres faits de la vie primitive jouent le même rôle. Il est inutile de les étudier en détail. Ce qu'ils ont de commun est ceci : dans la lutte pour la conservation, l'homme apprend à connaître telles ou telles choses, qui sont utiles dans cette lutte ou accompagnent les choses utiles, mais qui en même temps possèdent déjà en elles-mêmes, et sans cette relation, une valeur d'agrément considérable. Au début, dans les temps primitifs, où la dure nécessité de la lutte pour l'existence domine tout, cette valeur spéciale est à peine remarquée. Mais peu à peu, lorsque les succès dans cette lutte pour la vie sont venus, lorsque l'homme a des loisirs, il commence à y faire attention. Il remarque que le moyen de combat, qui n'avait pour lui d'abord que la valeur d'un moyen de nutrition ou d'une arme, est aussi une chose agréable indépendamment de son utilité. Ou bien un phénomène concomitant

de son activité conservatrice le frappe d'une manière semblable. Il est amené ainsi à rechercher ces choses pour leur
propre valeur. Elles deviennent pour lui des moyens d'art.
Il en est ainsi des couleurs vives et autres moyens de parure,
par lesquels il cherche à plaire, et pour les signes par lesquels
il marque qu'une chose est sa propriété. Ses joies se dé-
chargent dans des actes réflexes : sauts, cris de toutes sortes.
Quand ces mouvements se produisent, on les ressent comme
quelque chose d'agréable. Cela conduit à les répéter inten-
tionnellement, et devient une cause de la danse et du chant.
Des récits et descriptions de ce qui a été perçu par les sens,
de concert avec les débordements de l'activité reproductrice
non dirigée, sortent la légende et le conte. Par-dessus tout,
c'est la découverte de ce qu'ont de plaisant la symétrie et le
rythme, et le groupement harmonieux dans le temps et l'espace d'éléments nombreux, qui a eu la plus grande importance
pour l'art. On avait souvent l'occasion de remarquer que des
objets de plusieurs couleurs, placés côte à côte en les alter-
nant, ou que des lignes diverses rangées en figures symétriques ont un aspect incomparablement meilleur que dans
le désordre, ou bien encore que les mouvements des danseurs ou des travailleurs avec un rythme donné, non seulement sont effectués plus aisément, mais encore sont beaucoup
plus agréables que des mouvements non rythmés. Or, le
rythme et la symétrie n'ont, pour la conservation de l'existence, qu'une importance relativement faible, alors qu'ils en
ont une très considérable pour l'art. Par là, il devient beaucoup plus facile de les détacher de l'activité conservatrice
et de les réaliser pour eux-mêmes. En fait, si l'on en juge
par les peuples sauvages d'aujourd'hui, le premier art
indépendant et généralement répandu fut une danse rigoureusement rythmée, accompagnée par la musique et le
chant, c'est-à-dire essentiellement par l'indication de la
mesure. Les danseurs eux-mêmes poursuivent encore des
fins pratiques : provoquer un enthousiasme extatique, chas-
ser les démons, etc. Mais ils procurent aux spectateurs une
jouissance purement esthétique, et c'est elle que ceux-ci
recherchent dans le spectacle qui leur est offert.

Ainsi les origines de l'art sont multiples. C'est pourquoi

aussi il ne consiste que dans la multiplicité des divers actes particuliers. Néanmoins, ce qui unit ces origines diverses, de même que les divers arts particuliers, c'est toujours un besoin général de l'âme, qui trouve là sa satisfaction : la joie sans convoitise. Naturellement cette ressemblance dans l'effet dernier entraîne aussi une certaine ressemblance générale dans la manière dont on l'atteint.

Pour l'étudier un peu en détail, il est bon de distinguer. Dans tout produit de l'activité humaine on peut distinguer trois choses, importantes pour la vie sentimentale. Premièrement un certain *contenu* ou *sujet*. Si l'œuvre d'art est un tableau, elle peut représenter une bataille ou un paysage ; si c'est un poème, la légende d'Ulysse ou du roi des Aulnes ; si c'est de la musique, une valse ou une marche funèbre. Deuxièmement ce sujet est toujours revêtu d'une certaine *forme*. Si l'on représente la Cène, on peut placer les disciples les uns à côté des autres, ou les grouper et cela de diverses manières ; on peut construire une église en style roman ou gothique ; et de même la longueur des vers et des strophes dans la poésie, et de même la disposition des parties et l'harmonie dans la musique. Mais, à côté de cela, il y a dans une œuvre d'art bien d'autres choses qui ne rentrent pas dans les deux catégories ci-dessus. Lorsque nous percevons une existence ou un événement objectils, nous ne sommes jamais, ainsi que nous l'avons dit plus haut, tout à fait passifs. Nous mêlons nos représentations à cette donnée, nous l'élaborons, nous l'interprétons, nous la transformons. Si donc un artiste veut agir sur moi, en représentant la sainte Cène, cela peut avoir lieu, abstraction faite de l'instant particulier qu'il choisit, de bien des façons. Il peut selon qu'il envisage cet événement de telle ou telle façon, me montrer une douzaine de pêcheurs et de péagers juifs, ou les disciples du Seigneur, peut me faire deviner la signification humaine ou historique de l'événement. L'aspect extérieur de son tableau peut aussi être très différent : il peut disposer ses figures à l'intérieur d'une grande salle, et me dire mainte chose en la couvrant d'ornements ou en la représentant toute simple, ou bien il peut concentrer tout l'intérêt sur les personnages, et me les peindre d'une grandeur imposante ; il peut user d'une technique ou d'une autre, et s'en servir d'une façon personnelle. Sans doute, au sens large du mot, tout ce que m'offre une œuvre d'art dépend de la personne de l'artiste. C'est lui qui déjà, par le choix du sujet, et la forme qu'il lui donne au sens indiqué plus haut, me montre sa propre vision. Mais dans les choses dont nous venons de parler, son individualité se manifeste avec une intensité particulière. Appelons donc tout ce qui a trait à la conception et à l'exécution *le contenu personnel* de l'œuvre d'art. Nous distinguerons par suite, dans toute œuvre d'art, *le sujet, la forme et l'élément personnel.* Qu'on ne considère pas cette distinction comme un exercice de sagacité. On peut sans peine ramener les divers éléments de ce partage les uns aux autres, et en déplacer les limites respectives. Mais alors il faudra, pour pouvoir parler des œuvres en particulier, refaire sous d'autres noms d'autres distinctions dans l'unité qu'on aura rétablie, et on ne sera pas plus avancé.

A tous les trois points de vue, et c'est ce qui nous importe, l'œuvre d'art éveille des sentiments, et, selon les circonstances, les sentiments les plus variés comme nous l'avons vu plus haut (p. 225 sqq.) et cela directement ou par association, par des réactions sentimentales *sur* ou *à propos* des données, par pénétration sentimentale de ces données, en les incorporant à mon propre moi, et en faisant d'elles par élargissement un type général des phénomènes qui se produisent. S'il en est ainsi, et si la valeur de l'œuvre d'art pour l'âme consiste à procurer une joie sans besoins, il en résulte nécessairement que, pour avoir *toute* sa valeur, *elle doit produire cet effet à tous les trois points de vue à la fois.* Car nous ne les distinguons que par abstraction ; l'œuvre d'art ne peut échapper à aucun, et si à un point de vue il manque son effet, ne produit point de joie, ou appartient au monde des convoitises, l'effet total n'est non seulement pas affaibli, mais il est compromis par une réaction positive.

Supposons encore que ce que l'âme cherche et trouve dans l'œuvre d'art qui la satisfait entièrement, elle l'exprime par rapport à ces trois aspects comme étant ce qu'elle exige de l'artiste. Elle lui dira en quelque sorte : Réjouis-moi d'abord par le choix de ton sujet, en prenant bien soin de ne pas me le faire convoiter. N'éveille en moi par lui que des sentiments : procure-moi de l'émotion, de la propension à la gaieté ou à la pitié, de l'enthousiasme, de l'abattement, mais non sans m'élever aussi, fais-moi trembler pour me faire à nouveau respirer librement. Il t'appartient de choisir ton sujet où tu voudras ; prends ce qui te semble bon entre ciel et terre, le sublime ou le vulgaire, la réalité ou le conte. Mène-moi dans la chambre d'un malade, ou sur une lande déserte, devant un mendiant ou un animal féroce. Mais n'oublie pas alors de me montrer que dans cette chambre il n'y a pas que de la souffrance et l'odeur du phénol, mais aussi du sacrifice et du dévouement, et que le mendiant ne se contente pas de porter des haillons, mais conserve sous eux, et malgré eux, des traits réjouissants d'humanité générale. En un mot, ce que je te demande, *c'est de m'intéresser.*

Réjouis-moi, en outre, par la forme que tu donnes à ton sujet. Je suis fait pour une activité vive et variée. Ne m'offre pas trop peu de chose ni rien de trop simple ; cela m'ennuie. Mais je suis fait aussi pour l'unité et une forte concentration. Ne m'offre pas trop de choses ni trop diverses, cela me trouble, me déconcerte, m'est pénible.

Tâche de satisfaire à la fois à ces deux aspects de ma nature. Donne à mes sens et à mon activité associative la nourriture qui leur convient : l'occasion de se déployer sur une foule de choses distinctement séparées les unes des autres. Mais donne en même temps à ma faculté de concevoir ce qui lui convient : un lien commun intime passant visiblement à travers toutes ces choses, les organisant en groupes toujours plus grands, et les rassemblant finalement en un seul tout. Montre-moi quelque chose d'analogue à une cathédrale gothique : une richesse infinie d'éléments pareils et dissemblables, grands et petits, mais tous commandés les uns par les autres, mis à leur place, et combinés en unités toujours plus hautes, grâce aux mêmes lois de formation inexprimées et cependant perçues de façon immédiate. Et tout cela fait une masse presque inépuisable « où tout se fond en un tout, et chaque chose agit et vit dans l'autre ». En un mot : *occupe-moi*.

Enfin : réjouis-moi aussi, et que ce ne soit pas le moins, par toi-même. Montre-moi ce que le sujet a révélé à ton regard de contenu procurant la joie, alors que je n'apercevais rien, et ce que tu sais en dire de particulier, alors que je ne vois rien que de banal. Donne-moi, selon un mot de Schiller, « une individualité » qui mérite « d'être exposée devant le monde et la postérité », l'image pure d'un intéressant état d'âme chez un esprit parfait. Mais montre-moi comment tu es devenu maître du sujet rebelle avec assurance et sans peine, de façon à y faire pénétrer les propres mouvements de ton âme. La vue du pouvoir humain et de sa domination sur la nature m'élève, car je suis un homme aussi, même si je ne songe pas à rivaliser avec toi. Montre-moi comment des taches de couleur morte tu sais faire jaillir la vie ardente et les rayons lumineux du soleil, ou comment en quelques mots tu me dévoiles un caractère, les motifs d'une action jusque dans les plus lointaines profondeurs. Au total : *montre-moi ce que tu peux.*

Il y aurait beaucoup à dire sur chacun des traits par lesquels une œuvre d'art déploie son effet. Mais, afin de pouvoir dire encore quelques mots sur leurs rapports réciproques, bornons l'étude du détail à l'explication nécessaire du premier moyen de cet effet, le sujet. Comment l'artiste s'y prend-il pour provoquer par le sujet une joie sans convoitise ? Il dispose pour cela de deux moyens très différents. Le premier apparaît le plus purement dans la musique. Il est le plus simple et consiste en ceci que, pour faire l'œuvre d'art, on prend uniquement des matériaux qui ne jouent aucun rôle dans le monde des besoins nécessaires. Des sons et des mélodies chantés ou joués par des instruments ne peuvent être d'aucune utilité pour la conservation. Ils ne peuvent par conséquent exciter la convoitise. En même temps, ils ont la propriété — bien plus que d'autres matériaux d'une valeur faible pour la conservation — d'agir par leur succession et leurs combinaisons d'une façon merveilleuse sur la vie sentimentale et d'évoquer des sentiments et des états d'âme de la plus grande variété et de la plus grande finesse. Ils sont donc particulièrement faits pour l'exécution d'œuvres d'art.

L'autre moyen domine la sculpture, la peinture et la poésie. Elles empruntent sans doute leurs sujets au monde de la nécessité, mais en même temps elles les arrachent à ce monde, et *par l'imitation* coupent court à la convoitise qu'ils excitent. Elles représentent les choses et les faits du monde du besoin, non pas directement, mais en image. Par là elles coupent tous les fils qui autrement les reliaient à la trame de mes intérêts de conservation, sans cependant les dépouiller entièrement de leur valeur sentimentale. Assurément les sentiments provoqués par la fin pratique disparaissent ou s'atténuent, mais les autres qui peuvent exister, et qui étaient justement visés, n'en apparaissent que

plus nettement. Le brigand peut, sur la scène ou dans le
roman, exciter mon admiration, car son métier le mérite
par plus d'un point. Mais le brigand sur la grand'route?
Dieu du ciel! Un tapis dans un tableau me procure une joie
pure en contemplant la beauté de ses dessins et de ses couleurs; pour un tapis réel, je songe à son prix, à sa solidité,
etc., et cela vient me troubler. C'est ainsi que l'imitation,
qui repose en dernière analyse sur les lois de l'association
et a commencé à devenir efficace pour l'âme dans le jeu
et dans la production de signes magiques, acquiert une
importance extraordinaire grâce à son utilité pour les fins
de l'art. Elle lui permet d'étendre infiniment son domaine,
et procure ainsi à l'âme l'activité variée qui lui est nécessaire, mais qu'elle ne trouve pas souvent dans la monotonie
de la vie de travail. Comme dans les trois arts en question,
c'est ce qui saute d'abord aux yeux, il n'est point étonnant
que sa véritable signification ait été plus souvent méconnue
que bien comprise. Si on la considère comme ayant une
valeur par elle-même, comme une fin absolue de l'activité
artistique, presque tout ce qui caractérise son emploi dans
chaque cas reste énigmatique. Si on la considère comme
un artifice, pour ainsi dire, destiné à produire des joies
sans convoitise, tout devient compréhensible. Signalons
trois points.

1° L'imitation — en tant que ce qui suit n'y contredit pas
— doit être aussi fidèle que possible. *Être naturel et vrai*
au plus haut degré, telle est l'exigence à laquelle elle doit
satisfaire. Ce qui importe ici, ce sont les sentiments éveillés
par la chose imitée. A l'origine ceux-ci sont rattachés aux
choses naturelles. Si l'imitation de celles-ci peut les faire
naître également, c'est par association. Il est clair que
l'association agira d'autant plus fortement et plus sûrement
que la concordance entre l'original et la copie sera plus
grande, et d'autant moins fortement et sûrement, que cette

concordance sera moins grande. Et même on ne diminue pas seulement l'effet, lorsqu'on ne reproduit pas bien la nature ; on provoque une opposition positive contre la possibilité de prendre pour vraie la caricature offerte, ou du dépit contre l'incapacité de l'artiste, qui cherchait pourtant visiblement à donner une reproduction fidèle et n'a pu y réussir.

2° Même si l'on atteint la vérité la plus parfaite, *jamais l'imitation ne doit cesser de se donner pour une imitation*. Elle ne doit jamais devenir une illusion complète. L'habileté célèbre d'abord un grand triomphe, mais — elle me replonge dans le monde de la nécessité, et perd par là tout sens. Il n'est pas plus amusant de voir deux arbres qu'un seul ; alors pourquoi ce redoublement pénible ? Même lorsqu'il est complètement pris par la vérité saisissante de l'œuvre d'art, celui qui en jouit ne doit donc jamais perdre la conscience qu'elle est une vérité imitée, un jeu. Il n'est pas nécessaire que cela soit clairement formulé actuellement, mais que cela soit toujours une des *représentations supérieures* efficaces (p. 194). Ainsi le pianiste n'a pas besoin et ne doit même pas se dire expressément à chaque note : ici c'est la clef de *sol*, ici il faut jouer en *ré* majeur ; mais il ne peut l'oublier entièrement pour aucune note, sans quoi il ne pourrait jouer les signes, qui en eux-mêmes ont différente valeur. Le monde illusoire de l'œuvre d'art doit être séparé du monde des convoitises par une barrière qui soit non seulement visible, mais qui encore s'impose à l'attention, le tableau par un cadre, le buste par un socle, le drame par la scène. Et cette barrière ne doit jamais disparaître, sous peine de produire une dissonance et un affaiblissement de l'effet précieux pour l'âme. L'acteur ne doit pas parler au public. Que le cirque emploie cet artifice ; si le poète en a besoin, qu'il introduise un public dans son monde illusoire, sur la scène.

3° *La vérité dans l'imitation ne doit pas faire se perdre les autres qualités qui donnent tant de signification à l'œuvre d'art pour l'âme.* On doit toujours atteindre un équilibre entre les diverses exigences en partie contradictoires : *l'œuvre d'art est de tout temps un compromis.* Ce dont l'âme a besoin, ce sont des sentiments forts, où domine l'agréable. Or, la nature met à côté des traits importants des banalités et même des traits repoussants. Donc le contenu sentimental du sujet doit être mieux dégagé dans la copie, et ses éléments essentiels perceptibles mieux mis en valeur et même exagérés. De plus, la nature est en général troublante dans son abondance, elle ne se soumet pas au besoin d'uniformité qu'éprouve l'âme. Or, l'œuvre d'art a besoin de l'unité de la pensée et de la forme. Il faut donc qu'en elle l'essentiel du sujet soit mieux souligné, tandis qu'on rejette dans l'ombre l'accessoire accidentel et troublant. Il faut que les formes soient rapportées à un centre spatial ou intellectuel, et groupées en partant de là, mises aussi en un certain accord entre elles et stylisées. Si l'imitation est destinée à entrer dans un certain cadre, ou à être placée dans certaines circonstances, il faut aussi une certaine harmonie avec cet entourage. Il faut que la nature lui soit adaptée, sans quoi il se produit de nouveau un désaccord. Des statues d'hommes ou d'animaux revêtent dans une église gothique, spontanément pour ainsi dire, d'autres formes que dans une église romane. Une certaine adaptation même aux représentations traditionnelles, aux personnes des spectateurs, est nécessaire pour éviter un conflit. Au milieu de figures allégoriques, le lion symbolisant le pouvoir ne doit pas être fait comme un lion naturel, mais conformément aux figures ayant traditionnellement ce rôle ; pour notre conscience le lion naturel est un animal sauvage et perfide, un grand chat. C'est ainsi que la vérité de l'œuvre d'art initiatrice vit sans cesse au milieu de contrastes. La nature dont elle a besoin donne des choses indifférentes, individuelles, momentanées ; l'âme, à qui elle sert, veut des choses importantes, générales, éternelles. D'un côté liberté sans bornes et variété, de l'autre concentration, loi, style. Il y a œuvre d'art lorsque l'artiste a pu porter *simultanément* à leur plus haute puissance tous les termes de ces contrastes.

De même qu'il est difficile de comprendre la religion par suite de la diversité des formes, sous lesquelles un besoin *unique* trouve satisfaction dans diverses conditions, de même il est plus difficile de comprendre l'œuvre d'art par suite de la pluralité des facteurs, par lesquels une fin *unique* doit se réaliser. Chacun des facteurs que nous avons considérés, le contenu, la forme, la personnalité, l'imitation, jouit du privilège d'être prôné par de nombreuses personnes comme le seul élément vraiment essentiel de l'art. Et cela pour des raisons personnelles et des raisons de fait. Chez la foule, qui a peine à se détacher de la signification pratique, c'est le sujet qui la plupart du temps intéresse le plus et quelquefois aussi l'habileté de l'artiste. Le spectateur a besoin de savoir — comme l'enfant sur qui ne pèse pas encore la lutte pour l'existence — si les choses représentées sont vraies ; il est satisfait d'apprendre que toutes les têtes d'un tableau sont des portraits, et, avant toute chose, il suit avec intérêt les complications des événements extérieurs. Le théoricien, qui étudie le tableau, le récit, le drame, où il trouve tant de choses empruntées immédiatement à la vie, ou bien qui pourraient l'être, et qui embrasse l'histoire du perfectionnement de l'art sous ce rapport, en vient aisément à estimer que la vérité est l'essentiel dans l'art. Par contre, celui qui part de la musique, et a essayé de démêler en elle ce qui est l'essence de l'art, ne saurait attacher un prix particulier à l'imitation de la nature. Les imitations occasionnelles et toujours stylisées du chant des oiseaux et du bruit des chevaux, etc., ne sont évidemment que de l'accessoire. L'essentiel ne peut être non plus le contenu au sens étroit, les sons; leur charme est trop faible. Mais la combinaison et la configuration des sons « qui s'accordent et se contrarient, se fuient et se rejoignent, montent et meurent », et tout cela organisé en une construction régulière — voilà en quoi consiste l'art. Son essence est donc la forme. L'artiste enfin, qui considère les œuvres des autres avec un intérêt pratique spécial, qui penche surtout à se demander comment l'autre s'y est pris, ou qui a conscience d'avoir la puissance de tirer une œuvre d'art de presque tous les sujets, en vient aisément à estimer surtout la note particulière, la puissance artistique à tous les sens du mot : il a bientôt l'idée que l'art est une organisation destinée à satisfaire la puissance créatrice de l'artiste et à permettre aux autres de jouir de cette puissance et de l'admirer.

Chacun envisage donc la chose du côté qui l'intéresse surtout, et ne voit par conséquent qu'un côté de la chose. Or, toutes ces vues partielles doivent se confondre. Non parce que ce serait un bon système pour rendre justice à toutes ces opinions que de les admettre toutes — il ne saurait être question ici d'une combinaison aussi superficielle — mais parce que leur isolement *morcelle réellement un tout absolument indivisible*. Comme nous l'avons dit, l'œuvre d'art a précisément toujours à la fois un contenu et une forme, elle est toujours l'œuvre d'une personnalité, dans certains cas une copie de la nature, et avec tout cela elle agit en même temps sur la vie sentimentale. Or, si elle n'atteint son but qu'à l'un ou l'autre de ces points de vue et non aux autres, il ne se produit pas seulement une diminution de l'effet, mais encore une réaction gênante. *Ce qui n'est pas utile à une fin lui est nuisible.* Si l'œuvre d'art n'a pas d'unité, elle se compose nécessairement de deux ou trois fragments, et non seulement ce manque d'unité est moins agréable que l'unité, mais encore il est positivement désagréable et pénible. Si le sujet de l'œuvre d'art ne réussit pas à m'échauffer, il me laisse froid, et cela me froisse qu'on ait dépensé de l'esprit et du pouvoir pour une futilité. Si l'artiste ne me montre pas qu'il peut quelque chose, et a quelque chose de particulier à me dire, il me montre qu'il est indigne de ce nom ou bien m'ennuie en me présentant ce que j'ai déjà vu mille fois. L'œuvre d'art a une valeur pour moi par son effet déterminé. Si son auteur ne le produit pas à tous les points de vue, auxquels je me place forcément, il se prive d'une façon désavantageuse des moyens de faire ce qu'il voulait ; il s'y prend maladroitement.

Mais assurément cette considération appelle aussitôt un complément nécessaire. L'artiste peut s'y prendre maladroitement, il est homme ; et qui est apte à tout ? Je lui demande beaucoup et des choses diverses. Or, les hommes n'ont pas les mêmes dons en partage, et rarement un seul les possède tous. Il y a plus : son pouvoir ne dépend même pas de lui seul ; il a son époque pour support. Bien des choses que je demande maintenant comme toutes naturelles, telles que la représentation en perspective de l'espace, la reproduction du mouvement et de la vie dans la peinture, la compréhension historique du passé, ce ne sont pas là des conquêtes d'un seul individu, mais des acquisitions de générations entières. Or, si l'artiste, auquel j'ai affaire, appartient à une période antérieure de l'évolution, comment puis-je lui compter comme une incapacité ce que dans le cadre de son époque il ne pouvait même pas envisager comme devant être réalisé ? Je ne puis lui appliquer à lui aussi que les mesures générales et humaines. Devant une œuvre d'art, il faut toujours que l'une des représentations supérieures dominantes soit la conscience de l'imperfection naturelle de l'originalité humaine, et de sa détermination par l'époque et le milieu. Et c'est cela qui doit me permettre peu à peu de passer sur les imperfections troublantes assurément, et de jouir de ce qu'on peut après tout m'offrir, vu les conditions générales données. Bien souvent d'ailleurs, il arrive que je sois largement dédommagé par la grandeur si puissante de l'œuvre d'art, sous un ou plusieurs aspects, que je n'ai pas même le courage de réclamer encore quelque chose de plus.

A côté d'une telle grandeur partielle, il y a aussi la petitesse due au développement unilatéral, si l'on tient compte surtout de certains facteurs importants pour l'œuvre d'art, sans que la grandeur de l'effet produit par eux puisse compenser le délaissement des autres. C'est ainsi qu'apparaissent les déformations de l'art. Si l'on attache une valeur exagérée au contenu, il se produit un art pour qui le sujet est tout, où la beauté formelle et le pouvoir artistique sont remplacés par l'intérêt qu'on prend à ce qui est captivant, sensationnel, horrible, ou à ce qui est patriotique, glorieux, à la réminiscence. Si, en outre, on oublie que, pour agir fortement sur les sentiments, il est nécessaire qu'ils soient éveillés par une contemplation immédiate, nous aurons la peinture abstraite dédaignant la nature et la technique, et les froides allégories. Si l'on insiste trop sur la forme, on arrive au pathos vide, aux généralités vagues, comme cela se produit si souvent dans les imitations des œuvres antiques, et parfois aux tours d'adresse. Une imitation aveugle produit le naturalisme vide de pensées et informe, et la seule habileté les tours de force.

Nous disions tout à l'heure que l'âme peut passer sur certains côtés des œuvres d'art. Cela lui est d'autant plus facile qu'elle est obligée de le faire, à un autre point de vue, pour des classes entières d'œuvres d'art. L'activité déployée dans la poursuite de fins pratiques, d'où sort si souvent l'activité artistique, ne permet pas à tous les arts de s'affranchir, de devenir indépendants de manière à demeurer lorsque toute préoccupation pratique a disparu. Elle continue à se faire sentir dans une partie des œuvres artistiques, comme, par exemple, dans les objets d'art, les arts décoratifs et la sculpture. Les produits de cette activité ont donc une double nature : ils appartiennent à la fois au monde de la nécessité et des convoitises, et à celui des joies sans désir. Les matériaux aussi, dont ils sont faits, acquièrent une plus grande importance que dans l'œuvre d'art libre. L'effet qu'ils peuvent produire comme participant au monde esthétique doit donc répondre à d'autres exigences, qui, une fois satisfaites, récompensent par de nouveaux charmes : afin que cette double nature ne trouble pas et ne fasse pas l'impression d'un désaccord, il faut que la forme artistique donnée à l'objet soit en harmonie avec son utilité pratique de même qu'avec la nature spéciale des matériaux. Il faut que le but de l'objet ne soit pas compromis dans l'œuvre d'art, mais apparaisse au contraire très nettement et semble parfaitement atteint. On ne doit pas imposer à la matière, par une habileté vide de pensée, des formes contraires à sa nature. Sans doute, pour apprécier l'objet en tant qu'œuvre d'art, pour éprouver la joie sans convoitise, une certaine mobilité et en même temps une certaine force de l'âme sont nécessaires. L'œuvre d'art libre *l'amène de force* à des considérations esthétiques. Par son contenu, ou par la manière dont elle est représentée, elle est arrachée au monde du besoin. Pour l'objet d'art, il faut que l'âme exerce *elle-même* sur elle cette contrainte. Elle doit apprendre à faire abstraction, non pas du but en général, mais de toutes les convoitises et joies et aussi de toutes les privations qui accompagnent sa réalisation. Il faut qu'elle puisse négliger les fils qui relient visiblement l'objet aux intérêts pratiques. Elle y réussit, comme dans tant d'autres cas, par analogie. La forme artistique de l'œuvre d'art utile est évidemment soumise aux mêmes lois que celle de l'œuvre d'art libre — l'architecture est de la musique figée. De plus, la forme artistique, si elle ne détache pas l'objet de l'utilité, du moins l'élève au-dessus de son niveau général. De la sorte, on lui applique sans peine la même manière de le considérer, qui est déjà familière à l'âme par ailleurs.

Grâce à cette habitude variée de négliger volontairement certains facteurs, qu'il est impossible d'écarter, mais qui troubleraient le plaisir esthétique, l'âme acquiert, non pas partout ni chez tous les individus, mais dans les civilisations avancées, chez de nombreux individus, une faculté extrêmement précieuse qui la conduit, pour ainsi dire, au delà de l'art. Même là, où il n'est plus question de considération esthétique, ni de transformer les choses du monde de la nécessité, ni de s'élever au-dessus de lui, l'âme finit par apprendre, guidée par des analogies, à avoir des jouissances sans convoitises : en face des choses et des événements du monde de la nécessité lui-même, *en face de la nature.* La nature telle quelle, à qui elle est et demeure liée par tous les intérêts de la lutte pour la vie, elle apprend néanmoins à la considérer esthétiquement. Et c'est la nature au sens le plus large, non seulement celle des paysages et des panoramas de villes, mais encore celle de l'activité humaine dans les rues et les marchés, dans les champs et sur l'eau, ou encore la nature de la vie animale. L'œil convoiteur regarde avec joie les épis ondulants, les coteaux plantés de vigne, le miroir de la mer calme. L'œil sans convoitise n'est pas aveugle pour tous ces charmes, mais il a une propension à les trouver ennuyeux ; il trouve plus beaux de hautes montagnes, des rochers, des glaciers, et la mer rugissante que fouette la tempête. Et l'âme suffisamment entraînée peut à son libre choix considérer les

mêmes choses tantôt d'une façon et l'instant suivant d'une
autre.

Rien de surprenant qu'il soit difficile d'acquérir cette
faculté. Aussi ne découvre-t-on, en général, que tard la
beauté esthétique de la nature. A la fin du XVIIIe siècle
encore, dans une description de la Suisse, on disait de la
vallée d'Engelberg : « Que trouve-t-on là ? Rien que
d'horribles montagnes... Point de jardins, point d'arbres
fruitiers, point de champs agréables à l'œil. » Une chose
qui aide l'âme dans cet affranchissement, c'est l'infinie étendue de la nature en comparaison des intérêts pratiques de
chaque individu. Par là il y a pour chacun de nous des
choses plus proches et plus lointaines, non seulement dans
l'espace et le temps, mais précisément par rapport à ses
intérêts, et naturellement, pour ce qui est plus lointain,
une considération esthétique est plus facile que pour les
choses plus proches. « Lorsque les peuples se battent là-
bas en Turquie », le brave bourgeois, qui n'a point d'intérêts là-bas, se fait avec plaisir raconter tous les détails.
Non pas seulement parce qu'il a le sentiment agréable que
la paix règne dans son propre pays — ce serait une considération de convoitise — mais surtout parce que les sentiments forts et variés, qu'éveille une guerre, ne sont plus
arrêtés par la crainte pour sa propre sécurité. De même
lorsque ce n'est pas l'étranger qui vient à l'homme, mais
l'homme qui vient à l'étranger pendant un voyage. Un des
grands charmes des voyages consiste dans la considération
esthétique spontanée des hommes et des choses. Je me
trouve en plein marché dans une ville étrangère. Les gens
parlent, gesticulent, marchandent exactement comme chez
moi Et pourtant, c'est tout autre chose. Les connexions
avec mon propre ménage manquent ; de mes besoins pratiques ne partent pas de fils qui les rattachent à eux ; je ne
comprends même pas très bien leur langue ; ils vivent

pour moi dans un autre monde comme les gens sur la scène. Et je puis ainsi, libre de toute convoitise, me réjouir des sentiments nombreux et purs qu'éveille toute cette activité. Naturellement la joie esthétique causée par la nature, comparée à celle que cause l'œuvre d'art, conserve une certaine impureté, pour ainsi dire, qui provient de tout ce que l'âme, en imitant la nature, s'efforce d'écarter par une transformation. En échange, la nature nous dédommage d'un autre côté : par sa richesse inépuisable, par le jeu de la vie et du mouvement qui ne s'arrêtent jamais, et surtout par sa puissance et sa grandeur immenses.

C'est là un haut degré de la civilisation, lorsqu'on y atteint. L'âme se tourne en quelque sorte contre ses propres débuts. Mais non pas parce qu'une puissance hostile à ces débuts, et à la partie d'elle-même qui les produit, se serait emparée d'elle, et provoquerait en elle la lutte et la discorde. Mais parce que sa nature même la rend capable de surmonter, grâce à des adaptations plus parfaites, les inconvénients inséparables de ses premières activités et adaptations.

§ 27. — LA MORALITÉ

Quel remède l'âme trouve-t-elle contre les conséquences fâcheuses *pour les autres* résultant de sa prévision, de même que pour la communauté, dans laquelle elle vit avec eux, et pour elle-même, en tant que membre de cette communauté ? Telle est la dernière question dont nous nous occuperons. Il va de soi que ce remède sort, à un plus haut degré que les autres phénomènes étudiés jusqu'ici, du concours de ces autres phénomènes eux-mêmes. Il est surtout un phénomène social et ne peut être étudié ici que dans ses réactions les plus importantes sur l'âme individuelle.

Il est facile d'indiquer son caractère général. A côté de

l'activité individuelle égoïste tendant à la conservation individuelle, il se développe une habitude d'estimer et de réaliser d'autres actions *tendant à la conservation de la grande communauté*, à laquelle appartient l'individu. Cela s'effectue, non pas toujours, mais très souvent, de telle sorte que ces actions profitent à certains autres membres de cette communauté. Cette évolution commence dès que l'accroissement des plus petits groupes primitifs, dans lesquels vivent les hommes, ou que la formation de grands groupements font naître la possibilité d'une lutte pour l'existence entre les divers membres d'une même communauté. Les promoteurs en sont les membres les plus expérimentés et les plus clairvoyants de la communauté. Ils apprennent à comprendre, non pas tant avec une conscience claire que par une sorte d'instinct basé sur de nombreuses expériences, que les actes d'un égoïsme sans retenue provoquent les luttes, la méfiance, etc., et ont pour résultat d'affaiblir la communauté nécessaire à tous cependant, de la livrer en proie à ses ennemis, tandis que d'autres actes et d'autres qualités la fortifient au contraire, et la rendent susceptible de dominer les autres. Ils s'efforceront donc, en général, même s'ils se réservent quelques exceptions pour eux-mêmes, d'encourager, de rendre plus fréquents les actes de la première sorte, d'arrêter et de restreindre les actes de l'autre sorte. C'est-à-dire que la communauté fait face aux conséquences de la lutte pour la conservation, menaçantes à brève échéance pour son existence, par des mesures défensives à longue échéance basées sur sa faculté de prévision. D'après la nature de l'action, deux mesures de ce genre lui sont possibles.

La première est la *contrainte*. Les actes funestes à la communauté sont menacés de punitions. Celui qui les commet expie, dans certains cas, l'avantage qu'il en a tiré par un désavantage plus grand. Cela est, en général, de nature à l'effrayer. La substance des prescriptions en vue de cette fin est le *droit* : *la conservation des communautés humaines par des* ACTES OBLIGATOIRES *de leurs membres.* Naturellement le droit n'a pas été créé à la suite d'une réflexion consciente comme celle qui précède, et il est encore bien moins nécessaire d'en connaître la signification dans l'application de ses prescriptions. Mais ce qui lui a donné sa puissance et la lui conserve, c'est néanmoins cette force objective conservatrice de la communauté qui est contenue en lui. Toutefois, le droit n'est pas suffisant pour atteindre le but même qu'il se propose. Platon soutient quelque part qu'une communauté de parfaits coquins est inconcevable. Ils peuvent bien combattre et voler le monde entier ; il faut qu'ils se soient mutuellement fidèles, et marchent d'accord comme un seul homme, sans quoi c'en est fait de leur communauté. Or, la fidélité ne peut absolument pas être obtenue à coup de punitions, et l'accord que d'une façon très imparfaite.

L'action a précisément deux côtés par lesquels on peut la saisir, par lesquels on doit même la saisir pour la mettre au service d'une cause. D'abord la fin : l'acte manifeste et perceptible extérieurement, l'acte consistant en mouvements quelconques. Ensuite le début : la volonté invisible agissant dans l'âme et provoquant l'acte. Or, il faut, pour qu'un acte se produise, que la volonté dirigée en ce sens existe. Mais, si l'acte n'est pas le dernier échelon, mais doit servir à une fin plus lointaine et plus étendue — si, par exemple, je dois non seulement ne pas blesser ni voler autrui, mais même ne lui causer aucun dommage, — il se peut qu'indépendamment de la volonté provoquant l'acte isolé, il existe ou n'existe pas la volonté de réaliser cette fin plus générale et plus profonde. Et si elle n'existe pas, l'acte isolé et extérieurement perceptible perd beaucoup de sa signification. Car la volonté, qui *au fond* le

repousse et ne l'accomplit que par contrainte, trouve
mille possibilités de se soustraire à cette contrainte, et de
faire prévaloir ailleurs son opposition à cet acte isolé. Donc,
tandis que la société qui poursuit sa propre conservation
saisit les actes de ses membres par l'un des bouts, par
l'acte extérieur et la volonté exclusivement dirigée vers
lui et susceptible de contrainte, il faut, pour ne pas rester
à mi-chemin, qu'elle les saisisse aussi par l'autre bout en
même temps, par la volonté non contrainte et ne s'accor-
dant avec ses fins que pour des raisons tirées d'elle-même,
c'est-à-dire par la volonté libre. Cela a lieu dans la
moralité qui est : *la conservation des communautés
humaines par des actes* LIBREMENT CONSENTIS *par leurs
membres*. Et par là, l'âme a trouvé, grâce à sa prévision
à longue portée, le moyen suprême pour parer d'un autre
côté aux conséquences fâcheuses provenant des conceptions bornées de la lutte égoïste pour la conservation.
L'accomplissement spontané d'actes qui ont objectivement
pour effet de favoriser la conservation de la totalité, tels
sont les deux caractères fondamentaux de la moralité.
L'amour de la vérité, le courage du sacrifice, le respect
des parents, le souci des enfants et d'autre part l'abus de
confiance, la lâcheté, le libertinage — partout les rapports
avec la conservation de la totalité sont patents.

Parfois ils ne le sont pas. Mais seuls les frivoles les nient
hardiment s'ils ne s'imposent pas aussitôt à leur vue, ou
peut-être à leur désir léger de ne pas les voir. Les choses
sont souvent très compliquées et l'enchaînement n'a lieu
que par des relations intermédiaires. Elles ont alors une
histoire. Évidemment la forme particulière des prescriptions
morales, en raison même de leur sens objectif et de la
liberté subjective de les suivre, doit dépendre de circonstances déterminées, d'expériences, du prix attaché à certaines choses. Ainsi il peut devenir devoir moral pour une

communauté, dans un pays pauvre et en présence d'ennemis plus puissants, de tuer les enfants faibles, surtout
les filles, de manger les vieillards impotents, parce que la
tribu est hors d'état d'entretenir ces bouches inutiles.
Dans les civilisations supérieures, c'est justement le contraire qui est moral parce que ces mesures contrastent
trop vivement avec d'autres commandements moraux,
peut-être aussi parce que l'existence d'une nourriture
rend plus avantageuse la supériorité du nombre. Selon les
conceptions de l'Église catholique, le divorce est immoral,
et selon celles de la religion japonaise le maintien d'une
union intérieurement rompue. Comme la transformation
des commandements moraux pour les adapter à de nouvelles conditions ne se produit que lentement, pour des
raisons que nous indiquerons encore, nous trouvons parmi
eux des vestiges morts, qui ne peuvent bien s'expliquer
que par la connaissance du passé.

Mais depuis longtemps une protestation se sera élevée.
Est-ce que la véritable essence de la morale ne doit pas être
cherchée dans de toutes autres choses? Déjà Démocrite en
avait eu la notion : « Ce qui est bien, ce n'est pas de ne pas
faire de mal, mais même de ne pas le vouloir. » La parole
de l'Évangile a le même sens : « Et je vous dis que celui
qui regarde une femme pour la convoiter, a déjà commis
l'adultère dans son cœur. » Et Kant dit encore de même :
« Il n'y a rien au monde qui pût passer sans réserve pour
bien, si ce n'est une *bonne volonté*. » Les moralistes des
temps anciens et nouveaux sont d'accord sur ce point :
la moralité ne consiste pas à produire ou à écarter quelque
état extérieur, l'obtention d'un résultat déterminé ; ce qui
la caractérise, c'est uniquement la *bonne volonté* de celui
qui agit, son intention sincère de bien faire. Même si une
action devait par hasard ou par suite d'une notion incomplète des complications des circonstances manquer son

but, elle n'en serait pas moins morale. Ce qui fait sa moralité ne peut donc consister que dans ce qui est propre aussi à l'action sans résultat, l'intention. Ou encore : les commandements moraux ont la forme suivante : « Tu ne tueras point ! tu ne voleras point ! » Ils n'ajoutent pas : « si la communauté à laquelle tu appartiens doit continuer à exister », ni si tu veux atteindre un autre but qui t'est cher. Ils ordonnent sans considération de but, que l'on pourrait atteindre par eux ; ils sont sans restriction, absolus, *catégoriques*, selon l'expression juste de Kant, et non pas hypothétiques. On peut résumer cette opinion ainsi : il n'est pas question du second des caractères de la moralité cités plus haut, son utilité pour la conservation de la communauté humaine à un double point de vue, mais uniquement du premier, de la volonté libre. Premièrement, l'action morale ne se produit pas en vue d'une fin extérieure à elle, mais uniquement pour elle-même. Son ressort est non la *fin*, mais le *devoir*, l'obéissance à la voix de la conscience perceptible à tous. Deuxièmement, elle ne tire pas sa valeur de ce fait qu'elle réalise réellement le contenu, qu'elle cherche à atteindre par sentiment de devoir (par exemple sauver quelqu'un d'un danger mortel), mais uniquement de la volonté qui l'a produit. Ce n'est pas le *succès*, mais l'*intention* qui lui donne sa valeur.

En fait, il en est ainsi. Ce sont le sentiment du devoir et l'intention qui importent. Ce sont d'autres traits caractéristiques importants de la moralité. Mais regardons-y de plus près. L'homme agit en général en vue de certaines fins ; et à côté de cela, il se sentirait obligé d'accomplir par devoir certaines actions tout à fait sans but ? Il apprécie en général ses actions d'après l'avantage qu'il en retire pour les fins générales de son existence ; et à côté de cela, il apprécie dans ces autres actes désintéressés, pas même le résultat le plus proche, qu'ils peuvent avoir,

mais uniquement l'intention ? Et il n'y aurait rien à dire ?
Et, en dernière analyse, il resterait ces deux termes opposés
qui feraient de l'homme un être énigmatique et contradictoire ? Non, il en va autrement.

Nous avons déjà rapidement indiqué plus haut comment
l'activité conservatrice de la communauté se constitue. Non
par une réflexion consciente, ou par l'expression claire de
notions acquises d'une manière quelconque et leur diffusion
instructive, mais par une sorte d'intuition de l'utile chez
les membres les plus intelligents et les plus expérimentés
de la communauté. Instruits par des expériences répétées,
ils sentent, pour ainsi dire, que les choses ne peuvent à
la longue marcher ainsi, et ils s'efforcent de les redresser
conformément à leurs notions nouvelles et meilleures. Des
erreurs et des suppositions superstitieuses s'y mêlent en
très grand nombre, mais la juxtaposition des expériences
de divers individus, leur multiplication au cours des générations, le rejet de ce qu'on a reconnu faux, permettent
peu à peu l'acquisition d'une série de maximes qui sont
comme le précipité de l'intelligence totale, et qui, en fait,
sont utiles au bien de la communauté. Comment se représenter maintenant leur transmission ? Pour obtenir une certaine manière d'agir, il est de la plus haute importance qu'il
se soit formé une habitude ferme, en quelque sorte une tendance réflexe à agir ainsi. C'est là une opinion qu'Aristote,
par opposition à Socrate qui l'obscurcissait, a mise nettement en lumière dans un petit cercle d'auditeurs, mais qui
n'avait plus besoin de cela, car elle est répandue partout.
On sait qu'il faut commencer à inculquer de bonne heure
ces maximes aux enfants. Assurément, on ne peut donner
à ceux-ci que certains préceptes, sans rien indiquer du
sens qu'ils ont, que d'ailleurs on ne devine qu'à demi. On
leur commande donc catégoriquement : « Ne fais pas cela ;
on ne fait pas cela » ; et grâce à toute la puissance de l'au-

torité des parents, de l'entourage, et surtout des prêtres, ils continuent à suivre ces préceptes. Or, comment les enfants, en se représentant plus tard ces préceptes, y associeront-ils la représentation d'une fin, puisqu'on les leur a donnés sans leur en associer une ? Il serait aussi logique d'espérer que, sans plus, ils pourront trouver pour les mots français les mots allemands correspondants. Ces préceptes leur apparaissent naturellement par opposition à beaucoup d'autres, dont ils aperçoivent les conditions et les relations, comme quelque chose d'inconditionné, et d'absolu. Leur totalité, représentée de quelque manière dans la pensée, forme *la conscience morale*.

Mais les enfants deviennent des hommes éclairés, pourrait-on objecter. Pourquoi n'acquièrent-ils plus tard aucune notion de la soi-disant fin des commandements moraux, si une telle fin existe? A cela nous répondrons : l'intelligence totale ne le fait pas, en partie parce qu'elle n'a qu'une conscience obscure de cette fin, en partie parce qu'il serait dangereux de faire cette communication. L'action conservatrice de la communauté, bien que résultant de l'essence même de l'âme, est pourtant souvent en opposition avec l'action égoïste résultant aussi de l'essence même de l'âme, mais qui se présente en quelque sorte la première et doit souvent consentir des sacrifices à l'autre. Comment les hommes se comportent-ils d'ordinaire en pareil cas ? Qu'on songe aux soldats. L'action qu'on exige d'eux réclame des sacrifices. On pourrait justifier les ordres donnés en indiquant leur utilité ou leur nécessité. On ne le fait pas. L'ordre militaire est, lui aussi, catégorique. Assurément il s'appuie pour plus de sûreté sur la menace d'une punition à l'arrière-plan, mais on peut affirmer que cela est bien indifférent à un vieux soldat. Il écoute et obéit par devoir, d'une façon absolue, tout comme pour les commandements moraux. Dans bien des cas il vaudrait certainement mieux que l'ordre fût moins catégorique. La conscience d'occuper une place importante et de concourir à l'exécution d'un plan dont on embrasse l'ensemble, accroît la joie du sacrifice. De plus, il peut se produire des incidents, auxquels il est plus facile de s'adapter sans ordres trop précis. Néanmoins cela ne doit pas être. Le but final courrait un trop grand danger. On ne peut communiquer au subordonné la connaissance de tous les détails. Il en viendrait ainsi à porter un jugement inexact sur la justesse, et la possibilité d'exécution de l'ordre donné. Et surtout il serait inévitable qu'il s'écartât du sacrifice, pour se préoccuper de sa conservation individuelle. Aussi — pas de discussion. Même si quelques ordres objectivement erronés, ou mal compris, ont parfois des conséquences fâcheuses, ce qui aurait les conséquences les plus terribles serait de laisser, d'une façon générale, celui qui doit les exécuter, apprécier leur opportunité avant de les exécuter. Or, c'est exactement la même pensée qui prévaut dans le fait qu'on conserve aux commandements moraux le même caractère catégorique, non pas naturellement à la suite d'un raisonnement conscient, mais, comme nous l'avons dit, par une intuition instinctive, qu'ont certains hommes éclairés, de ce qu'il faut faire. En grande majorité, les commandements moraux servent certainement à la conservation de la totalité. Sinon, ils seraient autres. Mais s'ils ont objectivement cet effet, la totalité se trouvera mieux dans l'ensemble, si les individus à courte vue n'ont pas conscience que cet effet est la fin, mais si les fins partielles que la fin terminale nécessite, sont réalisées d'une façon en apparence désintéressée, sans interprétation ni discussion, ni casuistique dangereuse. La sagesse supérieure de la totalité, peut-on dire, qui arrache à la courte vue récalcitrante de ses membres la conservation du tout, se manifeste également en ceci, qu'elle remplit cette fonction conservatrice de la communauté avec la garantie la plus utile :

elle ne permet pas que ceux qui agissent, prennent conscience du véritable sens de cette action, mais ne leur montre que les fins partielles, qui exigent une moindre faculté de prévision, et assure leur réalisation par autorité. Mais, pour cette raison, le rapport de cette action à la communauté est à tout moment objectivement présent et efficace : il détermine et modifie le contenu concret des commandements moraux.

Ce qui prouve de la façon la plus claire, que cette conception des faits est exacte, ce sont les cas assez fréquents où l'impératif catégorique et le bien général sont en conflit, où, pour' une intelligence même au-dessous de la moyenne, l'effet nuisible pour la communauté d'une action prescrite d'ordinaire comme morale est évident. Ce qui cède alors, ce n'est pas la chose fondamentale, l'intérêt de la communauté, mais la chose dérivée, le moyen efficace en général mais non toujours, l'absolu du commandement. Le mensonge pieux est pour certains moralistes une source d'embarras, mais pour la conscience morale naturelle, il est dans mille circonstances un devoir tout à fait moral à l'égard des enfants, des malades, des fous, etc. Quel est l'homme d'État ou le général à qui sa conscience ferait des reproches s'il avait servi le bien de son pays par une ruse ? ou bien qui ne l'aurait pas fait pour d'autres raisons, que pour ne pas compromettre son crédit ? ou qui, en cas de guerre, voudrait appliquer à l'ennemi la maxime : « tu ne tueras point » ? Il faudrait s'en débarrasser.

L'estime où l'on tient l'intention dans les actes conservateurs de la société est facile à comprendre : elle s'explique par les mêmes raisons que l'estime où l'on tient les actes faits par devoir. La fin lointaine de son action morale peut être cachée à l'homme ; la fin prochaine, vers laquelle tend d'abord son action, une conduite honnête, l'esprit de sacrifice ne peut naturellement plus lui être cachée. Or, à ce point de vue encore, la discussion, le fait de faire dépendre l'acte de réflexions sur ses chances de succès ou d'échec sont extrêmement dangereux. Le sacrifice qui l'accompagne a toutes les chances de ne pas être accompli, parce que la réussite semble beaucoup trop difficile. C'est pourquoi il faut aussi parer à ce danger que court la fin à atteindre par une maxime appropriée : peu importe le succès de ton acte, ne t'en soucie pas. Aie la bonne volonté de faire ce que la conscience commande ; cela seul a de la valeur. La raison objective qui se trouve là est, pour ainsi dire, la même que tout à l'heure : en estimant l'intention, on assure l'exécution de l'acte objectivement important, mais souvent difficile à accomplir. Même si certaines malfaçons se produisent lorsqu'on néglige des circonstances particulières assurant le succès, pourvu que la bonne volonté de bien agir existe, elle produira, dans la très grande majorité des cas, l'effet qui est propre à la moralité.

La bonne volonté et le caractère catégorique sont donc deux attributs très précieux de la moralité, mais ils ne signifient pas une négation de son effet conservateur de la communauté ; *ils en sont les conséquences.* Ils protègent efficacement cet effet contre l'action souvent contraire qui tend à la conservation de l'individu. Et, de même qu'ils sont sortis de l'action conservatrice de la communauté, ils présupposent constamment ce rapport avec elle. Ce rapport supprimé, ils n'ont plus de sens. Si l'on pose la question suivante : « Quand donc la volonté, qui fait le fond d'un acte, est-elle absolument bonne ? », on peut différer un temps la réponse en disant : « Lorsque je suis parfaitement persuadé qu'elle est bonne » ou encore : « Lorsque j'ai conscience qu'elle est conforme à mon véritable devoir ». Mais, si l'on ne met pas une fin à ces explications évasives du contenu, et si l'on n'accroche pas toute la série au clou solide de l'utilité pour la communauté, la bonne volonté et l'accomplissement du devoir ressembleront à la corde, le long de laquelle M. de Münchhausen est descendu de la lune. Ou bien on s'expose au danger de voir que tout individu pourra proclamer comme moral n'importe quel principe, qu'il défend avec une conviction entière par suite de raisonnements faux ou de préjugés.

A ce caractère catégorique de la moralité se rattache encore quelque chose.

Nous trouvons toujours les commandements moraux en relation étroite avec la religion. Ils apparaissent comme commandements des dieux ou de la divinité. On est contraint de les observer sous sanction de récompenses ou de châtiments célestes dans ce monde ou dans l'autre. A quoi cela tient-il ? Outre la morale et le droit, qui lui est apparenté, seule la religion apparaît ainsi comme placée sous la sanction de la divinité ; la croyance en Dieu et la véritable manière de l'adorer sont prescrites par lui-même. Par contre, les lois de la pensée logique et de la création artistique sont libres. C'est Dieu qui les a faites, assurément ; mais il ne les protège plus par des châtiments ; l'erreur et le manque de goût ne sont pas des péchés. Visiblement une telle protection n'est pas nécessaire. Que l'homme n'atteigne pas le vrai et le beau, il ne cessera pas de les rechercher sans se lasser, et lorsqu'on les lui montre, il les accueille en général avec joie. Au fond, la religion aussi pourrait se passer de protection. L'homme, en tant qu'individu isolé, la retrouverait toujours, s'il devait la perdre un jour. Mais, sans doute, la religion de l'un ne serait pas exactement, parfois très peu exactement, celle du voisin. Or, comme la croyance religieuse, en raison des intérêts énormes qu'elle représente, a plus que toute autre croyance un caractère exclusif et même parfois fanatiquement exclusif, une sorte de justification est sans doute nécessaire, pour

faire adopter la religion véritable, que chacun croit détenir,
par les autres qui ne l'ont pas. Mais la morale a besoin
d'une telle justification d'une façon toute particulière. L'individu isolé ne la créerait pas, bien qu'il existe des prédis-
positions en lui. Elle est le résultat de la prévoyance accu-
mulée de nombreuses générations, et, lorsqu'on la présente
à l'individu, elle se heurte constamment à d'autres prédis-
positions qu'il a en lui. La morale cherche une protection
encore plus forte que celle que, sans cela, la croyance à des
autorités terrestres serait seule à lui offrir. Si elle la trouve
dans la religion, c'est sans doute pour plusieurs raisons.
L'une d'elles, qui lui facilite beaucoup la chose, c'est précisément le caractère catégorique de ses commandements.
Que répondrait le père à l'enfant, ce grand questionneur,
lorsqu'il lui demande : « Pourquoi dois-je donc céder une
partie de ce que je garderais si volontiers pour moi-même?
Pourquoi raconter ce qui va m'attirer une punition ? » Il
ne peut que faire la réponse qu'il faisait aux autres questions : « Qui a fait les chevaux et le monde entier ? », que
ce qu'il se répond à lui-même, quand au fond il ne trouve
pas de réponse : c'est le bon Dieu qui le veut ainsi. *La
volonté divine est l'explication naturelle de la forme
catégorique des préceptes moraux.* Sous ce revêtement
elle semble compréhensible. Assurément il ne serait pas
mauvais que l'on conservât ce revêtement, de manière à ce
que Dieu n'eût pas imposé aux hommes dans les lois
morales quelque chose d'étranger et d'hostile à leur nature
parce que telle était sa volonté, mais qu'au contraire il
renvoyât à leur être le plus intime, et cela parce que cette
notion ne s'acquiert pas facilement, et est hautement nécessaire même aux moins pénétrants. D'où il suivrait que là
où la relation serait comprise, la moralité peut se passer
de cet appui, devient alors seulement une création de l'âme
vraiment spontanée et devenue autonome, mais en même

temps comprise, et ne se maintient uniquement que par les forces de cette âme.

Encore un dernier point. Nous avons jusqu'ici beaucoup parlé de, la communauté, mais sans définir autrement ce mot. Or, l'homme fait partie de nombreuses communautés : la famille, la commune, le peuple, les amis, les collègues, les coreligionnaires, et finalement l'humanité entière. De laquelle parlons-nous ? Pour nous actuellement, il s'agit de toutes, mais cependant de telle sorte qu'en cas de conflit les petites communautés aient le pas sur les grandes. Des femmes charitables qui négligent leur famille ne nous semblent pas agir selon leurs devoirs. Mais ce n'est pas toujours ainsi, ni ne fut toujours ainsi. Naturellement dans des conditions primitives, lorsque l'homme ne fait partie que de quelques communautés, la moralité ne peut être aussi complexe que chez nous. Mais, ce qui est caractéristique, ce n'est pas cela, mais bien le fait qu'à l'origine elle ne fut *jamais* étendue à l'humanité entière. Elle ne vaut que jusqu'à la plus élevée des petites communautés, où l'homme se sent encore rattaché aux autres par un lien vivant. Ceux qui sont en dehors de la tribu, du peuple, sont, par principe, exclus de ses bienfaits. L'élargissement des groupements politiques, linguistiques, religieux, a énormément accru le nombre des individus entretenant entre eux une réciprocité morale. Mais jamais cela n'a réussi à jeter bas cette barrière principielle. On y a réussi pour d'autres raisons, à des époques historiques, sous nos yeux. Bien des choses y ont contribué. Le caractère catégorique des commandements moraux, leur caractère inconditionnel à un certain point de vue, facilitent leur généralisation et leur illimitation à tous les points de vue. La pensée qui se développe, et acquiert les représentations de la similitude de la nature de tous les hommes, ou même celle de l'unité de l'univers entier, a pour conséquence presque nécessaire une moralité universellement valable. Nous avons déjà indiqué plus haut (p. 274) que cette moralité eut la plus grande importance pour la formation du monothéisme dans la religion. Mais, peut-être a-t-elle été inversement favorisée par l'apparition de notions monothéistes. Lorsque chaque peuple a ses dieux propres, il va de soi que les ordres donnés par eux ne valent aussi que pour ce peuple. Mais s'il n'existe qu'*un* Dieu, le même pour tous les peuples, il ne peut déclarer catégoriquement : « Tu ne mentiras pas » et n'appliquer cela qu'à un peuple ; c'est absurde. Est-ce que mes ennemis sont aussi les siens, eux qu'il a faits à son image tout comme moi ? C'est ainsi que nous voyons au cours de notre civilisation, dans les dernières années avant notre ère, se développer en même temps qu'une religion monothéiste, et une pensée moniste à un certain point de vue, peu à peu aussi une moralité universellement valable, et comprenant tous les hommes. Platon nous enseigne que le juste ne fait pas de tort même à son ennemi, et montre ainsi à ses concitoyens quelque chose de neuf et d'étrange. De même Zénon le Stoïcien dit : Il ne faut pas considérer les hommes comme séparés par des villes, des villages et des constitutions, mais tous comme les citoyens d'un seul État, d'un même troupeau. La loi juive, qui entre autres choses embrasse aussi la moralité du peuple, a primitivement une valeur purement nationale ; le prochain n'est pas l'Assyrien ou le Perse, mais le concitoyen. Cela est encore indiqué par cette parole du Christ : « Vous avez entendu qu'il est dit : tu dois aimer ton prochain et haïr ton ennemi ». Mais lorsqu'il continue en disant : « Mais moi, je vous dis : aimez vos ennemis », il fait le pas décisif dans le sens d'une moralité universellement valable. Au reste, l'évolution n'est pas encore terminée. Assurément, voler et piller sur mer un ennemi même non armé ne passe plus comme jadis pour une bonne action. Néanmoins, ce n'est pas non plus un acte déshonorant comme le vol et le pillage sur terre.

On sait que Kant a utilisé ce rapport étroit de la nature absolue des commandements moraux avec leur valeur universelle. C'est là-dessus qu'il fonde son éthique. Mais au reste il met les choses sens dessus dessous, ce qui dans la suite lui donne beaucoup de mal pour les remettre sur leurs pieds. Pour arriver à certains préceptes moraux, il établit un rapport entre la valeur universelle de la loi morale et les tendances humaines de conservation de soi-même et de la communauté, existant à côté de cette loi comme quelque chose d'étranger et de secondaire. En réalité, c'est le rapport inverse qui est vrai, rationnellement et historiquement. L'action librement voulue tendant, sinon consciemment, du moins objectivement, à la conservation de la communauté, tel est le principe de la moralité. Le caractère absolu des maximes morales en résulte, et lui sert de protection, et ce caractère à son tour contribue à la généralisation de la moralité.

CONCLUSION

—

Quel être confus l'homme n'est-il pas selon la représentation populaire, et malheureusement pas selon la représentation populaire seule ? Il a une sensibilité qui doit le renseigner sur le monde, et cependant est sans valeur, puisqu'elle l'induit en erreur. A côté d'elle, agit une tout autre force, l'intelligence ou la raison, qui d'après des principes particuliers remet la chose en bon ordre et découvre la vraie nature du monde, quoiqu'elle n'ait pas tiré ces principes du monde. L'activité de sa pensée se manifeste par des représentations, qui viennent et s'en vont selon des lois déterminées. Mais il existe, pour ainsi dire, une seconde fois en lui-même, un petit homme au sein de l'homme total, qui peut, avec un dédain souverain de ces fois, intervenir entièrement à son gré dans ces représentations, se tourner vers elles, se détourner d'elles, les rechercher lorsqu'elles sont perdues, les retenir lorsqu'elles veulent disparaitre, les relier, les séparer, etc. La tendance fondamentale de ses actes est le développement de son propre moi, surtout du moi sensible. Et cependant cela ne correspond pas non plus à son essence propre et véritable. En lui vivent encore des principes supérieurs et directement opposés à cela : l'équité et la justice envers les autres, l'amour du prochain, la mortification de la chair, qui sans doute ont les plus grandes peines à se maintenir contre cette tendance fondamentale. Il a l'instinct de devenir le maître des choses et de les faire servir à ses fins, et tout à côté le besoin directement contraire de se sentir soumis à des êtres supérieurs, et, pour satisfaire ce besoin, une divinité lui a donné la croyance en elle-même. Mais, en même temps, elle lui a donné, puisqu'aussi bien elle a tout donné, une propension coupable à se détourner de cette croyance, et l'a troublé par des centaines de révélations contradictoires, nanties les unes comme les autres de la conscience ferme de leur vérité. Partout le déchirement et l'incompatibilité, l'impossibilité de faire deux pas sans les pires contradictions, tout incompréhensible puisque son origine est entièrement différente de ce qu'il doit connaître, tout dénué de sens dans la fin poursuivie par toute cette agitation contradictoire, tout compréhensible en ceci seulement, que nous ne trouvons là qu'une vue puérile, pleine de désirs et fragmentaire des choses.

Et pourtant, quel être plein de sens n'est pas l'homme, lorsqu'on a de lui une vue d'ensemble, lorsqu'on le considère avec l'ensemble de ses forces, dans l'ensemble des autres êtres vivants, dans l'ensemble de toute la nature. Il a sans doute encore diverses facultés : de voir et d'entendre, d'avoir des représentations et de sentir, de reproduire et de concentrer. Mais elles sont l'une à côté de l'autre, et non opposées l'une à l'autre, se complétant mutuellement ; elles se complètent et ne se combattent pas, de même que toutes les choses ont une pluralité de qualités. Quant à leur nature, ces caractères fondamentaux de son être sont au total les mêmes que chez les autres êtres vivants supérieurs, et aussi les fins générales de son activité. Mais ses facultés d'élaboration des matériaux accumulés par les sens sont portées à un degré infiniment plus élevé, c'est-à-dire la faculté de former par association les groupements les plus étendus, et de détacher en les isolant les détails les plus infimes. Il acquiert ainsi une maîtrise infiniment plus parfaite de la coexistence et de la succession des choses dans la nature, ainsi que du général qui pénètre la masse de ses phénomènes individuels et réalise par là aussi les fins vitales les plus générales dans des formations infiniment plus riches et plus élevées. Mais tout ce qu'il crée, que nous l'estimions beaucoup ou peu, provient de l'essence la plus intime de son âme et de la même action commune de ses forces fondamentales à des degrés différents et sous des conditions différentes. L'âme n'est pas un récipient malpropre dans lequel on a semé, on ne sait d'où, en tout cas par un caprice dénué de sens, des graines, généreuses et variées, qui justement ne conviennent pas à ce récipient et donnent ainsi naissance à une dissension qui ne finira jamais. Elle est, au contraire, un organisme parfaitement un qui, en développant ses facultés et en s'adaptant toujours davantage aux circonstances préexistantes et à celles qu'il crée lui-même, arrive à des résultats toujours plus élevés. Comme la même atmosphère produit, à l'aide du vent, de l'eau et de la chaleur, tantôt la pluie fécondante, tantôt la grêle destructrice, là-haut le nuage aux belles formes et ici-bas le brouillard perfide, ainsi une même âme produira à l'aide de ses seuls moyens l'erreur et la vérité, la jouissance cupide et la joie sans convoitise, l'égoïsme et la moralité.

TABLE DES MATIÈRES

CHAPITRE III

LA VIE PSYCHIQUE COMPLEXE

A. — LA VIE REPRÉSENTATIVE

B. — LA VIE SENTIMENTALE ET ACTIVE

CHAPITRE IV

LA VIE SUPÉRIEURE DE L'AME

ÉVREUX, IMPRIMERIE CH. HÉRISSEY, PAUL HÉRISSEY, SUCC'